Deutschland ist anders

The Scribner German Series
General Editor, Harold von Hofe
University of Southern California

Deutschland ist anders

Harold von Hofe
University of Southern California

Margarete Elisabeth Freitas
Texas Tech University

Charles Scribner's Sons · *New York*

A–12.71[M]

Printed in the United States of America
Library of Congress Catalog Card Number 79-162766
SBN 684-12599-4

The authors wish to thank D. C. Heath and Company for permission to reprint the paragraph "How to Read in a Foreign Language" from Donald D. Walsh, "Advice to the Language Learner," as reprinted in *A Handbook for Teachers of Spanish and Portuguese*, edited by Donald D. Walsh (Lexington, Mass.: D. C. Heath, 1969), pp. 4–5.

Preface

Deutschland ist anders may be started in second semester college or second year high school German. The initial chapters consist largely of simple sentences and present tense forms. The grammatical structure gradually becomes variegated as the book progresses. While it is assumed that the student has a small basic vocabulary, lists of common words precede each chapter. These words, all included in J. Alan Pfeffer's *Basic German Word List*, are meant to be reviewed before the chapter is read. Other words are glossed at the bottom of the page where they first occur. A German-English vocabulary is found at the end of the book.

The story, in twenty chapters, is set in the Federal Republic of Germany. As the tale unfolds, two Americans learn about differences between American and German patterns of living and thinking. Political and intellectual questions naturally come to their attention, but they are chiefly interested in everyday modes of behavior. While their education in America had acquainted them with German literature, their previous information about German modes of life was only fragmentary. They discover that even in this age of supposed standardization, abundant differences exist between the social ways that they knew when they were growing up and those to which they must adjust in Germany.

The exercises following each chapter serve three purposes. In Exercise One, students test their knowledge of basic vocabulary by inserting appropriate words within contexts taken from the chapter just read. In Exercise Two, they review fundamentals of grammatical structure in sentences prepared for them. In Exercise Three, they answer questions using the vocabulary and grammar of the first two exercises and the information found in the chapter. The text also offers abundant opportunity for discussion of timely problems.

H. v. H.

M. E. F.

How to Read in a Foreign Language

At first, you should read only what you have practiced saying, and you should read it aloud. When you begin to read silently and you come to words and phrases that are new to you, use the following techniques: (1) Read the passage through for general sense first, without stopping to puzzle over unfamiliar words or constructions. Then go back for a second, more careful reading. When you come to an unknown word, read on at least to the next punctuation mark before you look it up. Try to get the meaning from the sentence without having to look for it in the vocabulary. (2) When you decide that you must look up a word, (a) underline the word with your pencil, (b) take a good look at the phrase that contains it, and pronounce the phrase aloud, (c) repeat the phrase over and over, aloud if possible, concentrating all your attention on its sound and spelling while you are looking for the key word in the vocabulary, (d) when you find it put a dot before the word in its column, (e) turn back to your page, find the last under-lined word and go on reading. Never write the English translation on the page. Doing so puts the emphasis on the English equivalent and not on the foreign word, which is the word that you must learn. When you finish your assignment, reread it and see how many of the phrases containing under-lined words you still understand. Look up the words you have not yet learned and put another dot in front of them in the vocabulary. Look through the vocabulary once a week and make a special effort to learn the words with several dots. These are your "hard" words. Learn them now or you will be spending hours looking them up month after month, year after year. And go back over your reading material to check your understanding of the sentences that have underlined words or phrases.

DONALD D. WALSH
Advice to the Language Learner

Contents

Deutschland ist anders

Eine Maschine der Lufthansa

Kapitel Eins

Word lists for Chapter One

The words below are used in Chapter One but they are not glossed in footnotes. You probably know most of them, but make sure before you start reading. Cover the English words with a card and move it to check yourself as you go through the lists.

NOUNS

das **Beispiel**	example	der **Mensch**	man, person
der **Brief**	letter	die **Menschen**	people
die **Eltern**	parents	die **Ordnung**	order
das **Essen**	meal	die **Reise**	trip
der **Film**	movie	die **Sache**	thing, matter
die **Frage**	question	die **Sprache**	language
die **Gabel**	fork	die **Stadt**	city
die **Grenze**	border	die **Straße**	street
das **Jahr**	year	die **Stunde**	hour
der **Koffer**	suitcase	die **Tasche**	pocket
die **Leute**	people	die **Tasse**	cup

| der **Teller** | plate | die **Zeit** | time, age |
| die **Welt** | world | die **Zeitung** | newspaper |

VERBS

arbeiten	work	**liegen**	be located
besuchen	attend, go to, visit	**sich interessieren**	
bleiben	stay	**für**	be interested in
erklären	explain	**sagen**	tell, say
essen	eat	**schlafen**	sleep
fahren	go, ride	**schreiben**	write
kennen	know	**warten**	wait
kennenlernen	get to know, meet	**wissen**	know
(Deutsch) **können**	know (German)	**weiß**	knows
lachen	laugh	**zeigen**	show
lesen	read		

OTHER WORDS

allein	alone, by oneself	**letzt**	last
allgemein	general, in general	**link-**	left
ander-	other	**manche**	some
beide	two, both	**manches**	some things
bekannt	known, well-known	**manchmal**	sometimes
bitte	please, you are welcome	**müde**	tired
		nicht mehr	no longer, no more
blau	blue	**nur**	only
da	since	**schwer**	hard, difficult
denn	for, because	**spät**	late
doch	after all, anyhow	**vielleicht**	perhaps, maybe
dort	there	**vor**	before, in front of
es gibt	there is, there are	**weil**	because
etwa	about, approximately	**weiß**	white
		weit	far
etwas	some, something	**wenig**	little
falsch	wrong, false	**wenige**	few
ganz	quite, whole	**zwischen**	between
gleich-	same		

Allein und doch nicht allein

Richard Frisch, Student aus Milwaukee, Wisconsin, ist kein nervöser Mensch. Auf dem La Guardia-Flughafen in New York wird er aber doch nervös. Sein Flugzeug ist hier gelandet, und in zwei Stunden startet das Flugzeug New York—Frankfurt vom Kennedy-Flughafen. Schon fünfzehn Minuten wartet er auf einen Bus. Es ist ein warmer Tag im Juni, und der Bus kommt und kommt nicht.

Der zwanzig Jahre alte Richard Frisch studiert deutsche Sprache und Literatur, aber auch Geschichte und Internationale Beziehungen. Sein Vater, Physiker an der Universität, hat in seinem Haus viele Bilder von Deutschland. Er spricht oft von Göttingen, denn er hat dort an der Universität studiert. Immer wieder fragt er seinen Sohn, warum er nicht auch in Göttingen studiert. Richards Freundin Barbara sagt auch, aber etwas traurig: „Fahr doch nach Deutschland, wenn du willst!" „Vielleicht später!" meinte Richard immer wieder.

Eines Morgens sagte sein Deutschprofessor an der Universität zu ihm: „Da Sie deutsche Sprache und Literatur studieren, fahren Sie doch nach Deutschland! Bleiben Sie ein Jahr dort! Lernen Sie Land und Leute kennen!"

der **Flughafen** airport	die **Geschichte** history
das **Flugzeug** airplane	die **Beziehung** relation
starten leave, start	der **Physiker** physicist
warten auf wait for	**traurig** sad

Am Nachmittag war er bei Robert Plattner, einem Freund, der viel spricht, aber selten etwas sagt. „Das ist ja wunderbar!" meinte der Freund über die Worte des Deutschprofessors. „Studiere in Heidelberg, und schreib mir lange Briefe über deine Abenteuer!"

Richard Frisch will aber in Göttingen studieren. Es liegt im Norden Deutschlands, nicht weit von der Grenze zwischen der Bundesrepublik Deutschland, der BRD, und der Deutschen Demokratischen Republik, der DDR. Es hat nur etwa 100 000 Einwohner. Die Stadt ist über tausend Jahre alt. Göttingen gilt als eine gute Universität. Bekannte Chemiker, Physiker und Mathematiker, zum Beispiel Otto Hahn, Werner Heisenberg und Max Planck, lehrten in Göttingen. Unter den Professoren von heute sind ihm einige durch ihre Bücher über deutsche Literatur bekannt. In Amerika liest er nicht nur deutsche Literatur, sondern auch Bücher über die bunte deutsche Geschichte und über soziale Probleme in der BRD. Viele Fragen interessieren ihn.

Was für ein Klima hat Deutschland? Sind die kleinen und großen Städte wie die in Amerika? Sind die Häuser und Straßen so beschaffen wie die in den USA? Wie sind die Menschen, und wie leben sie? Was essen und trinken sie? Was machen sie in ihrer Freizeit?

Vieles geht ihm durch den Kopf, bis der Bus endlich kommt. Zwanzig Minuten später ist er am Kennedy-Flughafen.

‚Habe ich alles, meinen Reisepaß und alle meine Sachen?' fragt er sich. Der Paß ist in der einen Tasche, die Reiseschecks sind in einer anderen Tasche. Seine beiden Koffer stehen neben ihm. Er geht zum Schalter der Lufthansa, der deutschen Luftlinie. Hier warten schon viele Leute mit ihren Koffern. Vor ihm steht eine junge Dame; sie ist hübsch und hat braune

selten rarely	**was für ein** what kind of
das **Abenteuer** adventure, experience	**beschaffen** constituted
Bundes- Federal	**USA** Pronounce *oo*, *ess*, *ah*.
der **Einwohner** inhabitant	die **Freizeit** leisure
gelten be considered	**endlich** finally
der **Chemiker** chemist	der **Reisepaß** passport
der **Mathematiker** mathematician	**Reise-** travelers
lehren teach	der **Schalter** counter, window
bunt checkered	die **Luft** air
das **Klima** climate	**hübsch** attractive, pretty

*Wissenschaftler in Göttingen, unter ihnen
vier Nobelpreisträger: Werner Heisenberg,
Otto Hahn, Manfred Eigen und
Adolf Butenandt*

Haare. Richard Frisch denkt an seine Freundin Barbara. Sie ist blond und nicht so hübsch, aber sehr lieb. Sie hat die gleichen Deutschkurse besucht wie er. Diesen Sommer fährt sie nicht nach Deutschland, weil sie arbeiten muß. Auf dem Flughafen steht Richard Frisch neben seinen Koffern ganz allein. Die hübsche, junge Dame vor ihm ist auch allein, Richard möchte gern mit ihr sprechen, aber er weiß nicht, wie er es anfangen soll. Sie hat ein Buch in der Hand. Er liest den Titel: „Amerika ist anders."

„Ist das Buch interessant?" fragt er. Dabei denkt er: ‚Das ist kein witziger Einfall.'

„Ja", sagt die Dame. „Lesen Sie auch Bücher in deutscher Sprache?"

„Sehr gern sogar", sagt Richard Frisch.

denken an think of	**anders** different
lieb sweet	**dabei** at the same time
der **Kursus** course	**witziger Einfall** flash of wit, witty idea
möchte (gern) would like to	(verb plus) **gern** like to (plus verb)
anfangen do, start	**sogar** as a matter of fact

„Das sagen Sie nur so", meint die junge Dame.

„Und Sie wollen nicht mit mir sprechen?" fragt Richard Frisch.

„Warum denn nicht?" antwortet sie.

„Sie sprechen gut Deutsch", meint Richard. „Ich muß sagen, Sie sprechen sehr gut."

„Warum denn nicht!" erwidert die junge Dame wieder und lächelt. „Ich bin Deutsche. Ich komme aus Lübeck."

„Ist Lübeck nicht die Geburtsstadt Thomas Manns? Wo liegt Lübeck?" fragt er.

„Lübeck liegt an der Küste der Ostsee", antwortet sie. Thomas Manns Roman ‚Buddenbrooks' spielt in Lübeck. Das Haus der Familie Buddenbrook steht noch. Kennen Sie den Roman?"

„Ja, natürlich kenne ich den Roman", meint Richard Frisch.

„Natürlich? Aber wie viele Amerikaner kennen die ‚Buddenbrooks'?"

„Der Roman gehört schon zur Weltliteratur. Und ich studiere deutsche Literatur", sagt der Amerikaner.

„Ach so!" sagt die junge Deutsche. „Und daher lesen Sie so gern Bücher in deutscher Sprache."

„So ist es", antwortet Richard Frisch. „Ich interessiere mich aber nicht nur für die Literatur, sondern auch für die deutsche Kultur im allgemeinen. Ich möchte gerne wissen: Wie leben die Deutschen? Wie sind ihre Lebensformen? Wofür interessieren sie sich? Sieht man übrigens in Lübeck noch viele alte Häuser?"

„Das sind viele Fragen. Ich beginne mit der letzten. Lübeck ist eine alte Stadt mit alten Traditionen. Manche Häuser und Kirchen sind zweihundert, fünf hundert, achthundert Jahre alt. Die meisten alten Häuser sind aus der Zeit der Renaissance, manche aus der Zeit vor der Amerikareise des

---

nur so just
meinen say, think
warum denn but why
erwidern answer
lächeln smile
die **Geburtsstadt** place of birth
die **Küste** coast
die **Ostsee** Baltic Sea

der **Roman** novel
natürlich of course
gehören zu be a part of
daher for that reason
die **Lebensform** way (form) of life
übrigens by the way, more over
die **Kirche** church
die meisten most of the

Kolumbus. Sehr schön ist die gotische Marienkirche, ein Vorbild für die Architektur von hundert anderen Kirchen. Kennen Sie das Holstentor? Auch das ist aus der Zeit vor Kolumbus. Das Holstentor ist heute auf dem deutschen Fünfzigmarkschein abgedruckt. Ich spreche aber nur von Lübeck. Sprechen wir lieber von Ihnen: Wie lange bleiben Sie in Deutschland?"

„Ich will in Deutschland studieren. Vielleicht bleibe ich ein ganzes Jahr. Waren Sie auch so lange in Amerika?" fragt er.

„Ja, ich war ein ganzes Jahr hier", antwortet sie. „Ich habe hier studiert. Englische und amerikanische Literatur ist mein Hauptfach, ‚Anglistik' sagt man in Deutschland. Ich studiere aber auch deutsche Literatur. An deutschen Universitäten muß man zwei Hauptfächer studieren. Das Studium ist anders als in Amerika."

„Vieles ist wohl anders als in den USA!"

„Das kann man sagen", meint die Deutsche. „Man lebt drüben anders. Immer wieder findet man: die Lebensformen und Lebensgewohnheiten der Deutschen sind anders als die der Amerikaner. Übrigens wandeln sich die Lebensformen sehr im heutigen Deutschland."

„Sie wandeln sich in der ganzen Welt", meint Richard Frisch.

„Sie haben wohl recht. Aber wir sind jetzt an der Reihe. Haben Sie Ihren Paß und Ihre Flugkarte?"

Sie zeigen die Pässe und die Flugkarten. Alles ist in Ordnung. Da sie noch etwas Zeit haben, gehen sie ins Restaurant.

„Möchten Sie eine Tasse Kaffee oder etwas Kaltes trinken?" fragt Richard Frisch.

„Eine Tasse Kaffee bitte", sagt die junge Deutsche aus Lübeck.

gotisch Gothic	**wohl** I suppose
Marien- St. Mary's	**drüben** over there
das **Vorbild** model	**immer wieder** again and again
das **Holstentor** 15th century city gate	die **Gewohnheit** habit
flanked by two towers	**sich wandeln** change
das **Tor** gate	**heutig** present-day
-schein bill	**recht haben** be right
abgedruckt imprinted	**an der Reihe sein** be one's turn
sprechen wir lieber let's talk instead	die **Flugkarte** (air)ticket
das **Hauptfach** major (subject)	der **Paß** = der **Reisepaß**

Das Holstentor in Lübeck

Er geht zur Bar, an der viele Fluggäste stehen. In fünf Minuten ist er mit zwei Tassen Kaffee wieder am Tisch und sagt: „Ich weiß gar nicht, wie Sie heißen. Ich heiße Richard Frisch."

„Mein Name ist Brigitte Wolf."

„Brigitte ist ein schöner Name."

„Ich bin aber nicht blond wie viele andere junge Damen mit dem Namen Brigitte."

„Sind nicht die meisten Deutschen blond? Habe ich falsche Vorstellungen?"

Sie lächelt wieder; sie lächelt überhaupt sehr oft. „Es ist wohl die Vorstellung, die viele Amerikaner haben: das blonde, blauäugige deutsche Mädchen und das passive Gretchen. Ich selber kenne wenige solcher Mädchen." Richard Frisch findet die brünette Brigitte gar nicht passiv.

der **Fluggast** (air)passenger
gar at all
wie Sie heißen what your name is
die **Vorstellung** (mental) image
überhaupt on the whole

blauäugig blue-eyed
Gretchen character in Goethe's *Faust*, sometimes thought of as the prototype of a German woman who is subservient to her husband, and to men in general

Eine Stunde später sitzen sie im Flugzeug. Das Personal spricht Englisch und Deutsch: „Guten Abend, meine Damen und Herren! Herzlich willkommen an Bord der Maschine vierhundertzwei . . .!" Die Stewardeß bringt deutsche Zeitungen: „Die Welt", „Die Frankfurter Allgemeine Zeitung" und „Die Zeit". „Welche Zeitung, bitte?" fragt die Stewardeß. „Wir haben auch amerikanische Zeitungen." „Geben Sie mir ‚Die Welt' bitte!" sagt Richard zu der Stewardeß. In Amerika liest er mehrere deutsche Zeitungen. Zu Brigitte Wolf sagt er: „Die deutschen Zeitungen, die ich kenne, sind vielseitig. Man findet Artikel über Literatur, Kunst, Universitäten, über Theater und neue Filme, das Leben in Deutschland und in der ganzen Welt. Die deutsche Perspektive ist anders als die amerikanische."

„Wenn Sie in Deutschland sind", meint Brigitte Wolf, „sehen Sie vielleicht manches auch aus deutscher Sicht. Aus deutscher Sicht sieht man Sachen anders – vielleicht nicht besser, aber anders."

Richard Frisch beginnt, einen Artikel über deutsche Politik zu lesen: „Keine Initiative Bonns für Nato-Konferenz." Die Stewardeß kommt und bietet Getränke an. Herr Frisch läßt sich ein Glas Bier geben, Fräulein Wolf ein Glas Rheinwein. „In Deutschland", erklärt sie, „trinkt man meistens nicht vor dem Essen."

Nach 15 Minuten kommt das Essen. Es gibt Wiener Schnitzel, weißen Spargel mit Haselnußbutter, Salzkartoffeln und zum Dessert Schokoladenpudding mit Schlagsahne. „In Deutschland ißt man gern Schlagsahne", erklärt Brigitte Wolf. „Guten Appetit!" sagt sie, bevor sie mit dem Essen beginnt.

„Sagt man immer ‚guten Appetit' vor dem Essen?" fragt er.

„Meistens sagt man das vor dem Essen", antwortet sie und ißt. Sie hat

das **Personal** personnel	**läßt geben** asks for
herzlich willkommen (cordially) welcome	**meistens** usually
die **Maschine** flight, plane	**Wiener Schnitzel** A good "Viennese veal
mehrere several	cutlet" is to Germans what a good steak is
vielseitig many-sided	to Americans.
die **Kunst** art	der **Spargel** asparagus
die **Sicht** point of view	**Salzkartoffeln** boiled (salted) potatoes
anbieten offer	die **Schlagsahne** whipped cream
das **Getränk** beverage	**guten Appetit** enjoy your meal

die Gabel in der linken Hand und das Messer in der rechten Hand. Sie legt das Messer nicht auf den Teller. Für ihn ist es schwer, mit der linken Hand zu essen.

Nach dem Essen sehen sie einen Film in deutscher Sprache. Es ist ein Kriminalfilm; ein „Krimi", sagen die Deutschen. Richard Frisch ist müde und schläft, bevor der Film zu Ende ist.

Vier Stunden später macht er die Augen auf und sieht, daß die Stewardeß schon Kaffee und Brötchen bringt; denn sie sind nicht mehr weit von Frankfurt. Nach der zweiten Tasse Kaffee hört er die Worte: „Anschnallen bitte!"

In Frankfurts Rhein-Main-Flughafen kommt ein Bus an das Flugzeug. Fräulein Wolf und Herr Frisch fahren mit dem Bus zum Zoll. Er muß seinen Paß zeigen, aber für seine Koffer interessieren sich die Zollbeamten nicht.

Ein junger Mann wartet auf Brigitte Wolf. Sie wünscht Richard Frisch alles Gute in Deutschland und sagt ihm „Auf Wiedersehen". Ihre Adresse hat er nicht.

kriminal	criminal	**anschnallen**	fasten your seat belts
Kriminal-	detective	der **Zollbeamte**	customs official
zu Ende	over	**wünschen**	wish
aufmachen	open	**alles Gute**	all the best

Exercises

I. Vocabulary Review

Each sentence contains words listed at the beginning of the chapter. Choose a word from the lists for each blank.

1. Der Student studiert deutsche —— und Literatur; er ist zwanzig —— alt.
2. Barbara —— nicht nach Deutschland; er macht die Reise ——.
3. Sie bleibt in Milwaukee, —— sie muß arbeiten.
4. Richard Frisch —— vielleicht ein —— Jahr in Europa.
5. Fräulein Wolf beginnt nicht mit der ersten Frage, sie beginnt mit der —— Frage.
6. Viele Häuser sind aus der —— vor der Reise des Columbus.

7. „Die Welt" und „Die Zeit" sind deutsche ——.
8. Sie warten nicht lange. —— eine Stunde —— sitzen sie im Flugzeug und lesen.
9. Fräulein Wolf ißt mit der —— in der linken Hand und dem —— in der rechten Hand.
10. Göttingen —— im Norden Deutschlands; es ist nicht —— von der —— —— Westen und Osten.
11. Er —— den Roman Thomas Manns; der Roman ist ihm ——.
12. Richard Frisch schläft, weil er —— ist.
13. Sie sehen einen Krimi, einen —— in deutscher Sprache.
14. Am Flughafen muß er —— seinen Paß ——.
15. Die Zollbeamten —— sich nicht für seine ——.

II. Form sentences in the present.

1. Der Vater / haben / Bilder von Deutschland.
2. Er / sprechen / oft von Göttingen.
3. Die Eltern / raten / ihm zum Studium in Deutschland.
4. Er / wollen / in Göttingen studieren.
5. Er / lesen / Bücher über Land und Leute.
6. Viele Fragen / interessieren / ihn.
7. Ich / haben / alles.
8. Barbara / müssen / im Sommer arbeiten.
9. Er / fahren / allein.
10. Richard Frisch / wissen / nicht, was er sagen soll.
11. Sie / sprechen / gut Deutsch.
12. Lübeck / liegen / an der Küste.
13. Ich / kennen / den Roman.
14. Die Dame / kennen / ihn auch.
15. Wie lange / bleiben / Sie in Deutschland?
16. Ich / bleiben / ein ganzes Jahr.
17. Man / leben / dort anders.
18. Die Lebensformen / sein / anders.
19. Ein junger Mann / warten / auf Brigitte Wolf.
20. Sie / wünschen / ihm alles Gute.

III. Answer briefly.

1. Was will Richard Frisch in Deutschland?
2. Was weiß er über die Stadt Göttingen?
3. Was weiß er über die Universität Göttingen?

4. Welche Fragen interessieren ihn?
5. Er fragt sich: Habe ich alles? Was ist „alles"?
6. Was erklärt Brigitte Wolf ihm über Lübeck?
7. Was für Vorstellungen hat Richard Frisch von deutschen Frauen?
8. Was sagt er über deutsche Zeitungen?
9. Was sagt sie, bevor sie mit dem Essen beginnt?
10. Was macht sie beim Essen anders als Richard Frisch?

Kapitel Zwei

Word lists for Chapter Two

NOUNS

der **Augenblick**	moment	der **Nachmittag**	afternoon
der **Bahnhof**	station	die **Rechnung**	check, bill
die **Haut**	skin	der **Tisch**	table
das **Herz**	heart	die **Uhr**	watch, clock, o'clock
die **Kartoffel**	potato	das **Zimmer**	room
der **Kopf**	head	der **Zug**	train
der **Kuchen**	cake		

VERBS

aussehen	look, appear	**heißen**	be called, be named
bekommen	get, receive	**hören**	hear, listen to
bestellen	order	**kaufen**	buy
brauchen	need, use	**kochen**	cook
erzählen	tell, narrate	**nehmen**	take
fliegen	fly	**stehen**	be, be written
(sich) **fühlen**	feel	**treffen**	meet
halten	hold, stop	**zählen**	count

OTHER WORDS

angenehm	pleasant, agreeable	**fremd**	foreign, strange
dick	thick, fat	**heiß**	hot
durstig	thirsty	**hoch (hoh-)**	high
eigentlich	actual, real	**jemand**	someone, somebody

Der Frankfurter Bahnhof

lange	(for) a long time	warum	why
möglich	possible	wegen	because of,
neu	new		on account of
nicht wahr?	isn't that so?	weich	soft
plötzlich	suddenly	weiter	farther, further, on
schlecht	bad, poor	ziemlich	rather, fairly, quite
sogar	even	zuerst	first
überhaupt	at all	zusammen	together
während	during, while		

Internationale Studentenkontakte

Richard Frisch wechselt dreißig Dollar; er bekommt über hundert Mark dafür. Er fühlt sich im Frankfurter Flughafen sehr fremd.

Im Hotel Hessenland, einem kleinen Hotel mit fünfunddreißig Zimmern, hat er ein Zimmer vorbestellt. Es gibt in Deutschland viele kleine Hotels, in denen die Zimmer wenig kosten.

Vor dem Flughafen stehen Taxis und Busse. „Wie kommt man ins Zentrum der Stadt?" fragt er einen jungen Mann.

„Der erste Bus fährt zum Bahnhof, und dort finden Sie Taxis."

„Vielen Dank."

„Nichts zu danken."

Der Bus fährt ziemlich lange, denn der Flughafen ist zehn Kilometer vom Stadtzentrum entfernt. Frankfurt ist eine moderne Stadt; er sieht ein neues Haus nach dem anderen. Auch der Bahnhof ist neu.

Da er hungrig und durstig ist, geht er in ein Bahnhofsrestaurant. Bei einem steht „Erster Klasse", bei dem zweiten „Zweiter Klasse". Er zählt sein Kleingeld, geht in das zweite und findet einen freien Tisch. Der Ober bringt nach fünf Minuten die Speisekarte. Er liest:

wechseln change		das **Kleingeld** change, coins	
vorbestellen reserve		**frei** unoccupied, free	
das **Zentrum** center		der **Ober** waiter	
nichts zu danken don't mention it		die **Speisekarte** menu	
entfernt von (far) from			

Frankfurter Würstchen mit Kartoffelsalat, Schwarzwälder Schinken auf Holzteller, Brot und Butter.

„Was möchten Sie bitte?" fragt der Ober.

„Frankfurter Würstchen mit Kartoffelsalat und Eistee bitte."

„Eistee? Eistee haben wir nicht." Der Ober hört, daß Richard mit Akzent spricht und erklärt: „Das trinkt man nicht in Deutschland. Wir haben aber Apfelsaft, Bier, Kaffee oder ein Glas Tee, heißen Tee." Richard Frisch bestellt Apfelsaft. Er ist durstig und möchte etwas Kaltes trinken. Er weiß, der Ober bringt ihm kein Eiswasser. In Deutschland trinkt man kein Eiswasser; in Europa bekommt man es meist überhaupt nicht. Die Rechnung macht 3,80. Der Preis schließt ein, so steht es auf der Speisekarte, 12 Prozent Bedienung und 10 Prozent Mehrwertsteuer. Er rundet ab, wie man in Deutschland sagt, und gibt dem Ober vier Mark.

Er fährt mit einem Taxi zum Hotel Hessenland. Man gibt ihm dort ein Telegramm von seinem Onkel in Paris. Richard soll nach Paris kommen. Er steckt das Telegramm in die Tasche und denkt: ‚Vielleicht fahre ich später über Paris nach Hause. Was schreibe ich aber jetzt meinem Onkel?'

Im Hotel sieht er junge Menschen mit roten und blauen Sporthemden und weißen Socken aus dicker Wolle. Die amerikanischen Touristen sprechen Englisch, aber er hört auch deutsche Worte: Wurst, Bahnhof, Fräulein, Autobahn.

Plötzlich fragt ihn jemand auf deutsch: „Was machen Sie hier in diesem Hotel?" Es ist Brigitte Wolf. „Darf ich bekanntmachen? Herr Frisch, mein Bruder. Herr Frisch war mit mir im Flugzeug."

„Ich freue mich sehr, Sie kennenzulernen", sagt Herr Wolf und lacht: „Mein schönes Fräulein, darf ich wagen . . .?"

Schwarzwälder . . . Black Forest ham on a wooden plate
möchte would like
der Eistee iced tea
der Apfelsaft apple juice
meist usually
machen come to
3,80 1 Mark = 100 Pfennig
einschließen include
die Bedienung service

die Mehrwertsteuer government sales tax
rundet ab rounds (it) off
stecken put, place
über by way of
das Sporthemd sport shirt
die Wolle wool
Darf ich bekannt machen? May I introduce (you)?
sich freuen be happy
darf ich wagen? might I venture?

Der amerikanische Student kennt die Worte. Sie sind aus Goethes „Faust". Faust spricht Gretchen auf der Straße an. Er denkt an den New Yorker Flughafen. „Das war nicht korrekt von mir, nicht wahr?" „Nicht korrekt?" lacht Fräulein Wolf. „Es macht nichts. Wirklich nicht! Mein Bruder und ich wollen einen Bummel durch die Stadt machen. Möchten Sie mitkommen? Haben Sie Zeit?"

„Ja, ich habe Zeit und möchte gern mitkommen", sagt Richard Frisch, denn er möchte auch vieles fragen.

„Fein, wir gehen jetzt", sagt Brigitte. „Hier sehen Sie aber nicht viele alte Häuser, Herr Frisch. Frankfurt ist eine alte Stadt, aber sie hat heute neue und moderne Bauten. Sie wissen, die Bomben ..."

„Ja, ich weiß, aber sagen Sie mir, warum heißt Frankfurt Frankfurt? Woher kommt der Name?"

„Mein Bruder kann es Ihnen wahrscheinlich erklären", sagt sie.

„Ja", erklärt Herr Wolf. „Frankfurt heißt so nach den Franken; Furt ist englisch ‚ford'. Hier war also die Franken-Furt über den Main."

Auf den Straßen Frankfurts sind viele Menschen – Männer, Frauen und Kinder. Die Herren gehen meist links, die Damen gehen rechts. Oft ist die rechte Seite die Seite der Straße, aber manchmal auch nicht. „Warum gehen die Herren nicht an der Seite der Straße?" fragt der Amerikaner.

„In Deutschland geht die Dame meist rechts von dem Herrn, obwohl es auch Ausnahmen dieser Regel gibt", sagt Gerhard Wolf. „Die rechte Seite ist die Ehrenseite. Im Glauben der Menschen ist die rechte Seite auch moralisch die rechte Seite und die linke die unrechte, schlechte Seite. Ich spreche nicht nur von Deutschland und der deutschen Sprache. In der lateinischen Sprache bedeutet das Wort ‚sinister' ‚links' und auch ‚unglücklich'.

ansprechen address, accost
korrekt correct, proper
es macht nichts never mind
einen Bummel machen take a stroll
mit along
die **Bauten** buildings
woher where ... from
wahrscheinlich probably
der **Franke** Frank
die **Furt** ford (place where a river may be crossed by wading)
der **Main** Main river
die **Ausnahme** exception
die **Regel** rule
die **Ehre** honor
der **Glaube** belief(s)
moralisch morally
lateinisch Latin
bedeuten mean
unglücklich unhappy, disastrous

Das Goethehaus in Frankfurt   Das Dichterzimmer im Goethehaus

In der französischen Sprache bedeutet das Wort ‚gauche' ‚links', aber auch ‚linkisch'. Sie kennen das Wort in der englischen Sprache, nicht wahr? Auch in der Religion findet man solche Symbole für rechts und links." Gerhard Wolf geht links, seine Schwester ist in der Mitte, und Richard Frisch geht rechts. Sie gehen an alten Kirchen und Häusern vorbei. Bruder und Schwester erklären vieles, was der Amerikaner nicht weiß. Zum Goethehaus brauchen sie nichts zu erklären. Richard Frisch kennt Goethe und das Goethehaus. Für ihn ist Frankfurt eben die Stadt des Dichters Johann Wolfgang von Goethe.

Nicht weit vom Goethehaus kommen sie an einem Restaurant vorbei. Gerhard Wolf meint, es ist nach sechs Uhr und Zeit, etwas zu essen. Das Restaurant kennt er. Herr Wolf öffnet die Tür und hält sie offen für Brigitte und für Richard Frisch. Er geht dann vor Brigitte in das Restaurant – die Herren gehen in Deutschland immer vor den Damen ins Restaurant – und findet einen freien Tisch.

Auf der Speisekarte sieht Richard vieles, was er nicht kennt. Er bestellt Paprikaschnitzel. Es ist ihm auch neu, aber er weiß, was ein Schnitzel ist, und er weiß, was Paprika ist. Das Paprikaschnitzel hat eine pikante Soße. Gerhard und Brigitte Wolf bestellen Fisch, Forelle blau mit zerlassener Butter. Brigitte erklärt, man kocht Forelle in Wasser und Essig. Es heißt Forelle blau, denn die Haut des Fisches wird durch das Kochen blau. Der Ober bringt Brigitte und Gerhard Wolf ein Fischbesteck. Richard Frisch bekommt für sein Paprikaschnitzel ein normales Besteck.

Herr Wolf bestellt für alle Apfelwein, eine Frankfurter Spezialität. Er nimmt das Weinglas in die Hand und nickt Brigitte und Richard Frisch zu. Es ist die deutsche Sitte des Grußes mit dem Glas. Man wartet, bis der Gast-

französisch French	die **Soße** sauce
linkisch awkward	**Forelle blau mit zerlassener Butter**
die **Mitte** middle	(cooked) trout and drawn butter
vorbei by, past	der **Essig** vinegar
zum about	das **Besteck** knife and fork
brauchen need	**zunicken** nod to
eben after all	die **Sitte** custom
der **Dichter** poet, writer	der **Gruß** toast
öffnen open	**bis** until
pikant piquant, spiced	

Der Palmengarten Frankfurts

geber das Glas in die Hand nimmt. Dann kommt der Gruß mit dem Glas; man trinkt, und es kommt noch ein Gruß mit dem Glas. Der Gastgeber, oder der Herr des Hauses, trinkt zuerst. Keiner trinkt, bis er trinkt. Herr Wolf sagt: „Zum Wohl", Brigitte sagt: „Prosit" und Richard sagt „Prosit, zum Wohl." Der Amerikaner nickt den zwei Deutschen zu; denn er will alles so machen, wie es Brauch ist. Brigitte Wolf nickt ihm nicht zu; nur Herren tun das. Herr Wolf trinkt einen kleinen Schluck und nickt dann beiden wieder zu.

Während des Essens fragt Richard: „Wie lange bleiben Sie in Frankfurt?"

„Nur bis morgen", erklärt Fräulein Wolf, „denn mein Bruder hat in Paris zu tun, und ich fahre mit. Wir fahren morgen abend mit einem Expreß. Kennen Sie Paris?"

„Nein, ich kenne Paris nicht", antwortet der Amerikaner. Er denkt plötzlich an seinen Onkel. „Aber ich habe ein Telegramm von meinem Onkel Albert. Er wohnt jetzt dort. Ich soll nach Paris kommen."

„Warum nicht? Fahren Sie morgen abend! Fahren Sie, wenn wir fahren! Mein Bruder und ich sind morgen den ganzen Tag mit Freunden in einem deutsch-französischen Klub. Aber wir treffen Sie dann im Zug. Was sagen Sie dazu?"

Richard Frisch denkt einen Augenblick lang an seine blonde Barbara, an die brünette Brigitte, an den kahlen Kopf seines Onkels in Paris und sagt dann, daß er gerne mitkommen würde.

In seinem Hotelzimmer wundert sich der Amerikaner über die Daunendecke in seinem Bett. Hier schläft man sogar anders! Er findet die Decke weich, warm und angenehm; er schläft bis neun. „Ich nehme eine Daunendecke mit nach Amerika", sagt er laut.

Zum Frühstück bekommt er im Hotel Brot, Butter, Marmelade und

der **Gastgeber** host	... **lang** for ...
keiner no one	**kahl** bald
zum Wohl and **Prosit** your health	**würde** would
der **Brauch** custom	sich **wundern** be astonished
der **Schluck** sip	die **Daunendecke** eiderdown quilt
zu tun haben have things to do	**mitnehmen** take with (one)
dazu sagen think about	**zum Frühstück** for breakfast

Kaffee. Er hat noch Hunger, aber es ist schon spät. Er will das Goethehaus besuchen und soviel wie möglich von Frankfurt sehen, bevor er nach Paris fährt. „Reisen ist Leben, wie umgekehrt das Leben Reisen ist!" Richard Frisch macht erst einen Bummel durch die Stadt und besucht dann das Goethehaus und Goethe-Museum. Später geht er in die Katharinenkirche, die Konfirmationskirche Goethes. Die Konfirmation ist für deutsche Kinder sehr wichtig; denn vor der Konfirmation sagt man zu den jungen Menschen „du", und nach der Konfirmation sagt man „Sie". Er weiß das aus Büchern über Deutschland.

Am Nachmittag besucht er den Palmengarten. Der Botanische Garten Frankfurts liegt im Herzen der Stadt; viele Touristen kommen nur wegen des Palmengartens nach Frankfurt. Nach deutschem Brauch geht Richard Frisch am späten Nachmittag in eine Konditorei. Man spielt Operettenmusik, während die Leute Kaffee trinken und Kuchen essen. Richard kauft drei Ansichtskarten von Frankfurt.

Am Abend schreibt er an seine Eltern, an seinen Freund Robert Plattner und an Barbara, packt seine Sachen und fährt zum Bahnhof. Er kauft eine Fahrkarte und eine Schlafwagenkarte nach Paris. Auch kauft er noch etwas Schokolade für eine Mark, bevor er zum Schlafwagen geht.

Im Zug sind viele Menschen. Manche sind Mitglieder der „Deutsch-Französischen Gesellschaft in Frankfurt am Main", andere sind Mitglieder des „Kreises für Interkontinentale Studentenkontakte". Ein Student aus Frankfurt erzählt ihm, daß zu gleicher Zeit viele Mitglieder einer „Société franco-allemande" aus Paris nach Frankfurt kommen. In den beiden Ländern gibt es Dutzende von deutsch-französischen Gesellschaften, meint der Frankfurter Student.

Deutsch-französische Gesellschaften interessieren Richard Frisch, aber

---

(das) **Reisen** traveling
umgekehrt on the other hand
Katharinen- St. Catherine's
wichtig important
die **Konditorei** café
die **Ansichtskarte** picture postcard
die **Fahrkarte** ticket

Schlafwagen- sleeping car
das **Mitglied** member
die **Gesellschaft** society
der **Kreis** association
zu gleicher Zeit at the same time
franco-allemande French-German
das **Dutzend** dozen

im Augenblick interessiert ihn Brigitte Wolf mehr. Er geht durch mehrere
Wagen, aber er findet sie nicht. Der Expreß fährt ab. Wo ist Brigitte?
Der Schaffner bringt ein Formular. Es ist in deutscher, englischer und
französischer Sprache. „Füllen Sie das Formular aus und geben Sie mir
Ihren Reisepaß. Aber Sie haben noch Zeit. Wir sind noch nicht in Frank-
reich."

Richard füllt das Formular aus und gibt es dem Schlafwagenschaffner
zusammen mit seinem Paß. Er liest die „Frankfurter Allgemeine Zeitung".
Sie fahren über ein Wasser. „Mainz" liest er. Der Expreß hält. ‚Das muß der
Rhein oder der Main sein', denkt er. Er will den Schaffner nach Brigitte
fragen, aber er findet ihn nicht. Der Expreß fährt weiter. Es ist angenehm,
mit einem Expreß durch die europäische Nacht zu fahren. Was sagte Heinrich Heine über Frankreich? „Paris ist eigentlich Frankreich; dieses ist
nur die umliegende Gegend von Paris." Heines Leben in Deutschland und
Frankreich, sein Grab in Montmartre – das alles geht ihm durch den Kopf.

Richard Frisch schläft, und der Zug fährt durch die Nacht von einem
Land in das andere.

abfahren leave	**dieses** the latter
der **Schaffner** conductor	die **umliegende Gegend** surrounding area
ausfüllen fill out	das **Grab** grave
das **Formular** blank, form	**Montmartre** artists' section in Paris
das **Wasser** body of water	

Exercises

I. **Supply the missing words from the lists preceding the chapter.**

1. Im Flughafen von Frankfurt ist es anders als in New York oder
   Milwaukee; er fühlt sich ——.
2. Im Hotel kostet —— wenig.
3. Der Bus fährt vom Flughafen zum ——; dort findet man Taxis.
4. Er will etwas trinken; er ist ——.

5. Er hat auch Hunger; er —— Würstchen mit ——salat.
6. Der Ober ——, daß Richard Frisch mit Akzent spricht.
7. Plötzlich fragt ihn —— im Hotel etwas auf deutsch.
8. Er geht nicht allein durch die Straßen; die drei machen —— einen Bummel durch Frankfurt.
9. Herr Wolf — das Glas in die Hand und nickt ihnen zu.
10. Der Bruder Brigittes —— Gerhard.
11. Richard hat von seinem Onkel ein Telegramm ——.
12. Wir treffen Sie nicht im Bahnhof, sondern im ——.
13. Die Daunendecke ist warm und ——.
14. Der Zug —— in Mainz und fährt dann ——.
15. Er —— etwas Schokolade für eine Mark.

II. **Form sentences in the present.**

1. Der Bus / fahren / ziemlich lange.
2. Er / lesen / die Speisekarte.
3. Ich / bestellen / Apfelsaft.
4. Er / abrunden / , wie man in Deutschland sagt.
5. Im Hotel / geben / man ihm ein Telegramm.
6. Im Hotel / sehen / er viele junge Menschen.
7. Was / machen / Sie hier?
8. Ich / sich freuen / , Sie kennenzulernen.
9. Ich / wollen / einen Bummel machen.
10. Warum / heißen / Frankfurt Frankfurt?
11. Bruder und Schwester / erklären / vieles.
12. Gerhard Wolf / halten / die Tür offen für Brigitte.
13. Die Haut der Forelle / werden / durch das Kochen blau.
14. Keiner / trinken / , bis der Gastgeber / trinken.
15. Gerhard Wolf / nehmen / das Glas in die Hand.
16. Wir / fahren / morgen.
17. Mein Bruder und ich / sein / morgen in einem Klub.
18. Der Amerikaner / sich wundern / über die Daunendecke.
19. Es / geben / Dutzende von deutsch-französischen Gesellschaften.
20. Richard Frisch / schlafen / , und der Zug / fahren / durch die Nacht.

III. Answer briefly.

1. Wie kommt er zum Bahnhof und dann zum Hotel?
2. Was kann man im Bahnhofsrestaurant essen und trinken?
3. Was schließt der Preis im Restaurant ein?
4. Wie sieht Frankfurt heute aus? Warum sieht es so aus?
5. Was ist der Gruß mit dem Glas?
6. Warum ist es dem Amerikaner angenehm, nach Paris mitzukommen?
7. Woran denkt er, bevor er sagt, daß er mitkommt?
8. Was haben die Menschen im Zug mit Frankreich und Deutschland zu tun?
9. Warum muß er ein Formular ausfüllen und dem Schaffner seinen Reisepaß geben?
10. Was geht ihm alles durch den Kopf?

Bertolt Brecht (1898-1956), Thomas Mann (1875-1955),
Franz Kafka (1883-1924)

Kapitel Drei

Word lists for Chapter Three

NOUNS

der **Arzt**	doctor, physician	die **Geschichte**	history, story
das **Bad**	bath	der **Gewinn**	gain, profit
das **Badezimmer**	bathroom	die **Möbel** (pl.)	furniture
das **Bild**	picture, image	der **Monat**	month
die **Blume**	flower	der **Platz**	room
das **Brot**	bread	das **Spiel**	game
das **Fenster**	window	das **Stück**	piece
der **Fluß**	river	das **Studium**	study, studies
der **Freund**	friend	die **Wand**	wall
das **Frühstück**	breakfast	das **Wohnzimmer**	living room

VERBS

backen	bake	**nennen**	call
denken an	think of	**riechen**	smell
glauben	believe	**suchen**	look for, seek
helfen	help, be of help	**(sich) waschen**	wash
lernen	learn	**zahlen**	pay
mitkommen	go along, come along		

OTHER WORDS

anders	different	niemand	nobody, no one
fast	almost	ohne	without
gelb	yellow	pünktlich	on time, punctual
genug	enough	teuer	expensive
nett	nice	überall	everywhere
nie	never	verschieden	different

Manches ist anders

Während der Student aus Milwaukee mit dem internationalen Expreß durch die Nacht nach Paris reist, fährt ein anderer Amerikaner mit einem Schnellzug nach Göttingen. Er heißt Walter Guest und wohnt in Philadelphia. Vor fünf Tagen reiste er von New York aus mit einem Schiff des Norddeutschen Lloyds nach Hamburg. Er will im Sommer Menschen in Deutschland kennenlernen, denn die schwierigen Deutschen und ihre Geschichte interessieren ihn. Er kennt viele Werke Goethes und Thomas Manns, Bertolt Brechts und Franz Kafkas, aber über das Leben der Deutschen weiß er wenig. Freunde seiner Eltern mit Namen Wirt wohnen seit Jahren in Göttingen. Als erstes will er die Familie Wirt kennenlernen.

Es ist dreiundzwanzig Uhr, also elf Uhr abends, als der Zug in Göttingen pünktlich ankommt. Walter Guest findet eine Telefonzelle. Hier ist auch ein Telefonbuch. Er sucht im Telefonbuch: Winkelmann, Winzer, Wippermann, Wirsing, Wirt. Er hat zwei Zehnpfennigstücke. Aber nein! Es ist zu spät, heute zu telefonieren.

Vor dem Bahnhof stehen zehn Taxis. Walter Guest hat drei Adressen von Hotels in Göttingen. Der Taxifahrer fährt ihn zum Hotel Kronprinz.

der **Schnellzug** (relatively) fast train		**ankommen** arrive	
von ... aus from		**-zelle** booth	
schwierig troublesome		**-stück** coin	
als erstes first of all			

Es ist nicht weit vom Bahnhof; er fährt nur fünf Minuten. Das Hotel ist ziemlich klein; es hat sechzig Zimmer. „Haben Sie ein Zimmer mit Bad?" fragt er im Hotel. „Nein, mein Herr", sagt der Mann im Hotel. „Wir haben nur noch ein Zimmer ohne Bad, aber mit Waschbecken und fließendem Wasser." ‚Was soll ich machen?' denkt Walter. ‚Wer weiß. Vielleicht finde ich kein anderes Zimmer. Was weiß ich von Deutschland? Was weiß ich von deutschen Hotels?' „Was kostet das Zimmer?" fragt er. „Das Zimmer kostet fünfzehn Mark", sagt der Mann, „das Frühstück drei Mark."

Walter Guest denkt: ‚Fünfzehn Mark sind nicht viel Geld.' „Gut", sagt er, „ich nehme das Zimmer."

Walter Guest schreibt seinen Namen, Wohnort in Amerika und so weiter auf. Er geht zu dem Zimmer Nummer achtzehn.

Im Zimmer will sich Herr Guest die Hände waschen. Er sucht die Seife aber findet keine. Er fragt das nette Zimmermädchen, aber sie sagt schüchtern: „Wir haben im Hotel keine Seife für Gäste. Ich habe aber selber ein kleines Stückchen; ich bringe es Ihnen."

Am nächsten Morgen ißt er das Frühstück im Hotel. Man bringt ihm Kaffee, Brot, frische Brötchen, Butter und Marmelade. ‚Ist das alles?' denkt er. Nach dem Frühstück zahlt er drei Mark; Bedienung und Mehrwertsteuer sind in dem Preis eingeschlossen.

Zehn Minuten später telefoniert er. Herr Wirt ist zu Hause und sagt: „Wirt". Walter Guest erklärt, wer er ist. „Es ist schön, daß Sie hier sind. Ich kenne Ihren Herrn Vater und Ihre Frau Mutter schon sehr lange. Kommen Sie zu uns!" sagt Herr Wirt.

mein Herr sir		**schüchtern** coy, shy	
das **Waschbecken** wash basin		der **Gast** guest	
fließend running		das **Brötchen** roll	
aufschreiben write (down)		**zu Hause** (at) home	
der **Wohnort** place of residence		„**Wirt**" Germans generally say their	
und so weiter and so forth		family name when answering the telephone	
die **Seife** soap		**kommen zu** come to see	
das **Zimmermädchen** chambermaid			

Walter Guest geht zur Bushaltestelle und fährt zu Herrn Wirt. Nach wenigen Minuten ist er dort.

Herr Wirt erkundigt sich über die Reise. Was hat er gesehen, was hat er erlebt? Walter Guest sagt: „Es ist vieles für mich sehr neu. Manches ist anders als in Amerika."

„Ich kenne Amerika", sagt Herr Wirt. „Vieles ist anders. Das weiß ich."

„Ich möchte Sie fragen", sagt Herr Guest: „Warum stehen so viele Schuhe im Korridor des Hotels? Vor jedem Zimmer stehen Schuhe."

„Ja", lacht Herr Wirt. „Man putzt den Gästen im Hotel die Schuhe. Das macht man in Amerika nicht."

„Wunderbar. Was kostet das?"

„Nichts, gar nichts."

„Na gut", lacht Herr Guest. „Die Reise gleicht einem Spiel; es ist immer Gewinn und Verlust dabei, schreibt Goethe."

Bei Herrn Wirt lernt Walter Guest einen jungen Mann kennen. Er heißt Fritz Neubauer, ist Student und wohnt bei seinen Eltern. Sein Vater ist Professor. Herr Neubauer und Herr Guest sprechen lange über amerikanische und deutsche Universitäten. Während es in Amerika staatliche und private Universitäten gibt, sind in Deutschland alle Hochschulen staatlich. Es gibt private Schulen, aber keine privaten Universitäten. Amerika ist für Herrn Neubauer ebenso interessant wie Deutschland für Herrn Guest.

„Sind die Zustände in Amerika so schlecht, wie man in europäischen Zeitungen liest?" fragt der Deutsche. Er denkt an Schmutz in den Städten, in der Luft und im Wasser; er denkt an soziale Probleme. „Ist es in Deutschland so schlecht, wie man in amerikanischen Zeitungen liest?" fragt der Amerikaner. Er denkt an Schmutz in der Luft und in den Flüssen, aber auch an innenpolitische Probleme und an angebliche Pläne für eine aggressive Außenpolitik. Fritz Neubauer und Walter Guest lächeln verlegen.

sich **erkundigen** inquire	**ebenso** just as
erleben experience	der **Zustand** condition
putzen shine	der **Schmutz** dirt
na gut well all right	**innen-** domestic
gleichen resemble	**angeblich** alleged
der **Verlust** loss	die **Außenpolitik** foreign policy
staatlich state	**verlegen** self-consciously
die **Hochschule** = die **Universität**	

„Bleiben Sie lange in Göttingen?" fragt Herr Neubauer. „Haben sie Zeit, zu uns zu kommen? Vielleicht kommen Herr und Frau Wirt auch!" „Ich habe in diesen Tagen viel Zeit", antwortet Walter Guest. „Gerne komme ich mal zu Ihnen."

„Prima! Es ist bei uns zu Hause sehr bürgerlich. Aber aus solchen bürgerlichen Familien kommt die revolutionäre Jugend von heute", lacht Fritz Neubauer.

Als Fritz Neubauer seiner Mutter von dem Amerikaner erzählte, sagte sie: „Warum bringst du ihn nicht zu uns! Ich möchte ihn kennenlernen."

„Gerne. Wann soll er kommen?" fragt Fritz.

„Am Freitag um sechzehn Uhr zum Kaffee. Am Freitag kommen auch Herr und Frau Wirt zu uns."

„Das ist eine gute Idee", sagt Fritz. „Ich rufe ihn heute an und erkundige mich, ob er kommen kann. Seine Telefonnummer habe ich."

Fritz Neubauer ruft Walter Guest an. Der Amerikaner sagt erst „Guten . . .", aber dann nach deutschem Brauch „Guest". Er freut sich sehr und sagt: „Ich komme am Freitag um sechzehn Uhr zusammen mit Herrn und Frau Wirt."

Am Freitag trifft er um ein Uhr nachmittags Frau Wirt in der Stadt. „Ich will Blumen kaufen für Frau Neubauer", sagt sie.

„Blumen? Hat Frau Neubauer heute Geburtstag?" fragt der Amerikaner naiv.

„Aber nein! In Deutschland bringt man der Dame des Hauses Blumen mit, wenn man zum Kaffee oder zum Essen eingeladen ist."

„Gut, daß Sie mir das sagen; denn in Amerika bringt man keine Blumen mit."

„Da ist ein Blumengeschäft. Wollen Sie hier warten, oder kommen Sie mit?"

„Ich möchte gerne mitkommen."

Frau Wirt kauft weiße Nelken. Herr Guest will rote Rosen kaufen. „Nein", lacht Frau Wirt. „Kaufen Sie die roten Rosen nicht!"

mal	some time	**zum Essen**	for lunch or dinner
prima	great	**einladen**	invite
bürgerlich	middle class, bourgeois	**-geschäft**	store, shop
der Geburtstag	birthday	**die Nelke**	carnation

„Warum nicht? Warum soll ich keine roten Rosen kaufen?" fragt Walter Guest.

„In Deutschland", erklärt sie, „schenkt man rote Rosen nur einer Frau, die man liebt. Nehmen Sie lieber die gelben Rosen. Die gelben sind auch schön." Herr Guest kauft fünf gelbe Rosen zu drei Mark. Die Blumen sind wirklich schön. Um sechzehn Uhr gehen Sie zu der Familie Neubauer. Die Familie Neubauer hat ein altes, nicht sehr großes Haus, aber einen schönen Garten. Fritz stellt Walter Guest seinem Vater, Herrn Professor Neubauer, seiner Mutter und seiner Schwester Christa vor, bevor sie ins Wohnzimmer gehen. Das Zimmer hat ein großes Fenster nach Süden, wo der Garten ist. Er riecht den Duft ihm unbekannter Blumen.

Christa Neubauer stellt den Amerikaner ihrer Freundin Ingrid Möller aus Bremen vor. Fräulein Möller ist Studentin an der Universität Hamburg, will aber im Wintersemester in Göttingen studieren. Sie hat noch kein Zimmer; Christa will Ingrid helfen, eins zu finden. Es gibt in Göttingen Studentenheime, aber in den Studentenheimen sind keine Zimmer frei. In Deutschland wohnen die meisten Studenten sowieso nicht in Studentenheimen; sie wohnen privat.

Studenten und Studentinnen wohnen auf dem gleichen Korridor, Zimmer an Zimmer. Sogenannte „Hausmütter" hat es in den Studentenheimen nie gegeben. Auch gibt es keine bestimmte Zeit, zu der man zurück sein muß. Die jungen Leute haben die Reifeprüfung hinter sich. Man erwartet, daß sie reif genug sind und wissen, was sie zu tun haben.

Familie Neubauer, Familie Wirt, die jungen Damen und Herr Guest trinken Kaffee und essen frischgebackene Stachelbeertorte. Die gelben Rosen stehen in einer Vase auf dem Tisch. Im stillen dankt Herr Guest Frau

schenken give	**sogenannt** so-called
lieber better, rather	**hat gegeben** existed
vorstellen introduce	**bestimmt** certain, definite
der **Duft** fragrance	die **Reifeprüfung** secondary-school
unbekannt unfamiliar	final exam
das **Studentenheim** (student) dormitory	**erwarten** expect
frei available	**reif** mature
sowieso anyway	die **Stachelbeertorte** gooseberry cake
privat wohnen live with (private) families	**im stillen** privately, silently

Wirt. ‚Andere Länder, andere Sitten'!
„Warum studieren Sie im nächsten Semester in Göttingen und nicht in Hamburg?" fragt er Fräulein Möller.

„Ja, sehen Sie, Herr Guest", antwortet die junge Dame, „in Deutschland studieren viele Studenten an verschiedenen Universitäten. Man glaubt, es sei gut für die Studenten, an verschiedenen Universitäten zu studieren. Man lernt andere Menschen kennen, man hört andere Professoren, man trifft andere Studenten."

Ingrid Möller freut sich auf ihr Studium in Göttingen. Aber sie hat noch keine „Bude", wie die Studenten ihr Zimmer nennen. Die jungen Damen und Herren sprechen von Studentenheimen und „Buden", bis Christa Neubauer sagt: „Vielleicht hat Frau Harder noch ein Zimmer frei. Wir gehen alle vier zu Frau Harder und fragen, ob sie ein Zimmer zu vermieten hat. Kommen Sie mit!"

Die drei Deutschen und der Amerikaner gehen zu Frau Harder. Sie hat ein Haus in der Dahlmannstraße. Es ist sehr groß. „Das Haus sieht aus wie ein Schloß", erklärt Fräulein Möller.

„Ja", sagt Christa, „es ist fast hundert Jahre alt. So baut man heute nicht."

Christa klingelt. Frau Harder ist zu Hause: „Guten Tag, Christa! Wie geht es dir? Wie geht es deinen Eltern?"

„Sehr gut! Danke, Frau Harder. Darf ich meine Bekannten vorstellen? Meine Freundin Ingrid Möller aus Bremen, Herr Guest aus Amerika. Fräulein Möller will im Wintersemester in Göttingen studieren. Haben Sie noch ein Zimmer frei?"

„Ja, ich habe noch ein Zimmer frei. Kommen Sie bitte herein! Suchen Sie auch ein Zimmer, Herr Guest?"

„Nein danke, Frau Harder. Ich weiß noch nicht, was ich mache."

Alle gehen in das Wohnzimmer. Frau Harder stellt Fräulein Möller und

sehen Sie look	das **Schloß** castle
sei might be	**so** that way
sich **freuen auf** look forward to	**bauen** build
die **„Bude"** den, "pad"	**klingeln** ring the bell
frei available	der **Bekannte** acquaintance
vermieten rent	**herein** in

Herrn Guest ihrem Mann vor. Herr Dr. Harder ist ein sehr alter Mann, fast blind, aber er interessiert sich anscheinend für alles. „Was studieren Sie?" fragt er Ingrid Möller.

„Ich studiere Medizin. Mein Vater ist Arzt, und mein Bruder studiert in Freiburg Medizin."

„Ich habe auch in Göttingen studiert", sagt Herr Dr. Harder. „Mein Vater und mein Großvater haben hier studiert. Mein Großvater lebte zur Zeit der Brüder Grimm und des Historikers Friedrich Dahlmann in Göttingen. Wissen Sie von der großen Protestaktion . . . ?"

Alle – auch Walter Guest – wissen von der Protestaktion der Professoren im Jahr 1837; sie protestierten gegen die Aufhebung der Verfassung. „Professoren und Studenten protestieren oft in Deutschland, Herr Guest", sagt der alte Dr. Harder. „Zur Zeit der Brüder Grimm war es ein demokratisch-liberaler Protest. Wie es heute ist, weiß ich nicht. Da kann ich beim besten Willen nicht mitkommen. Die Studenten-Revolten nehmen kein Ende."

Nach einem tiefen Schweigen fragt Frau Harder die Studentin aus Bremen: „Wollen Sie sich das Zimmer ansehen, Fräulein Möller?"

„Ja, ich möchte es mir gerne ansehen, Frau Harder", antwortet sie. „Was kostet das Zimmer?"

„Es kostet hundert Mark." Walter Guest denkt wieder: ‚In den USA kostet alles mehr. Hundert Mark sind etwas mehr als dreißig Dollar. Das ist nicht viel Geld für einen Monat.'

Frau Harder zeigt den jungen Leuten das Zimmer. Es ist groß, hat hohe Wände und Fenster, die sich nach außen öffnen. Die alten Möbel sind poliert. Die vier Studenten sind einen Augenblick allein.

„Wie gefällt dir das Zimmer, Ingrid?" fragt Christa.

„Ach, ich weiß nicht. Das Bett sieht sehr alt aus. Alles ist in diesem

anscheinend apparently	**beim besten Willen** with the best of intentions
Freiburg = Universität Freiburg	**mitkommen** understand
zur Zeit at the time (of)	das **Schweigen** silence
der **Historiker** historian	**nach außen** toward the outside
die **Aufhebung** suspension	**poliert** polished
die **Verfassung** constitution	**wie gefällt dir** how do you like

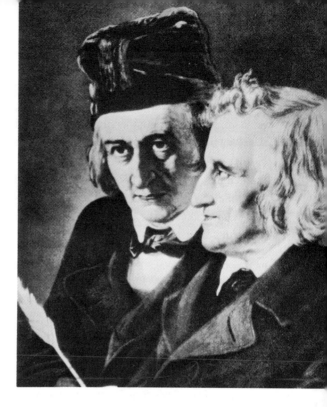

Wilhelm (1786-1859) und
Jakob Grimm (1785-1863)

Zimmer antik. Die Sachen werden sicher hundert Jahre alt sein. Und die Bilder an den Wänden! Sie sind riesig groß", sagt Ingrid.

„Dieses Bild zeigt den Vater von Frau Harder. Er war Ministerialrat", erklärt Christa. „Das Zimmer ist nicht teuer. Es ist nicht weit vom Stadtzentrum und der Universität und auch nicht weit vom Park. Hundert Mark mußt du überall bezahlen. Es ist nicht leicht, ein nettes Zimmer in einem guten Haus zu finden."

Walter Guest denkt an sein modernes kleines Zimmer im Studentenheim in Amerika. Dort sind keine antiken Möbel und keine großen Bilder. Es ist ja kein Platz dafür. Christa flüstert: „Es gibt auch viele neue Häuser in Deutschland, aber in den neuen, modernen Häusern sind die Zimmer klein."

antik ancient
werden sicher sein undoubtedly are
riesig groß huge
der **Ministerialrat** cabinet councillor

das **Stadtzentrum** center of the city
ja after all
flüstern whisper

„Na ja", sagt Ingrid, „aber wo wäscht man sich? Ach, da ist ja eine Wasch-
schüssel. Ist die auch hundert Jahre alt? Die Schüssel sieht antik aus."
„Vielleicht kannst du das Badezimmer benutzen", sagt Christa. Frau
Harder kommt in dem Augenblick wieder ins Zimmer und sagt: „Ja, Sie
können das Badezimmer benutzen, aber bitte nicht vor sieben Uhr. Wenn
Sie wollen, können Sie auch bei uns frühstücken."
‚Aha', denkt Walter Guest. ‚Brot, Butter und Marmelade.'
„Gut", sagt Ingrid, „ich nehme das Zimmer."

na ja oh well	**in dem Augenblick** at that moment
die **Waschschüssel** washbowl	**frühstücken** eat breakfast
benutzen use	

Exercises

I. Supply the missing words from the lists preceding the chapter.

1. Die schwierigen Deutschen und ihre —— interessieren ihn.
2. Er weiß viel, aber er will diesen Sommer noch mehr ——.
3. Er kennt keine Menschen in Deutschland, aber —— seiner Eltern
   leben in Göttingen.
4. Der Zug kommt nicht zu spät, sondern —— an.
5. Das Mädchen ist schüchtern, aber ——.
6. Er bekommt im Hotel kein Zimmer mit ——.
7. Er muß ein Zimmer —— Bad nehmen.
8. Er ißt das —— im Hotel, bevor er telefoniert.
9. Er —— drei Mark und sechzig Pfennig für das Frühstück.
10. Man bringt den Damen —— mit, wenn man eingeladen ist.
11. Walter Guest kauft nicht rote, sondern —— Rosen.
12. Die Rosen —— gut.
13. Sie kosten nicht viel Geld; sie sind nicht ——.
14. In Deutschland studieren viele nicht nur an einer Universität,
    sondern an —— Universitäten.
15. Ingrid Möllers Vater ist ——, und ihr Bruder wird auch ——.

**II. Form subordinate clauses by beginning each sentence with „Es ist ihm
bekannt, daß ...".**

1. Es gibt in Amerika staatliche und private Universitäten.
2. Es gibt in Deutschland nur staatliche Universitäten.

3. Die Familie Wirt lebt in Göttingen.
4. Seine Eltern und die Familie Wirt sind Freunde.
5. Manche Zustände sind in Deutschland schlecht.
6. Man sagt am Telefon nur den Namen.
7. Die meisten Studenten wohnen privat.
8. Professoren und Studenten protestierten oft in Deutschland.

III. Form subordinate clauses by beginning the first clause with „daß". After placing the comma after the subordinate clause, conclude with the words „ist ihm nicht bekannt".

1. Es gibt viele Hotelzimmer ohne Bad.
2. Man bekommt keine Seife.
3. Man bekommt zum Frühstück nur Kaffee, Brot und Brötchen.
4. Man putzt den Hotelgästen die Schuhe.
5. Man bringt Blumen mit.
6. Man soll aber keine roten Rosen mitbringen.
7. Die Studenten studieren an verschiedenen Universitäten.

IV. Answer briefly.

1. Was interessiert Walter Guest?
2. Wieviel kostet das Telefonieren in Deutschland?
3. Wie und wo kann er sich in seinem Zimmer waschen?
4. Was ißt er zum Frühstück?
5. Was schreibt man in europäischen Zeitungen über Amerika?
6. Was schreibt man in amerikanischen Zeitungen über Deutschland?
7. Warum geht Frau Wirt in ein Blumengeschäft?
8. Warum soll Walter Guest keine roten Rosen kaufen?
9. Wo wohnen die meisten deutschen Studenten?
10. Wie sieht das Zimmer bei Frau Harder aus?
11. Was war im Jahre 1837?

Kapitel Vier

Word lists for Chapter Four

NOUNS

die **Asche**	ashes	das **Mal**	time
die **Aufgabe**	task, job	das **Recht**	obligation, right
der **Besuch**	visit	der **Sinn**	sense, meaning
die **Brust**	breast, heart	der **Stern**	star
der **Himmel**	heaven, sky	das **Volk**	people
die **Idee**	idea, thought, notion	der **Weg**	way, road
die **Jugend**	youth, young people	die **Wohnung**	apartment

VERBS

sehen auf	look at	sich **setzen**	sit down

OTHER WORDS

alt	old	**gerade**	just
damals	at that time, then	**gestern**	yesterday
einzeln	individual, single	**gewiß**	certain

40

Heinrich Heine (1797-1856)

langsam	slow	**noch einmal**	once more, again
morgen	tomorrow	**unter**	among, under
namenlos	nameless	**weniger**	less
neben	beside, next to	**wirklich**	real
noch nicht	not yet	**zwar**	to be sure, (it's) true

Junge Menschen, andere Verhältnisse

Es war unsere Pflicht, Feinde zu sein.
Jetzt ist es unser Recht, Brüder zu werden.
Carl Zuckmayer

Endlich erwacht Richard. Er sieht auf die Uhr. Es ist schon nach sieben, und um acht soll der Zug in Paris ankommen. Richard zieht sich schnell an. Er öffnet die Tür seines Schlafwagenabteils; da geht gerade der Schaffner vorbei.

„Hier ist Ihr Paß", sagt der Schlafwagenschaffner zu Richard Frisch. „Möchten Sie eine Tasse Kaffee? Ich bringe Ihnen eine, wenn Sie wollen."

„Ja", sagt Richard. „Sind wir pünktlich in Paris?"

„Pünktlich auf die Minute", antwortet der Schlafwagenschaffner und geht.

Richard packt seinen Pyjama in seinen Koffer. Da ist auch schon der Schaffner mit einer großen Tasse Kaffee. Richard zahlt in deutschem Geld und gibt ihm ein Trinkgeld. Während er den Kaffee trinkt, fährt der Zug schon durch Paris. Die vielen großen grauen Häuser sind nicht so neu wie die Häuser in Frankfurt. Richard nimmt seine beiden Koffer und geht an das

die **Verhältnisse** circumstances		sich **anziehen** get dressed
die **Pflicht** duty		das **Abteil** compartment
der **Feind** enemy		das **Trinkgeld** tip
erwachen wake up		

Ende des Schlafwagens. Da sieht er Brigitte Wolf. Sie kommt gerade aus ihrem Schlafwagenabteil. Er findet sie noch hübscher als sonst. „Wo waren Sie gestern?" will er wissen.

„Ich war in meinem Schlafwagenabteil. Es war schon nach elf, und ich war sehr müde."

„Und ich habe Sie überall gesucht", sagt Richard Frisch traurig.

„Überall, nur nicht in meinem Abteil", lacht Brigitte.

„Nein, da nicht. Aber versprechen Sie mir, nicht wieder fortzulaufen?" fragt Richard.

„Kann man das überhaupt versprechen? Aber da kommt mein Bruder Gerhard."

„Guten Morgen! Haben Sie gut geschlafen? Frisch sehen Sie aus. Sie machen Ihrem Namen Ehre."

Der Zug fährt langsam, und dann hält er. Sie sind auf dem Pariser Ostbahnhof. Richard winkt seinem Onkel. Onkel Albert, der Bruder seiner Mutter, ist Diplomat und spricht mehrere Sprachen. Er spricht zwar nicht fließend Deutsch, aber er macht wenige Fehler. Richard stellt seinem Onkel Gerhard und Brigitte Wolf in deutscher Sprache vor. Onkel Albert freut sich sehr, Richards deutsche Freunde – und einen Vertreter deutscher Jugendorganisationen – kennenzulernen.

„Sie sind vielleicht ein besserer Diplomat als ich", sagt er. Onkel Albert fährt die beiden zu ihrem Hotel und Richard zu seiner Wohnung.

Onkel Albert geht wieder fort, denn er muß zu einem Empfang im deutschen Konsulat. Er gibt Richard einen Stadtplan: „Sieh dir heute Paris an! Vielleicht kommt die hübsche junge Dame mit."

Richard telefoniert mit Brigitte. Ja, sie möchte gern einen Spaziergang machen, aber ihr Bruder kann nicht mitkommen. Er ist heute mit Mitgliedern der „Deutsch-französischen Gesellschaft" zusammen. „Es ist schade, daß er nicht mitkommen kann", sagt Richard.

als sonst than usual	**der Fehler** mistake
versprechen promise	**der Vertreter** representative
fortlaufen run away	**fortgehen** leave
überhaupt really	**der Empfang** reception
Ehre machen do credit to	**der Stadtplan** city map
winken wave	**einen Spaziergang machen** take a walk
fließend fluently	**schade** too bad

Rainer Maria Rilke (1875-1926)

Brigitte kennt Paris und schlägt vor, zum Montmartre zu fahren. Es gibt dort vieles zu sehen, und man hat einen schönen Blick auf die Stadt. Richard möchte den Friedhof in Montmartre besuchen, denn dort ist Heinrich Heines Grab. Henri Heine – Enri Enn, sagen die Franzosen! Viele lange Jahre lebte er als Emigrant im Exil in Paris. „Wie ein Fisch im Wasser", sagte Heine. Er war in Paris in seinem Lebenselement, aber oft fehlte ihm Deutschland sehr. Heinrich Heine haßte das „offizielle Deutschland" und liebte das wirkliche Deutschland, das namenlose Land des deutschen Volkes. Hier nun ist sein Grab, denn er wollte nicht, daß man seine Asche nach Deutschland brachte. Im Jahr 1856 standen die Dichter Alexandre Dumas und Theophile Gautier an seinem Grab; Gautier sprach vom „Stern erster Größe am Himmel der Poesie". Was sagte Heine selber von seiner Poesie? „Sauerkraut mit Ambrosia bewässert, das ist meine Poesie."

vorschlagen suggest	**hassen** hate
(der) **Blick auf** view of	die **Größe** magnitude
der **Friedhof** cemetery	**selber** himself
Lebens- natural	**bewässern** water
ihm fehlte he missed	

„Heinrich Heine ist ernst zu nehmen", sagte Brigitte Wolf, „wenn er über deutsch-französische Verhältnisse spricht. Er wollte ein herzliches Verhältnis zwischen den beiden Ländern. Er sagte selber einmal: ‚Die große Aufgabe meines Lebens war der Versuch, ein herzliches Verhältnis zwischen Frankreich und Deutschland herzustellen.' Haben wir heute ein herzliches Verhältnis?" fragt Brigitte und antwortet selber: „Vielleicht noch nicht! Aber wir sind auf dem Wege, ein gutes Verhältnis zu haben. Einzelne Deutsche und Franzosen verstehen sich seit Jahren sehr gut." Sie nahm ein Buch von dem französischen Dichter Paul Valéry in die Hand, als sie vor einem Kiosk standen. „Wissen Sie, daß Rainer Maria Rilke viel von Valéry übersetzte? Und Valéry nannte den Namen Rilke ein ‚magisches Wort'!"

„Lebte Rilke auch in Paris?" fragt Richard Frisch.

„Ja, er lebte einige Zeit hier. Zwischen 1902 und 1914 war er mehrere Male in Paris. Kennen Sie das Gedicht ‚Der Panther'?"

> Sein Blick ist vom Vorübergehen der Stäbe
> so müd geworden, daß er nichts mehr hält.
> Ihm ist, als ob es tausend Stäbe gäbe
> und hinter tausend Stäben keine Welt.

„Rilke schrieb das Gedicht nach einem Besuch in einem Pariser Park, einem Zoo. Er ist nicht sehr weit von hier. Möchten Sie den Park sehen?"

Brigitte Wolf und Richard Frisch fahren mit dem Bus zum Zoo und gehen dort spazieren. Sie gehen sogar an einem Panther vorbei. Panther und Stäbe sind für den amerikanischen Studenten der deutschen Literatur überhaupt keine Panther und Stäbe, sondern poetische Symbole. Er denkt aber nicht nur an poetische Symbole. Über einem Restaurant des Parks

ist zu nehmen	must be taken	**der Blick**	gaze
herzlich	cordial	**das Vorübergehen**	going by
der Versuch	attempt	**der Stab**	bar
herstellen	establish	**müde**	tired
der Kiosk	newspaper and bookstall	**ihm ist**	it seems to him
übersetzen	translate	**es gäbe**	there were
magisch	magic	**spazierengehen**	take a walk
das Gedicht	poem		

flattern die Flaggen vieler Länder im Winde. Neben der schwarz-rot-goldenen Flagge Deutschlands flattert die blau-weiß-rote Trikolore Frankreichs.

Der Amerikaner und die deutsche Dame setzen sich an einen Tisch unter den flatternden Flaggen. Während sie Kaffee trinken, macht ein Maler eine Skizze von Brigitte. Richard fragt, ob er die Skizze behalten darf. Brigitte sagt lächelnd „ja".

Am Nachmittag fahren sie zum Place de la Concorde. Dort guillotinierte man im Jahr 1793 die französische Königin aus Wien, Marie Antoinette, die Tochter der deutschen Kaiserin Maria Theresia. Beide, Brigitte und Richard, kennen Goethes Beschreibung vom Besuch der Marie Antoinette in Straßburg. Goethe war Student an der Universität; Marie Antoinette war auf dem Weg von Wien nach Paris. Er sah die schöne und elegante junge Dame in einem Glaswagen vorbeifahren. Die Menschen standen in den Straßen und jubelten ihr zu.

„Marie Antoinette war die jüngste Tochter Maria Theresias", bemerkt Brigitte Wolf. „Sie war eigentlich noch ein Kind, als sie nach Paris kam; sie war noch nicht ganz fünfzehn Jahre alt. Frivol war die junge Dame, aber doch sagte sie später die Worte: ,Erst im Unglück weiß man wahrhaft, wer man ist.' " „Ich möchte noch einmal nach Versailles fahren", sagt Brigitte Wolf. „Haben Sie morgen Zeit?"

„Ja, ich habe morgen Zeit", erwidert Richard. „Ich möchte gern Versailles sehen."

Am nächsten Tag ist Gerhard Wolf mit Mitgliedern des „Kreises für Interkontinentale Studentenkontakte" zusammen, erzählt Brigitte. Auch spricht er mit jungen Leuten des „Deutsch-Französischen Jugendwerkes". Durch das Jugendwerk nehmen eine halbe Million junger Menschen jedes

flattern flutter		der **Glaswagen** glass coach	
schwarz black		**zujubeln** cheer	
der **Maler** painter		**bemerken** remark	
die **Skizze** sketch		**frivol** frivolous, flippant	
behalten keep		**im Unglück** at a time of catastrophe	
die **Königin** queen		**wahrhaft** truly	
die **Kaiserin** empress		**das Jugendwerk** youth organization	
die **Beschreibung** description			

Jahr an einem Austausch-Programm teil. Heinrich Heines Traum von einem herzlichen Verhältnis zwischen den beiden Ländern wird heute Wirklichkeit, meint Brigitte Wolf.

Während Gerhard Wolf am nächsten Tag mit jungen Franzosen des Jugendwerkes spricht, fahren seine Schwester und Richard Frisch nach Versailles. In den ersten Stunden ist es trüb, aber später scheint die Sonne. Sie gehen im Park spazieren und unterhalten sich über Marie Antoinette und Ludwig XVI., über Deutschland und Frankreich. Brigitte schlägt vor, sich den Spiegelsaal anzusehen. Fräulein Wolf erzählt dem Amerikaner von der deutschen Kaiserproklamation im Spiegelsaal von Versailles. Es war der Beginn des Zweiten Deutschen Reiches im Jahr 1871. Achtundvierzig Jahre später kamen Franzosen und Deutsche im Spiegelsaal zusammen; es war das Ende des Zweiten Reiches.

„Heute gibt es keinen Kaiser und keinen Hitler und auch keinen Napoleon“, sagt Richard Frisch. „In Frankreich gab es jahrelang einen Napoleon-Kult. Gibt es eigentlich in Deutschland noch einen Hitler-Kult?“

„Das kann man nicht sagen“, antwortet Brigitte Wolf. „Es gibt nationalistische Gruppen in Deutschland. Aber diese Gruppen sagen und schreiben: ‚Wir sind keine Nazis. Wir haben mit Hitler nichts zu tun.‘ Dann und wann hört man zwar noch von einzelnen Hitler-Anhängern, die gewisse deutsche Staatsmänner Verräter nennen, weil sie damals im Exil waren. Solche Leute spielen aber eine immer kleinere Rolle.“

„Es gibt in Deutschland noch Nazi-Bakterien, meinen vor allem ältere Menschen in Amerika“, bemerkt Richard Frisch. „Wenige sprechen von

teilnehmen an	take part in	**es gab**	there was
der **Austausch**	exchange	**jahrelang**	for years
der **Traum**	dream	der **Kult**	cult
die **Wirklichkeit**	reality	die **Gruppe**	group
trüb	gloomy	**dann und wann**	now and then
Ludwig	Louis	der **Anhänger**	follower
der **Spiegelsaal**	Hall of Mirrors	der **Verräter**	traitor
Kaiser-	imperial	die **Bakterien**	bacteria
das **Reich**	empire	**vor allem**	above all
zusammenkommen	convene		

Der Transeuropa-Expreß

Nazi-Ideen in Deutschland. Gibt es aber einen linken Nazismus? Manche haben Angst davor, was in der Brust der Deutschen schlummert."

„Das kann ich verstehen", antwortet Brigitte Wolf. „Jedenfalls fühlen sich heute viele junge Menschen in Deutschland als Europäer und nicht als nationalistische Deutsche. Man findet unter ihnen viel weniger Nationalismus als unter älteren Leuten. In anderen Ländern ist es auch so."

Am Abend sind sie mit Onkel Albert und Gerhard Wolf zusammen. Man spricht allgemein über ein herzliches Verhältnis zwischen Deutschland und anderen Ländern. Gerhard Wolf erzählt von seinen Unterhaltungen mit Leuten der Organisation für Interkontinentale Studentenkontakte. Die Mit-

Angst haben vor be afraid of
schlummern slumber

jedenfalls in any case
die **Unterhaltung** conversation

glieder haben großes Interesse an europäischen Fragen und an harmonischen Verhältnissen unter den Ländern Europas. „Überhaupt", meint Herr Wolf, „zeigen Untersuchungen in Deutschland, daß Menschen zwischen 14 und 21 Jahren politisch interessiert sind. Jeder zweite junge Mensch in Deutschland hat heute Interesse an den politischen Fragen der Zeit. Im Jahr 1955 war nur ein Drittel der Menschen zwischen 14 und 21 politisch interessiert. Ich spreche von den Statistiken in der ‚Untersuchung zur Situation der Deutschen Jugend'. Wir haben heute eine junge Generation mit wachsenden politischen und internationalen Interessen – im besten Sinne des Wortes."

Richards Onkel meint: „Der neuen deutschen Generation gelingt es vielleicht, ein neues Deutschlandbild in Amerika zu schaffen. Die politische Seite des Bildes ist bis heute noch von Hitler ..."

„Ja", sagt Brigitte. „Ich war ein Jahr lang in Amerika. So ist es. Vielleicht ist es aber in zehn Jahren anders."

Sie trinken alle auf ein herzliches Verhältnis zwischen Deutschland und Amerika.

Onkel Albert fährt noch zum Nord-Bahnhof. Richard löst dort eine Fahrkarte nach Göttingen über Düsseldorf. Mit dem Transeuropa-Expreß will er bis nach Düsseldorf fahren und dort übernachten. Einige Tage später wird er in Göttingen eintreffen. Dann ist Brigitte Wolf auch wieder zu Hause in Lübeck. Die Stadt liegt zwar zwischen zwei- und dreihundert Kilometer nördlich von Göttingen, aber er hat jetzt ihre Adresse und auch ihre Telefonnummer.

harmonisch harmonious	**...lang** for ...
die **Untersuchung** investigation	**lösen** buy (ticket)
das **Drittel** third	**übernachten** stay overnight
wachsend growing	**eintreffen** arrive
gelingen be successful	**Kilometer** $5/8$ mile
schaffen create	

Exercises

I. Supply the missing words from the lists preceding the chapter.

1. Er öffnet die Tür des Abteils; in dem Augenblick geht der Schaffner —— vorbei.
2. Der Zug fährt nicht schnell, sondern ——.
3. Der Onkel wohnt nicht in einem Hotel, sondern in einer ——.
4. Der französische Dichter nannte Heine einen —— erster Größe am Himmel der Poesie.
5. Für Heine war das „offizielle Deutschland" nicht das —— Deutschland.
6. Rilke machte nicht nur einen Besuch in Paris; er war mehrere —— in Paris.
7. Als Marie Antoinette nach Frankreich fuhr, war sie erst vierzehn Jahre alt; sie war —— —— ganz fünfzehn.
8. Die Deutsche und der Amerikaner haben heute keine Zeit, nach Versailles zu fahren, aber sie haben —— Zeit.
9. Brigitte war schon einmal dort, aber sie möchte —— —— nach Versailles fahren.
10. Unter jungen Leuten findet man nicht mehr, sondern —— Nationalismus als in der Hitler-Zeit.
11. Heute ist es besser als ——, in den Jahren von 1933 bis 1945.
12. Der Tag nach „heute" heißt morgen, und der Tag vor „heute" heißt ——.
13. Dann und wann hört man noch von —— Hitler-Anhängern.
14. Die deutsche —— von heute ist politisch interessiert und weniger nationalistisch als ihre Väter.

II. Form sentences in the past tense.

1. Richard / geben / dem Schaffner ein Trinkgeld.
2. Er / sehen / Brigitte Wolf.
3. Es / sein / schon nach elf.
4. Der Onkel / sprechen / nicht fließend Deutsch.
5. Er / machen / aber wenige Fehler.
6. Richard / telefonieren / mit Brigitte.
7. Heine / hassen / das „offizielle" Deutschland und / lieben / das wirkliche Deutschland.
8. Heine / wollen / ein herzliches Verhältnis zwischen den beiden Ländern.

9. Sie / nehmen / ein Buch in die Hand.
10. Der Dichter / schreiben / das Gedicht nach einem Besuch in einem Zoo.
11. Die beiden / sich setzen / an einen Tisch.
12. Sie / trinken / Kaffee.
13. Die Menschen / stehen / in den Straßen.
14. Marie Antoinette / kommen / nach Paris.
15. Er / haben / Zeit.
16. In Frankreich / geben / es einen Napoleon-Kult.
17. Die Leute / sagen / , daß sie keine Nazis sind.
18. Gerhard Wolf / erzählen / von seinen Unterhaltungen.
19. Herr Wolf / meinen / , daß Menschen zwischen 14 und 21 politisch interessiert sind.
20. Richard Frisch / lösen / eine Fahrkarte nach Göttingen.

III. Answer briefly.

1. Was war, nach Zuckmayer, „unsere Pflicht", und was ist jetzt „unser Recht"?
2. Warum hatte der Schaffner den Paß?
3. Spricht Richards Onkel gut Deutsch?
4. Warum möchte Richard Frisch den Friedhof in Montmartre besuchen?
5. Liebte oder haßte der deutsche Dichter Heine Deutschland?
6. Was nannte Heine die große Aufgabe seines Lebens?
7. Wie steht es heute mit dieser „Aufgabe"?
8. War Marie Antoinette eine Deutsche? Eine Französin? Eine Österreicherin? Erklären Sie!
9. Was hat der Spiegelsaal in Versailles mit dem Verhältnis zwischen Deutschland und Frankreich zu tun?
10. Gibt es nationalistische Gruppen und Hitler-Anhänger in Deutschland? Erklären Sie!
11. Was kann man über die deutsche Jugend von heute sagen?
12. Wird das Deutschlandbild in Amerika anders? Wie ist es heute? Was meinen Sie?

Der Kölner Dom bei Nacht

Kapitel Fünf

Word lists for Chapter Five

NOUNS

die **Ecke**	corner	das **Mittagessen**	noon meal (dinner)
die **Fahrt**	trip, journey	die **Oper**	opera
das **Gefühl**	feeling	das **Schiff**	ship, boat
die **Hälfte**	half	die **Stelle**	place
die **Jacke**	jacket, coat	der **Süden**	south
das **Jahrhundert**	century	die **Tante**	aunt
der **Krieg**	war	der **Titel**	title

OTHER WORDS

auch nicht	not either	**genau**	exact, precise
breit	wide	**hinter**	behind
der-, die-,		**immer mehr**	more and more
dasselbe	the same	**-mal**	time(s)
einmal	sometime, someday	**paar**	few
erst	not until, only, first	**reich**	rich
geboren	born	**ruhig**	quiet

Gemischte Gefühle am Rhein

Im Transeuropa-Expreß sitzt Richard Frisch neben einem jungen Mann, der an der Universität Hamburg studiert. Der Amerikaner hat ein kleines Buch mit dem Titel „Deutschland und Amerika" in der Hand. Der Deutsche liest „Die Zeit".

Nach zehn Minuten sagt der deutsche Student: „Darf ich mich vorstellen? Erich Altendorf. Fahren Sie nach Köln?"

Der Amerikaner will sagen: ‚Mein Name ist . . .'. Er sagt es aber nicht, weil er erfahren hat, daß die Deutschen meist nur den Namen sagen. „Richard Frisch. Ich fahre nach Düsseldorf. Bekannte eines Freundes von mir wohnen dort. Sie heißen Schrader."

„Sie sprechen gut Deutsch, aber mit englischem Akzent, oder täusche ich mich? Sind Sie aus England?"

Der Amerikaner erklärt, er sei Amerikaner und komme aus Milwaukee. „Milwokee?" fragt der Deutsche. Es fällt ihm schwer, Milwaukee zu sagen.

„Ja", antwortet Richard Frisch. „Es ist ein Indianer-Wort und bedeutet ‚gutes Land'."

„In ein paar Minuten kommen wir nach Köln. Das Wort kommt aus dem

sich **vorstellen** introduce oneself	sich **täuschen** be mistaken
Köln Cologne	**schwerfallen** find difficult
erfahren learn, find out	**paar** few

Lateinischen und bedeutet ‚Kolonie'", bemerkt der Deutsche lächelnd.
„Was machen Sie bei uns in Deutschland, Herr Frisch?"
„Ich will hier studieren, vielleicht in Göttingen."
„Ich studiere Philosophie an der Universität Hamburg. In Hamburg
sind auch Amerikaner, aber eigentlich wenige. Ich kenne zwei oder drei."
„Studieren die Amerikaner gern in Hamburg? Ist es schwer für sie hier
in Deutschland?" fragt Richard Frisch und denkt dabei an das kommende
Semester.
„Ja und nein", erklärt Herr Altendorf. „Die deutsche Universität ist an-
ders als die amerikanische. Professoren haben wenig Zeit für Studenten, und
die Studenten haben viel Zeit für sich. Sie können mit ihrer Zeit anfangen,
was sie wollen. Der deutsche Student ist nicht in einer ‚Klasse', sondern in
einem ‚Hörsaal'. Er geht nicht zur ‚Schule', sondern zur ‚Universität'."
„Ich lese jetzt viel über die deutschen Universitäten, auch über Ham-
burg", sagt Herr Frisch. „Hamburg ist eine traditionsreiche, alte Stadt wie
Bremen, nicht wahr?"
„Hamburg ist nicht so alt wie Bremen", erklärt der Deutsche, „aber mehr
als zweimal so groß."
„Kennen Sie Amerika?"
„Nein, ich kenne Amerika nicht, aber ich möchte gerne dorthin fahren.
Heute ist es ja nicht mehr so weit. Ein paar Stunden!"
„Nichts ist weit, Herr Altendorf. Was sind heute Entfernungen?"
„Es gibt keine Entfernungen mehr, aber die Reisekosten sind immer noch
hoch. Man braucht für die wenigen Stunden von Deutschland nach
Amerika oder von Amerika nach Deutschland immer noch Geld."
„Sie haben recht, Herr Altendorf." Richard Frisch sagt weiter Herr
Altendorf zu ihm, wie das in Deutschland Brauch ist. „Ich bin auch nicht
reich, aber mein Vater hilft mir. Ich will ein ganzes Jahr in Deutschland

dabei at the same time
anders als different from
sich themselves
der **Hörsaal** lecture room
traditionsreich rich in tradition
dorthin there

nicht mehr weit not far any more
die **Entfernung** distance
immer noch still
recht haben be right
sagt weiter continues to say
der **Brauch** custom

bleiben, vielleicht sogar zwei Jahre. Nach Hamburg möchte ich auch fahren. Ist das Ihre Heimat?"

„Nein", erklärt der deutsche Student. „Ich habe einen Onkel und eine Tante in Hamburg, aber ich bin aus Hameln. Meine Eltern wohnen noch dort. Hameln ist hundertfünfzig Kilometer von Hamburg entfernt, also achtzig Meilen."

„Ja, ich verstehe", sagt der Amerikaner. „Acht Kilometer sind fünf Meilen. Ich kenne den Namen Hameln. Es ist die Stadt des Rattenfängers."

„Sie wissen also Bescheid. Lesen Sie viel über Deutschland?"

„Ich lese viel", antwortet der Student aus Milwaukee, „aber ich weiß im Grunde wenig. Viele Amerikaner kennen die Sage vom Rattenfänger. So nennt man drüben zum Beispiel politische Demagogen."

„Die Sage ist etwa sechshundert Jahre alt", erklärt Erich Altendorf. „Fahren Sie einmal nach Hameln; es lohnt sich. Dort steht noch das alte Rattenfängerhaus. Jetzt im Sommer gibt es Festspiele."

„Ich habe vor, mir vieles in Deutschland anzusehen. In Frankfurt war ich schon. Nun kommt Düsseldorf."

„Wissen Sie, wie die Prachtstraße von Düsseldorf heißt?"

„Sprechen Sie von der Königsallee?"

„Ja, die meine ich. Die Düsseldorfer nennen sie die Kö. Die Königsallee ist etwa zwei Kilometer lang und zweihundert Meter breit. In einer halben Stunde sind wir da. Bis Düsseldorf sind es nur noch fünfunddreißig Kilometer. Gleich sind wir in Köln."

In einigen Minuten können die Studenten den bekannten Dom sehen. Richard Frisch kennt Bilder davon. Er weiß auch, daß manche Kölner Kirche viel älter als der Dom ist. Die Stadt selber ist zweitausend Jahre alt. Erich Altendorf und Richard Frisch sprechen weiter über Köln und Düssel-

die **Heimat** home	**vorhaben** plan, have in mind
also in other words	**sich ansehen** go to see
der **Rattenfänger** Pied Piper (rat catcher)	die **Prachtstraße** showpiece (street)
Bescheid wissen he informed	**Königsallee** King's Parkway
im Grunde fundamentally	**gleich** presently
die **Sage** legend, saga	der **Dom** cathedral
sich lohnen be worth (it)	**selber** itself
die **Festspiele** festival(s)	

dorf, bis sie die ersten Häuser von Düsseldorf sehen. In Düsseldorf geben sie sich die Hände. Der Amerikaner macht aber keine Verbeugung; das ist für ihn zu ungewohnt. Herr Altendorf hingegen macht eine Verbeugung und gibt dem amerikanischen Studenten eine Visitenkarte.

Am Bahnhof Düsseldorf steht Herr Schrader. Er macht eine Verbeugung. „Willkommen in Düsseldorf, Herr Frisch. Ich freue mich, Sie in Düsseldorf begrüßen zu können. Ich bringe Sie ins Hotel, und wir fahren dann zum Mittagessen an den Rhein. Ist es Ihnen recht?" Herr Schrader sieht auf seine Uhr: „Es ist zwölf Uhr."

„Es ist mir recht, Herr Schrader. Ich freue mich sehr."

Herr Schrader bringt den Amerikaner ins Hotel. Um ein Uhr kommt Herr Schrader mit seiner Frau und seinen Kindern. Er stellt Herrn Frisch seiner Frau vor. Frau Schrader reicht Herrn Frisch die Hand nur mit einer schnellen Auf- und Abwärtsbewegung: „Guten Tag, Herr Frisch." Herr Schrader stellt Herrn Frisch seine Kinder vor. Peter macht einen Diener; er ist vierzehn. Die kleine Christine macht einen Knicks.

Sie fahren an den Rhein; dort sitzt man im Grünen. Viele Leute sind dort, denn es ist Sonntag. Auf dem Rhein fahren Passagier- und Handelsschiffe, große und kleine. Herr Schrader erklärt, die Deutschen sind gern am Sonntag im Grünen. Sie wandern gern und spüren sonntags Wanderlust, besonders wenn die Sonne scheint. An diesem Sonntag ist der Himmel blau. Sonntäglich gekleidete Menschen sitzen auf den Rheinterrassen oder gehen am Rhein entlang spazieren.

Familie Schrader und Richard Frisch nehmen Platz, und der Ober bringt die Speisekarte. Die Kinder sitzen ruhig, während Herr Schrader liest: „Ah!

sich die Hände geben shake hands
die Verbeugung (slight) bow
ungewohnt unaccustomed
hingegen on the other hand
die Visitenkarte calling card (which most Germans have with them)
begrüßen welcome
recht all right (with)
schütteln shake
die Auf- und Abwärtsbewegung pumping motion

der Diener deep bow
der Knicks curtsy
im Grünen out-of-doors
Passagier- passenger
Handels- commercial
spüren feel
besonders especially
sonntäglich gekleidet dressed in their Sunday best
an . . . entlang along
Platz nehmen sit down

Ein Luftbild von Düsseldorf

Kalbshachse. Das ist etwas besonders Gutes. Essen Sie Kalbshachse, Herr Frisch?"

Der Amerikaner weiß nicht genau, was Kalbshachse ist, aber sagt: „Ich esse sie gerne." Der Ober bringt erst die Suppe und später die Kalbshachse. „Guten Appetit", sagen die Schraders und auch Richard Frisch, bevor sie anfangen. Es fällt ihm schwer, zur Mittagszeit so viel zu essen, denn mittags ißt er meist wenig. Herr Schrader fragt aber: „Schmeckt es?"

Zum Frühstück ißt man in Deutschland zu wenig und zum Mittagessen zu viel. So scheint es dem Studenten aus Amerika. Mit der Gabel in der linken und dem Messer in der rechten Hand ißt er noch etwas von der Kalbshachse. Sie schmeckt ihm, und er ißt mehr, als er eigentlich essen wollte. Zum Nachtisch bringt der Ober eine große Portion Erdbeeren mit Schlagsahne.

Nach dem Essen gehen Schraders und Richard Frisch am Rhein entlang. Bei gutem Wetter gehen die Düsseldorfer jeden Sonntag hier spazieren. Zu

die **Kalbshachse** leg of veal
genau exactly
die **Suppe** soup
zur Mittagszeit at noon
Schmeckt es? Does it taste good? Are you enjoying it?

scheinen seem
noch etwas some more
zum Nachtisch for dessert
die **Erdbeere** strawberry

Ein Düsseldorfer Café am Rhein

Herrn und Frau Schrader sagt der Amerikaner „Sie" und zu der kleinen
Christine sagt er „du". Bei Peter weiß er nicht, was er sagen soll. Er hat aber
einen Einfall. Er fragt Peter, ob er schon konfirmiert sei, und Peter antwortet,
daß seine Konfirmation erst nächstes Jahr stattfinde.

Beim Spazierengehen wird es warm. Die meisten Männer haben Jacken
an. ‚Es ist wunderschön hier am Rhein', denkt Richard Frisch, ‚aber in
Amerika haben die Männer bei warmem Wetter keine Krawatten und keine
Jacken an.'

Schraders gehen noch eine Stunde mit Herrn Frisch am Rhein entlang
und fahren ihn dann zum Hotel. „Sie haben nun Zeit, ein wenig auszuruhen.
Vielleicht sind Sie müde. Wir gehen heute abend mit Ihnen in die Oper. Erst
essen wir bei uns Abendbrot", sagt Herr Schrader. „Um sechs Uhr bin ich im
Hotel. Die Vorstellung beginnt erst um acht Uhr."

„Haben Sie vielen Dank! Auf Wiedersehen, Herr Schrader."

konfirmiert confirmed	**ausruhen** rest
stattfinden take place	**heute abend** tonight
beim while	das **Abendbrot** supper
wunderschön marvelous	die **Vorstellung** performance
die **Krawatte** necktie	

Im Zimmer ist es warm, denn das Hotel hat keine Klimaanlage. Richard Frisch ist müde. Er liegt ohne Jacke auf dem Bett und denkt an Kalbshachsen, Erdbeeren mit Schlagsahne und Männer mit Jacken. Schlafen kann er nicht. Er blättert in seinem Buch und liest Stellen über das Amerikabild in Deutschland und das Deutschlandbild in der USA.

Beim Blättern liest er Schlagwörter über das amerikanische Deutschlandbild: „Die Kriege des zwanzigsten Jahrhunderts ... Juden ... Konzentrationslager ... wie konnte das sein ... vor Jahrzehnten ... Großvätergeneration von heute ... braune Schatten."

Dann liest er vom Amerikabild der Deutschen: „Protestaktionen ... militärisch-industrieller Komplex ... Faschismus ... Imperialismus ... Rassismus ... sonst nicht antiamerikanisch, aber politische Kritik an den USA!"

Im allgemeinen überwiegen freundschaftliche Gefühle. Das Leben in Amerika, die Sitten und Bräuche, die Raumfahrten und die Technik interessieren die Deutschen. Von Jahr zu Jahr fahren immer mehr Touristen nach Amerika, um sich an Ort und Stelle über manches zu orientieren, was sie nur vom Hörensagen kennen.

Von Amerika aus fahren Hunderttausende jedes Jahr nach Deutschland. Manche denken an die Epoche in der ersten Hälfte des zwanzigsten Jahrhunderts und erzählen, daß die Deutschen noch dieselben seien. Andere meinen, es sei ein neuer Menschenschlag dort, denn die meisten Deutschen von heute waren ja noch Kinder oder waren in der Epoche des Dritten Reiches noch gar nicht geboren.

Richard liest weiter in seinem Buch. In Amerika erzählen Soldaten, die in

die **Klimaanlage** air conditioning	**freundschaftlich** cordial
blättern turn the pages	**Raum-** space
die **Stelle** passage	die **Technik** technology
Schlagwort slogan	**an Ort und Stelle** on the spot
der **Jude** Jew	**sich orientieren** find out
das **Jahrzehnt** decade	das **Hörensagen** hearsay
braun Nazi, brown	der **Menschenschlag** breed of men
der **Schatten** shadow	**geboren** born
sonst for the rest	der **Soldat** soldier
überwiegen predominate	

Deutschland stationiert waren, von den Fräulein und hängen eine falsche Pluralendung an das Wort. Manche Damen und Herren, die ihre erste Europareise hinter sich haben, erzählen von der Lorelei am Rhein, Alt-Heidelberg und dem Land der Märchen der Brüder Grimm. Die unsentimentalen Zwanzigjährigen sprechen von politischen und sozialen Problemen in den Städten und Universitäten. Manchmal erzählen sie lächelnd von den Sitten und Bräuchen des deutschen Volkes, von der Höflichkeit der Deutschen, wenn sie unter Menschen sind, und von ihrer Unhöflichkeit, wenn sie hinter dem Steuerrad sitzen.

Richard Frisch fallen die Augen zu. Er schläft bis fünf Uhr.

stationieren station	die **Höflichkeit** politeness
falsch wrong	das **Steuerrad** steering wheel
das **Märchen** fairy tale	**fallen die Augen zu** can't keep his eyes
der **Zwanzigjährige** twenty-year old	open

Exercises

I. **Supply the missing words from the lists preceding the chapter.**

1. Das Essen, das man zur Mittagszeit ißt, heißt das ——.
2. Hundert Jahre sind ein ——.
3. Richard Frisch hat nicht viel Geld; er ist nicht ——.
4. Herr Altendorf hat —— —— viel Geld.
5. Die Frau seines Onkels ist seine ——.
6. Die Königsallee ist sehr lang, aber auch sehr ——.
7. Hamburg ist im Norden Deutschlands, nicht im ——.
8. In Düsseldorf ist es warm, aber die Männer haben —— an.
9. Auf dem Rhein fahren große und kleine ——.
10. Von 1914 bis 1918 war ein großer ——, und von 1939 bis 1945 war wieder ein großer ——.
11. Viele junge Deutsche waren in der Epoche des Dritten Reiches noch gar nicht ——.
12. Wie heißt das Buch? Was ist der —— des Buches?
13. Wenn man Auto fährt, sitzt der Fahrer nicht vor dem Steuerrad, sondern —— dem Steuerrad.

14. Im Zimmer ist es nicht laut; es ist ———.
15. Es ist nicht fünf Minuten nach fünf oder fünf Minuten vor fünf;
    es ist ——— fünf Uhr.

II. Form sentences in the present tense.

1. Er / lesen / (indef. art.) / klein / Buch.
2. Die Deutschen / sagen / nur / (def. art.) / Name (acc.).
3. Er / kennen / wenig / Amerikaner.
4. Er / haben / (indef. art.) / Onkel / und / (indef. art.) / Tante in Hamburg.
5. Sie / sehen / (def. art.) / erst / Haus (pl.) / von Düsseldorf.
6. Herr Altendorf / machen / (indef. art.) / Verbeugung.
7. Er / geben / ihm / (indef. art.) / Visitenkarte.
8. Herr Schrader / vorstellen / Richard Frisch / sein / Sohn / und / sein / Tochter.
9. Der Ober / bringen / (def. art.) / Speisekarte.
10. Er / bringt / später / (indef. art.) / groß / Portion / Erdbeeren.
11. Herr Frisch / haben / (indef. art.) / Einfall.
12. Alle Männer / haben / (indef. art.) / Jacke / an.

III. Answer briefly.

1. Wer ist der junge Mann, der neben Richard Frisch sitzt?
2. Wie erklärt man den Namen „Köln"?
3. Was ist an der deutschen Universität anders als in Amerika?
4. Wie lange will Richard Frisch in Deutschland bleiben?
5. Was weiß er über Hameln?
6. Was weiß er über Köln?
7. Was weiß er über Düsseldorf?
8. Wie sehen die deutschen Visitenkarten aus?
9. Was machen die Kinder, wenn man sie vorstellt?
10. Was denkt Richard Frisch über das Essen in Deutschland?
11. Wann sagt man bei jungen Leuten „du" und wann sagt man „Sie"?
12. Was liest er vom Deutschlandbild in Amerika und vom Amerikabild in Deutschland?
13. Was erzählen amerikanische Soldaten, die in Deutschland stationiert waren?
14. Was erzählen Damen und Herren nach ihrer ersten Europareise?
15. Was erzählen unsentimentale Zwanzigjährige?

Kapitel Sechs

Word lists for Chapter Six

NOUNS

der **Bauer**	farmer, peasant	der **Laden**	store, shop
der **Baum**	tree	die **Lage**	location
der **Brief**	letter	die **Milch**	milk
der **Briefträger**	mailman	der **Nachbar**	neighbor
das **Dach**	roof	das **Obst**	fruit
das **Ei**	egg	der **Platz**	square
das **Eßzimmer**	dining room	die **Post**	post office, mail
das **Fahrrad**	bicycle	das **Reisebüro**	travel bureau
das **Fleisch**	meat	der **Reisende**	traveler
der **Frühstücks-**		die **Studienzeit**	college years
tisch	breakfast table	die **Stufe**	step
das **Gebäude**	building	der **Verwandte**	relative
das **Gemüse**	vegetable(s)	die **Wurst**	sausage
der **Käse**	cheese	der **Zahn**	tooth

Göttingen. Im Vordergrund die St. Jakobikirche

VERBS

beschreiben	describe	**lehren**	teach
gehören	belong to,	**schicken**	send
	be a part of	**tragen**	carry, bear
holen	get, go to get		

OTHER WORDS

bestimmt	definite	**leer**	empty
echt	genuine, real	**leider**	unfortunately
eng	narrow	**selbst**	-self
froh	glad	**täglich**	daily, every day
je	ever	**wohl**	probably, I suppose,
kurz	short, brief		I wonder

Altes in der Alten Welt

Am Sonnabend sitzt Walter Guest um acht Uhr mit Frau Wirt am Frühstückstisch und ißt knusprige warme Brötchen. Der Bäcker schickt täglich frische Brötchen ins Haus. Vor dem Frühstück mahlt Frau Wirt den Kaffee selbst. Ihre Mutter mahlte ihn mit der Hand; sie hat eine elektrische Kaffeemühle. Jeden Morgen mahlt sie aber den Kaffee frisch. So hat sie es gelernt.

Um neun Uhr klingelt es. Frau Wirt geht an die Tür. Walter hört sie mit jemand sprechen. Nach einem Augenblick kommt sie zurück: „Der Briefträger hat eine Postanweisung für Sie." Walter geht an die Tür, und der Briefträger gibt ihm vierhundert Mark. Der Mann hat von Frau Wirt erfahren, daß Walter Guest ein Student aus Amerika ist. „Vor vielen Jahren", erzählt er, „studierte ich an der Universität Göttingen Chinesisch. Ich kann den Dialekt von Peking, aber auch den kantonesischen Dialekt des Südens." Walter fragt sich, warum ein Orientalist Briefträger wurde.

Im Eßzimmer erzählt ihm Frau Wirt: „Der Mann ist ein bekanntes Göttinger Original. Er war der Freiheit an der deutschen Universität nicht

Altes old ways of doing things	die **Postanweisung** money order
knusprig crisp	**vor . . .** . . . ago
mahlen grind	**kann** knows
-mühle grinder	das **Original** eccentric, "character"
es klingelt the doorbell rings	die **Freiheit** freedom

gewachsen und machte kein Examen. Jetzt kann er froh sein, daß er Briefträger ist."

‚Ist das amerikanische System doch besser für Menschen, die ohne
Disziplin nicht arbeiten können?' fragt sich Walter Guest.

„Kommen Sie mit in die Stadt?" fragt Frau Wirt ihren Gast. „Ich
kaufe Lebensmittel für heute und morgen ein. Am Sonnabend kann man
nur bis um die Mittagszeit einkaufen. Später sind die Läden geschlossen."
Frau Wirt geht zum Einkaufen nicht in einen Supermarkt. Es gibt Super-
märkte in Deutschland, aber die meisten Leute in den kleineren Städten
kaufen noch in den kleinen Geschäften ein; denn man wird dort persönlich
bedient. Man kauft Brot und Kuchen beim Bäcker, Kaffee im Kaffee-
geschäft, Fleisch und Wurst beim Fleischer, Obst und Gemüse im Obst- und
Gemüsegeschäft, Milch, Sahne, Butter, Eier und Käse im Milchgeschäft,
Geflügel und Wild in einem speziellen Laden und Toilettenartikel, Seife und
Zahnpasta zum Beispiel, in der Drogerie.

Walter Guest geht gern mit in die Stadt. Man kann mit dem Bus fahren,
aber Frau Wirt geht zu Fuß. Deutsche gehen auch in der motorisierten Welt
von heute gern zu Fuß. Von der Straße, in der die Familie Wirt wohnt, bis
zum Stadtzentrum ist es nicht ganz einen Kilometer. Man kann in zehn
Minuten dort sein, wenn man schnell geht. Frau Wirt und Walter Guest
gehen an Villen vorbei, die eingezäunt sind. Frau Wirt erklärt ihrem Gast,
daß es in Deutschland fast keine Häuser ohne Zaun gibt.

„Was von den Obstbäumen über den Zaun fällt, gehört dem Nachbarn",
sagt Frau Wirt. „Aber innerhalb des Zaunes ist mein privates Reich."

Zwischen dem Bürgersteig, auf dem sie gehen, und der Straße, wo die
Autos fahren, ist ein Radfahrweg. Kinder, Männer und Frauen fahren auf

gewachsen be able to cope with		**zu Fuß gehen** walk	
ein Examen machen take an exam		**motorisiert** motorized	
einkaufen go shopping		die **Villa** villa, residence	
die **Lebensmittel** groceries		**eingezäunt** fenced in	
geschlossen closed		der **Zaun** fence	
bedienen serve, wait on		**innerhalb** inside of	
der **Fleischer** butcher		das **Reich** realm, sphere	
das **Geflügel** fowl		der **Bürgersteig** sidewalk	
das **Wild** game		der **Radfahrweg** bicycle path	
die **Drogerie** drugstore			

ihren Fahrrädern, ohne nach rechts oder links zu sehen. Für Fußgänger ist es gefährlich, dort zu gehen.

Im Stadtzentrum macht Frau Wirt ihre Einkäufe, während Herr Guest zu einem Reisebüro geht. Er will sich einen Stadtplan und Prospekte von Göttingen und Umgegend holen.

Im Reisebüro stehen die Menschen Schlange; denn man reist sehr gern. Die Hälfte der Reisenden fährt ins Ausland. Beliebte Reiseziele sind Österreich, Italien, Jugoslawien und Spanien; man fährt auch gern in die Schweiz und in die Türkei. Sehr beliebt sind Gesellschaftsreisen, denn es kostet weniger, mit einer Gesellschaft zu reisen als allein zu fahren. Nachdem Walter Guest zwanzig Minuten gewartet hat, bekommt er einen Stadtplan und Göttinger Prospekte. Er geht zu der Weender Straße, der Hauptstraße Göttingens. In einer Konditorei, die er dort gesehen hat, will er die Prospekte bei einer Tasse Kaffee lesen.

Die Straßen Göttingens sind zu eng für die vielen Autos, Fußgänger und Radfahrer. Im Stadtzentrum sind keine Radfahrwege. Menschen hasten an Walter vorbei, Autos hupen, Fahrräder und Motorroller fahren vor, hinter, neben und zwischen den Autos.

In der Konditorei ist kein Tisch frei. Studenten und Studentinnen sitzen und diskutieren; ältere Damen in Kostümen machen nach dem Einkaufen einen Kaffeeklatsch. An einem Ecktisch ist ein freier Stuhl. „Gestatten Sie?" fragt Walter Guest. Zwei konservativ gekleidete Damen nicken, die dritte sagt laut: „Aber bitte bitte, junger Mann, setzen Sie sich!"

Der Amerikaner dankt, nimmt Platz, bestellt einen Kaffee und liest einen Prospekt.

der **Fußgänger** pedestrian	**Haupt-** main
gefährlich dangerous	**hasten** hasten, rush
der **Prospekt** brochure	**hupen** honk
die **Umgegend** surroundings	der **Motorroller** motor scooter
Schlange stehen stand in a long line	**diskutieren** have discussions
ins Ausland abroad	das **Kostüm** (woman's) suit
beliebt popular	**-klatsch** gathering characterized by in-
-ziel goal	formal, gossipy conversation
die **Schweiz** Switzerland	**gestatten Sie?** with your permission
Gesellschafts- group	**kleiden** dress
nachdem after	**laut** aloud

Auf jeder Seite liest er zwei oder drei Sätze. Göttingen ist über tausend Jahre alt, erfährt er, hat eine günstige geographische Lage, war vom vierzehnten bis zum sechzehnten Jahrhundert Hansestadt, aber die Universität ist noch nicht zweihundertfünfzig Jahre alt. Der erste Kurator war ein Herr G. A. von Münchhausen, ein Verwandter des bekannten Lügenbarons. Im achtzehnten Jahrhundert studierten die Söhne der europäischen Aristokratie hier. Im neunzehnten Jahrhundert lehrten so viele bedeutende Mathematiker hier, daß man Göttingen „das mathematische Zentrum der Welt" nannte. Walter Guest liest von Studenten und Professoren, von bekannten Nobelpreisträgern und von Menschen, deren Namen ihm neu sind. In dem Prospekt steht auch manches über die Kirchen Göttingens und über das Rathaus aus dem vierzehnten Jahrhundert.

Walter Guest sucht den Ober; denn er will zahlen. Der Ober spricht mit einem distinguierten älteren Herrn: „Wünschen der Herr Professor vielleicht dort Platz zu nehmen?" „Guten Tag, Herr Professor", sagt in dem Augenblick ein Herr am Nebentisch und steht auf. „Guten Tag, Herr Direktor", sagt der Professor und gibt dem Herrn die Hand. Der Amerikaner zahlt und macht sich auf den Weg zum Rathaus.

Auf dem Platz vor dem Rathaus stehen Stände mit blauen, gelben, roten und weißen Blumen; denn heute ist Markttag. Unter bunten Sonnendächern hinter Blumenkästen sitzen Leute bei einem Glas Apfelsaft oder Selterwasser und schauen dem Trubel zu. Zu beiden Seiten des Rathauses stehen zwei steinerne Löwen, die das Wappen der Stadt Göttingen tragen.

Walter geht die Stufen zum 600 Jahre alten Rathaus empor. In der Halle hängen an den Wänden die Wappen der Hansestädte. Manche Namen sind

die **Seite** page	der **Stand** stall
der **Satz** sentence	der **Markt** market
günstig favorable	**bunt** colorful
die **Hanse** Hanseatic League	**-kasten** box
der **Lügenbaron** baron who told tall tales	**Selter-** soda
bedeutend prominent	**zuschauen** watch
-träger winner	der **Trubel** turmoil
das **Rathaus** town hall	**steinern** stone
distinguiert distinguished	der **Löwe** lion
Neben- adjoining	das **Wappen** coat of arms
sich auf den Weg machen start, set out	**empor** up

ihm bekannt: Lübeck, Hamburg, Bremen; andere sind ihm neu: Rostock, Wismar und Dorpat. Unter den Wappen sieht man verschiedene Figuren, die die Kultur der Hansestädte darstellen. Hier sieht man einen Bauern, dort einen Goldschmied. Unter den anderen Figuren sind fahrende Musikanten, Richter, Priester und Gelehrte. Über dem Wappen mit dem Priester und dem Gelehrten stehen die Worte: „Ars longa, vita brevis." Er kennt die Worte, obwohl er wenig Latein kann. Manche deutsche Gymnasiasten, die sechs bis neun Jahre lang Latein lernen, können wohl besser Latein als er! Hinter dem Rathaus steht die Johanniskirche, die noch älter ist. Von 1412 bis 1921 wohnte im Turm der Kirche ein städtischer Turmwächter. Heute wohnen dort Studenten. Ganz in der Nähe ist auch die Jakobikirche, deren Turm etwas höher ist als der der Johanniskirche. Bei der alten Rathsapotheke in der Weender Straße biegt er in die Barfüßerstraße ein. Sie heißt so nach dem Orden der Barfüßer, die früher ihr Kloster hier hatten. Auf beiden Seiten stehen Fachwerkhäuser. Das Auffallendste und Schönste ist die Junkernschenke. An dem Haus steht die Jahreszahl 1500. Figuren aus dem Alten und Neuen Testament schmücken das Gebäude der Junkernschenke, die heute ein Hotel und Restaurant ist. Da es schon nach zwölf Uhr ist, geht Walter hinein und setzt sich an einen schweren Eichentisch, der an einer Wand mit bunten Glasfenstern steht. Er ißt Ochsenschwanzsuppe, Rindsroulade und Karamelpudding. Am Nebentisch trinkt ein Herr aus einem silbernen Becher. Man spricht leise; alles ist gediegen.

darstellen represent
-schmied smith
der **Musikant** musician
der **Richter** judge
der **Gelehrte** scholar
Ars longa, vita brevis (Latin) art is long, life is short
der **Gymnasiast** secondary-school student
Johannis- St. John's
der **Turm** tower
-wächter guard
die **Nähe** vicinity
die **Rathsapotheke** council pharmacy
einbiegen in turn into

der **Barfüßer** barefooted friar
der **Orden** order
das **Kloster** monastery
Fachwerk- half-timbered
auffallend striking
die **Junkernschenke** Junker's inn
die **Jahreszahl** date
schmücken adorn
hinein in
Eichen- oak
-schwanz- tail
die **Rindsroulade** rolled beef
der **Becher** beaker, cup
leise in a low voice
gediegen genuine and solid

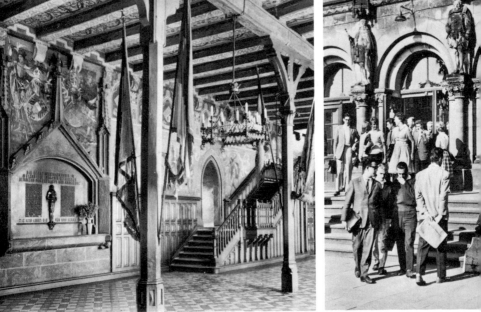

Oben: Das Rathaus in Göttingen mit Rathausplatz
Links: Die Rathaushalle
Rechts: Studenten vor dem Auditorium

Walter zahlt sechs Mark, murmelt, daß alles sehr gut war und geht still hinaus. In der Barfüßerstraße geht er an Antiquitätengeschäften vorbei und denkt an seine Mutter, die Antiquitäten liebt und selten echte findet. Schade, daß seine Mutter nicht hier ist. Hier würde sie bestimmt Stunden um Stunden verbringen. Er geht weiter die Barfüßerstraße entlang bis zum Wilhelmsplatz; er heißt so nach Wilhelm IV., dem englischen König und Fürsten von Hannover. Auf dem Wilhelmsplatz steht die Aula, die Wilhelm IV. zur Hundertjahrfeier der Universität Göttingen erbauen ließ.

Walter geht weiter zu einer Kirche in der Nähe des Wilhelmsplatzes. Dort fängt der Wall an. Göttingen, die mittelalterliche Stadt, ist rings von einem Wall umgeben. Er geht auf dem Wall unter schattigen Bäumen spazieren, bis er an eine Straße kommt. Dort fragt er einen Herrn nach dem Weg zu dem Monument der Professoren Gauß und Weber. Der Herr zeigt ihm den Weg. In einigen Minuten steht er vor dem Denkmal der beiden Männer, die zusammen den elektromagnetischen Telegraphen erfanden. Daß Gauß auf dem Göttinger Friedhof liegt, weiß Walter aus dem Prospekt, den er heute las. Ein wenig weiter bleibt er vor dem Denkmal Wöhlers, des Begründers der organischen Chemie, stehen, bevor er seinen Spaziergang auf dem Wall fortsetzt. Er kommt endlich zu dem Bismarckhäuschen, in dem Otto von Bismarck, der später Kanzler des von ihm geschaffenen Deutschen Reiches wurde, während seiner Studienzeit im Jahr 1833 gewohnt hat. In dieser Zeit lernte der junge Student den amerikanischen Historiker John Lothrop Motley kennen; die beiden jungen Leute wurden Freunde fürs Leben. Kurz vor seinem Tod schrieb Motley über seinen berühmten Freund: „Das ist der

murmeln murmur
Antiquitäten- antique(s)
Stunden um Stunden hour after hour
verbringen spend
der **König** king
der **Fürst** prince
die **Aula** (great) hall
die **Hundertjahrfeier** centennial celebration
erbauen ließ had built
der **Wall** rampart
mittelalterlich medieval
rings all around

umgeben surround
schattig shady
das **Denkmal** monument
-magnetisch magnetic
erfinden invent
der **Friedhof** cemetery
der **Begründer** founder
die **Chemie** chemistry
fortsetzen continue
der **Kanzler** chancellor
schaffen create, establish
der **Tod** death
berühmt famous

große Bismarck, der Größte unter den Lebenden und einer der größten Charaktere, die je Geschichte gemacht haben."

Da Walter Guest von dem langen Spaziergang müde ist, geht er zur Stadtmitte zurück. Die Straßen sind leer, die Geschäfte sind geschlossen. Er kommt zum „Auditorium", einem Gebäude der Universität; auf einem weißen Band steht, daß heute ein „Studentenfest" stattfindet. Schade, daß er nicht selbst daran teilnehmen kann, aber er ist leider kein Student der berühmten „Georgia Augusta"!

der **Charakter** person, personality	**Georgia Augusta** Göttingen University,
die **Stadtmitte** center of the city	named after George II of England, Elector
das **Band** ribbon	of Hannover

Exercises

I. **Supply the missing words from the lists preceding the chapter.**

1. Beim Fleischer kauft man —— und ——.
2. Im Obst- und Gemüsegeschäft kauft man —— und ——.
3. Im Milchgeschäft kauft man ——, Butter, —— und ——.
4. Später am Sonnabend sind die —— geschlossen.
5. Auf dem Radfahrweg fahren Leute auf ihren ——.
6. Was über den Zaun fällt, gehört dem ——.
7. Das Zimmer, in dem man ißt, heißt das ——.
8. Das Glas ist nicht voll, es ist auch nicht halb voll, es ist ——.
9. Die Straßen sind nicht breit genug; sie sind zu —— für die vielen Autos.
10. Blumen kann man auf dem —— vor dem Rathaus kaufen.
11. Wenn man reisen will, geht man erst zu einem ——.
12. Viele —— aus Deutschland machen Gesellschaftsreisen.
13. Der Mann, der Briefe bringt, ist der ——.
14. Die geographische —— Göttingens ist sehr günstig.
15. Bismarck hat in Göttingen studiert; Walter kommt zu dem Häuschen wo Bismarck während seiner —— gewohnt hat.

II. Form sentences in the past tense.

1. Der Bäcker / schicken / frisch / Brötchen / ins Haus.
2. Frau Wirt / mahlen / jeden Morgen / (def. art.) / Kaffee.
3. Der Briefträger / haben / (indef. art.) / Postanweisung.
4. Er / sich holen / (indef. art.) / Stadtplan.
5. Er / sich holen / (indef. art.) / Prospekt.
6. In der Konditorei / bestellen / er / (indef. art.) / Kaffee.
7. Walter Guest / suchen / (def. art.) / Ober.
8. Er / kennen / (def. art.) / lateinisch / Wort (pl.).
9. Figuren aus der Bibel / schmücken / (def. art.) / alt / Gebäude.
10. Er / wollen / (def. art.) / alt / Denkmal / sehen.
11. Er / fortsetzen / (def. art.) / Spaziergang.
12. Bismarck / kennenlernen / (def. art.) / amerikanisch / Historiker Motley.

III. Answer briefly.

1. Beschreiben Sie das Frühstück bei Frau Wirt!
2. Warum wurde der Orientalist Briefträger?
3. Warum kauft Frau Wirt alles für Sonnabend und Sonntag ein?
4. Was für kleine Geschäfte gibt es, zum Beispiel, in Göttingen?
5. Was ist eine Konditorei? Gibt es Konditoreien in Amerika?
6. Was liest Walter Guest über die Geschichte Göttingens?
7. Beschreiben Sie das Rathaus und die Wappen in der Halle!
8. Beschreiben Sie die Junkernschenke!
9. Wer ist Motley? Wer ist Bismarck?
10. Warum sind die Straßen leer?

Kapitel Sieben

Word lists for Chapter Seven

NOUNS

der **Apparat**	apparatus, set, phone, camera	der **Grund**	reason
das **Bein**	leg	das **Lied**	song
die **Bürste**	brush	der **Platz**	seat, chair
die **Decke**	ceiling	das **Salz**	salt
das **Gericht**	dish	das **Schlafzimmer**	bedroom
das **Gesicht**	face	die **Stimme**	voice
		der **Wagen**	car, automobile

VERBS

bezahlen	pay	**laufen**	run, be playing
dauern	take, last	**verdienen**	deserve
küssen	kiss		

OTHER WORDS

außer	beside(s), except	**entweder ... oder**	either ... or
bißchen	bit	**fremd**	foreign, strange

Die Düsseldorfer Altstadt

gesund	healthy	**sofort**	immediately,
hell	light, bright		right away
langweilig	boring	**stark**	strong

Von der Selbstkritik und von Kunstformen

Mit militärischer Pünktlichkeit kommt Herr Schrader um sechs Uhr ins Hotel zu Herrn Frisch. Er erklärt, daß er eine neue Wohnung in einem sogenannten Terrassenhaus hat. Jeder Wohnung schließt sich eine breite Terrasse an, die dreimal so groß ist wie die in Deutschland üblichen Balkone. Die Fahrt dauert nur fünf Minuten; denn er fährt mit seinem vier-zylindrigen Wagen schneller als Richard mit dem achtzylindrigen seines Vaters. Die Verkehrsregelung ist hier weniger streng.

Herr Schrader führt ihn auf die Terrasse, die so abgeschirmt ist, daß keine Nachbarn hereinschauen können. Auf einem hellblauen Schalensitz liegt eine blonde junge Dame mit gekreuzten Beinen.

„Darf ich vorstellen", sagt Herr Schrader. Sie nickt. „Herr Frisch aus Amerika, Fräulein Hubert, die Tochter eines Schulkameraden." Fräulein Hubert gibt Herrn Frisch lächelnd die Hand. Soll er die Hand von Fräulein

die **Selbstkritik**	self-criticism	**streng**	strict
sich **anschließen**	adjoin	**abgeschirmt**	shielded
üblich	customary	**hereinschauen**	look in
der **Balkon**	balcony	der **Schalensitz**	shell-like seat
-zylindrig	cylinder	**gekreuzt**	crossed
die **Verkehrsregelung**	traffic regulation	der **Schulkamerad**	schoolmate

Hubert küssen? Das würde ihm schwerfallen, aber man küßt ja sowieso nur verheirateten Damen die Hand.

Herr Schrader entschuldigt sich und geht in ein anderes Zimmer. ‚Worüber unterhalte ich mich mit Fräulein Hubert?‘ denkt Richard Frisch. Schon sagt sie: „Sie sind also aus Amerika. Wie lange sind Sie schon in Düsseldorf?"

Drüben hätte man gefragt: ‚Wie gefällt es Ihnen in Amerika?‘ Frisch erwidert: „Ich bin erst seit heute hier. In ein oder zwei Tagen fahre ich nach Göttingen. Sind Sie Düsseldorferin?"

„Nein, ich bin aus Einbeck, einer kleinen alten Stadt, die nicht weit von Göttingen liegt. Kennen Sie das Einbecker Bier?"

„Sprechen Sie vom Bockbier? Das Bockbier kommt aus Einbeck, nicht wahr?"

„Die Frage ist umstritten. Manche sagen ja, manche nein", antwortet Fräulein Hubert. „Viele meinen, das Bockbier sei aus München. Jedenfalls ist das Einbecker von heute kein Bock. Es ist ein bekömmliches Starkbier, das mich persönlich aber nicht interessiert, da ich nicht Bier trinke."

„Was interessiert Sie, Fräulein Hubert? Studieren Sie? Arbeiten Sie in Düsseldorf?" fragt Richard Frisch.

„Ich arbeite an Kulturfilmen beim Fernsehen, Herr Frisch." Der Amerikaner will etwas sagen, aber die junge Dame spricht weiter: „Das deutsche und das amerikanische Fernsehen unterscheiden sich in mehreren Beziehungen. Sie wollten etwas über die Werbesendung sagen, glaube ich."

Er nickt, und sie erklärt: Die Werbesendung läuft täglich circa eine halbe Stunde vor dem eigentlichen Programm. Als sie seine fragende Miene sieht, sagt sie lächelnd: „Und wie wird das Fernsehen finanziert, werden Sie fragen? Zum Teil von jedem Fernseh-Zuschauer. Wer einen Fernseh-

sowieso anyway	die **Beziehung** respect
verheiratet married	die **Werbesendung** TV commercial(s)
sich **entschuldigen** excuse oneself	**circa** about
drüben *i.e.*, in America	**fragend** quizzical
umstritten controversial	die **Miene** expression
bekömmlich wholesome and digestible	**finanzieren** finance
persönlich personally	**zum Teil** partly
das **Fernsehen** television	der **Zuschauer** viewer
sich **unterscheiden** differ	

apparat hat, muß monatlich fünf Mark bezahlen. Die Programme sind nicht schlecht. Das deutsche Fernsehen hat einen guten Ruf." „Ich glaube, man spielt hier auch amerikanische Wildwestfilme." „Auch", meint Fräulein Hubert. „Man sieht aber viele alte Dramen und manche neue Stücke. Neue Zeit, neue Formen! Das Fernsehen bringt Opern und Konzerte, auch internationale Filme und internationale Sportfeste. Man kann sogar etwas über ‚Die Götter Griechenlands', die ‚Geschichte der USA' oder über ‚Die Physik in der Welt von heute' erfahren. Über andere Länder hört man mehr als über Deutschland selbst. Heute haben wir einen Vortrag über ‚Das Porträt in der Kunst'. Morgen gibt es einen Vortrag über die tausendjährige Geschichte der Juden in Prag. Das Fernsehen ist das kulturelle tägliche Brot. Manchmal ist es heute schon Kunst. Es ist bestimmt eine Form der Kunst von morgen."

„Hört man politische Diskussionen?"

„Täglich! Dabei hört man auch oft deutsche Selbstkritik, ebenso wie in den Zeitungen. Es ist seit der Nazi-Zeit eine gesunde Seite des deutschen Lebens."

„Von deutscher Selbstkritik weiß man in Amerika wenig", sagt der amerikanische Student. „Von amerikanischer Selbstkritik weiß man hier um so mehr."

„Vielleicht kann man von einem Lande sagen", meint die Deutsche, „was eine Dichterin über den Menschen schrieb: ‚Man hat einen zu guten oder einen zu schlechten Ruf; nur den Ruf hat man nicht, den man verdient.' "

„Ein guter Ruf verbreitet sich schnell, aber ein schlechter noch viel schneller", sagt Richard.

„Das stimmt", antwortet Fräulein Hubert. „Kennen Sie übrigens das Düsseldorfer Schauspielhaus? Reicht der Ruf dieses Theaters bis nach

monatlich monthly	**ebenso wie** just as (you do)
der **Ruf** reputation	**um so mehr** so much the more
das **Stück** play	die **Dichterin** poetess
der **Gott** God, god	sich **verbreiten** spread
Griechenland Greece	**stimmen** be true
der **Vortrag** lecture	das **Schauspielhaus** playhouse
das **Porträt** portrait	**reichen** extend
Prag Prague	

Düsseldorf. Das Schauspielhaus   *Das Foyer des Opernhauses*

Amerika? In einer Brüsseler Zeitung konnte man vor kurzem lesen: ‚Nach Düsseldorf zu kommen, ist kein Problem. Aber das Schauspielhaus besuchen zu können, ist oft schwerer, als in den Himmel zu kommen.' Und in der Deutschen Oper am Rhein sind wir heute abend und hören den ‚Rosenkavalier' von Richard Strauß."

Herr Schrader kommt ins Zimmer, bringt aber keine Cocktails, da man in Deutschland meist keine Cocktails vor dem Abendessen trinkt. Die Gäste gehen mit Herrn Schrader ins Eßzimmer. Der Tisch ist festlich gedeckt.

Auf einer Platte sind Tatar-Beefsteak, gefüllte Eier, gefüllte Tomaten und Sülze; auf einer anderen Platte ist Heringssalat und auf einer dritten

Brüssel Brussels
vor kurzem recently
festlich festive
decken set, lay

Tatar-Beefsteak steak tartare (raw ground beef with spices)
gefüllt stuffed
die **Sülze** jellied veal loaf

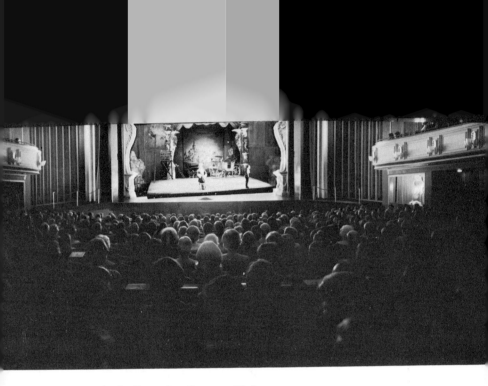

Eine Aufführung in der Deutschen Oper am Rhein

Platte Ochsenmaulsalat. Frau Schrader erklärt, was das alles ist, denn Herr Frisch weiß es nicht.

„Mein Mann meint, es ist vielleicht nicht das Richtige, aber ich wollte etwas typisch Deutsches für Sie machen", sagt Frau Schrader.

Richard nimmt hier ein bißchen und dort ein bißchen. Vom Tatar-Beefsteak, dem rohen Fleisch, nimmt er sehr wenig. Das Brot, das deutsche Schwarzbrot, ißt man mit ungesalzener frischer Butter. Zu trinken gibt es heißen Tee im Glas; Frau Schrader nennt es russischen Tee. Jeder nimmt sich etwas von dem festlich gedeckten Tisch.

Man hat nicht viel Zeit, sich zu unterhalten, denn die Oper beginnt sehr

Ochsenmaul- tongue
das **Richtige** right thing
typisch typically

roh raw
das **Schwarzbrot** dark rye bread
russisch Russian

früh. Fräulein Hubert sagt zu Frau Schrader: „Ihr Herr Gemahl erklärte uns, die Oper beginnt um zwanzig Uhr." Richard Frisch kennt das Wort „Gemahl". Sein Lehrer hatte es ihm erklärt. Ein Mann spricht von seiner Frau und eine Frau von ihrem Mann, aber unter Leuten, die keine intimen Freunde sind, sagt man „Ihr Gemahl" und „Ihre Frau Gemahlin".

Richard Frisch sagt den Kindern „Auf Wiedersehen". Sie bleiben zu Hause. Man nimmt junge Leute erst in die Oper oder ins Theater mit, wenn sie sechzehn oder siebzehn Jahre alt sind.

Sie fahren mit hoher Geschwindigkeit durch das abendliche Düsseldorf. Als Richard Frisch in Amerika europäische Literatur und Geschichte studierte, war eine Europareise sein Traum. Wie sieht die Wirklichkeit nun aus? Ist sie noch schöner als der Traum? Das Wort „schön" ist hier nicht angebracht. Es sieht eben alles fremd aus: die Menschen, die Straßen, die Beleuchtung, die Häuser und die Geschäfte. „Dort in der fremden Welt stehst du allein", hatte Friedrich Schiller im „Wilhelm Tell" geschrieben. Und doch hat Richard Frisch kein Gefühl des Alleinseins. Aufregend ist es, hier zu sein, denn er ist ja kein blasierter Weltreisender.

„Wir sind schon da", sagt Frau Schrader. Sie parken den Wagen auf einem Parkplatz und gehen die letzten Schritte zu Fuß. Sie kommen an dem „Köm(m)ödchen", dem Düsseldorfer literarisch-politischen Kabarett, vorbei. „Es ist eins der bekanntesten politischen Kabaretts in Deutschland. Es gibt viele. Sie spielen eine nennenswerte Rolle als Mittel der deutschen Selbstkritik", sagt Fräulein Hubert.

„Die bekannteste Kabarettistin des Kom(m)ödchens ist Lotte Lorentz; ihr Mann leitet das Kabarett. Schon gleich nach dem zweiten Weltkrieg sang sie: ‚General, General, wag' es nicht noch einmal . . .' Als vor Jahren

Herr Gemahl husband	**aufregend** exciting
zwanzig Uhr eight P.M.	**blasiert** blasé
intim close	**-platz** lot
Frau Gemahlin wife	der **Schritt** step
die **Geschwindigkeit** speed	**Kom(m)ödchen** little comedy (chest)
abendlich nocturnal	**nennenswert** noteworthy
angebracht appropriate	das **Mittel** means
eben simply	**leiten** manage
die **Beleuchtung** illumination	**gleich** right (away)
das **Alleinsein** loneliness	**wagen** dare

der Eichmann-Prozeß in Israel begann, sang man im Kom(m)ödchen, zu den Akkorden von Beethovens Fünfter Symphonie:

> Sie schien so weit,
> Die böse Zeit,
> Der Hexenwahn.
> Kaum einen Blick
> Auf das zurück,
> Was man getan.

Schon sind sie vor dem Opernhaus. Erst gehen sie zur Garderobe und besorgen sich ein Programm. Da es schon klingelt, sagt Frau Schrader: „Kommen Sie, kommen Sie! Es fängt gleich an."

Nach Beginn der Oper kann niemand mehr hinein. Sie gehen zu ihren Plätzen, die Herren den Damen voran. Es ist ein volles Haus. „Gestatten Sie bitte", sagt Herr Schrader zu den Leuten in der Reihe, wo ihre Plätze sind. Er klappt den Sitz für seine Frau herunter. Richard klappt auch schnell den Sitz für Fräulein Hubert herunter. Herr Schrader sitzt links von seiner Frau, Richard links von Fräulein Hubert. Das Orchester spielt die Ouvertüre, der Vorhang geht hoch.

„Der Rosenkavalier", die Komödie für Musik in drei Akten, beginnt. Der Text ist von dem Dichter Hugo von Hofmannsthal. Die Oper spielt in dem Wien des achtzehnten Jahrhunderts. Man sieht das Schlafzimmer der Marschallin Fürstin Werdenberg. Es ist früh am Tage. Der galante junge Herr Octavian kniet vor dem Bett der Marschallin. „Wie du warst, wie du bist . . .", singt er.

Nach dem Frühstück kommt der ungalante Baron Ochs. Im Grunde gibt es in dieser Oper aber keine unsympathischen Menschen. „Die Musik ist

der **Prozeß** trial	die **Reihe** row
der **Akkord** chord	**herunterklappen** turn down
böse evil	der **Vorhang** curtain
der **Hexenwahn** mad witchcraft	**hochgehen** rise
kaum scarcely	**Wien** Vienna
die **Garderobe** checkroom	die **Marschallin** marshal's wife
sich besorgen get, buy	die **Fürstin** princess
hinein (go) in	**knien** kneel
voran ahead of	**unsympathisch** unlikeable

unendlich liebevoll und verbindet alles", sagte der Dichter Hugo von Hofmannsthal über den „Rosenkavalier".

Nach dem zweiten Akt ist Pause. Herr Frisch geht mit Herrn und Frau Schrader und Fräulein Hubert ins Foyer. Dort sind viele elegant gekleidete Leute: Damen in Abendkleidern, Herren im Smoking. Heute ist Premiere, und da kleidet man sich besonders festlich. Manche trinken Sekt, einige trinken Cola. ‚Schade, daß Barbara nicht hier ist!' denkt Richard. Zu den Damen sagt er: „Möchten die Damen vielleicht Sekt oder Cola trinken?" „Nein, danke", sagt Frau Schrader. „Die Pause ist nicht lang, und nach der Oper wollen wir sowieso ..." Es klingelt wieder; sie gehen zu ihren Plätzen zurück. Bei dem Höhepunkt des „Rosenkavaliers", dem Terzett der drei Frauenstimmen, fühlt der Amerikaner: hier ist der Höhepunkt im Schaffen von Richard Strauß.

Der Vorhang fällt; die Oper ist zu Ende. Man spart nicht mit Beifall, und der Vorhang geht wieder hoch. Die Sänger und Sängerinnen verbeugen sich. Der Vorhang fällt und geht noch sechsmal wieder hoch. Donnernder Applaus!

Bei der Garderobe erzählt Herr Schrader, daß einer der Sänger und eine der Sängerinnen Amerikaner sind. Hunderte von Amerikanern singen in deutschen Opernhäusern; denn in Westdeutschland gibt es etwa sechzig Opern-Ensembles. Auf die Frage, welche Komponisten bei dem deutschen Publikum beliebt sind, antwortet Herr Schrader, daß Verdi schon seit Jahren an erster Stelle steht. An zweiter Stelle folgen Mozart-Opern. Dann kommen Puccini, Lortzing, Richard Strauß und Richard Wagner. Der Amerikaner hat keine Ahnung, wer Lortzing ist. Herr Schrader erklärt, Albert Lortzing wirkte in der ersten Hälfte des neunzehnten Jahrhunderts als Schauspieler

unendlich	infinitely	das **Schaffen**	creative life
liebevoll	loving	**sparen**	be sparing
verbinden	unite	der **Beifall**	applause
die **Pause**	intermission	der **Sänger**	singer
das **Foyer**	lobby	sich **verbeugen**	make a bow
der **Smoking**	tuxedo	**donnern**	thunder
der **Sekt**	champagne	der **Komponist**	composer
der **Höhepunkt**	high point	**wirken**	be active
das **Terzett**	vocal trio	der **Schauspieler**	actor

Richard Strauß (1864-1949)

und Sänger in Düsseldorf. Später wurde er als Komponist der komischen Oper bekannt. Sein bekanntestes Werk ist „Zar und Zimmermann".

Schraders schlagen vor, sich noch ein bißchen zu unterhalten; sie kennen ein nettes ungarisches Restaurant in der Altstadt. Fräulein Hubert und Herr Frisch sind dafür.

Das Restaurant ist nicht weit von der Oper entfernt. Sie sind in einigen Minuten da. Der Wirt, Herr Bardos, sieht wie ein ungarischer Bauer aus; er hat eine seidene Schärpe um. Herr Bardos macht eine tiefe Verbeugung und führt sie zu einem Tisch. Das Restaurant ist im ländlichen Stil gehalten.

komisch comic	**umhaben** have on
der **Zar** Czar	die **seidene Schärpe** silk sash
der **Zimmermann** carpenter	**führen** take
ungarisch Hungarian	**ländlich** rural
die **Altstadt** old part of town	**halten** maintain
der **Wirt** proprietor	

An den Wänden ist Zeitungspapier, von der Decke hängen Knoblauch und Petroleumlampen. An den Tischen sitzen aber Damen in Abendkleidern und Herren im Smoking; denn hier ist die elegante Welt Düsseldorfs zu Gast.

„Die Gulaschsuppe ist hier sehr gut", sagt Herr Schrader. „Dazu vielleicht ein Glas Altbier. Altbier ist ein leichtes, hellbraunes Bier. Oder möchtest du etwas anderes, Sabine?" fragt er Fräulein Hubert.

Da Fräulein Hubert Gulaschsuppe sehr gern ißt und die anderen mit dem Kopfe zustimmend nicken, bestellt Herr Schrader für alle das gleiche. In Amerika hat Herr Frisch einmal Gulasch gegessen, aber die Suppe ist ihm etwas Neues. Das scharf gewürzte Gericht treibt ihm die Tränen in die Augen. Der Wirt kommt und fragt, ob die Suppe heute gut ist, und ob die Herrschaften vielleicht noch etwas Paprika möchten.

Zu Herrn Schrader sagt Richard Frisch: „Es ist kein typisch deutsches Gasthaus, nicht wahr? In Amerika gibt es in den größeren Städten zahlreiche ausländische Restaurants, also ungarische, jugoslawische, deutsche, italienische, französische, chinesische, japanische, polynesische, russische, mexikanische, skandinavische, spanische, armenische und noch andere. In Deutschland aber ..."

„In Deutschland", meint Herr Schrader, „gibt es wohl nicht so zahlreiche ausländische Restaurants wie in Amerika, aber in den Großstädten haben wir doch recht viele. Eine besondere Vorliebe haben wir für ungarische und jugoslawische Gasthäuser."

Die Musikanten beginnen, Zigeunermusik zu spielen. Es sind Csardas-

der **Knoblauch** garlic
die **Petroleumlampe** kerosene lamp
zu Gast sein be a guest
die **Gulaschsuppe** beef soup with onions and paprika
dazu to go along with that
... anderes ... else
zustimmend in agreement
scharf gewürzt highly seasoned
treiben bring
die **Träne** tear

die **Herrschaften** ladies and gentlemen
das **Gasthaus** inn, restaurant
zahlreich numerous
ausländisch foreign
jugoslawisch Yugoslavian
polynesisch Polynesian
armenisch Armenian
recht viele quite a few
die **Vorliebe** special liking
der **Musikant** musician
Zigeuner- gypsy

Melodien. Fräulein Hubert erklärt, daß der Csardas der ungarische Nationaltanz ist, und daß Zigeunermusik dazu gehört.

Frau Schrader hat einen Wunsch. Sie möchte ihr Lieblingslied hören; es ist kein Zigeunerlied. Sie schreibt den Titel auf ein Stück Papier, und Richard Frisch springt von seinem Platz auf, um es den Musikanten zu bringen. Sie lächeln, verbeugen sich und kommen an den Tisch. Der eine singt zur Geige mit leiser Stimme: „Es ist das alte Lied. Die Liebe kommt, die Liebe geht. Die Träne fließt zu spät ..."

„Himmlisch singt der Mensch", flüstert Frau Schrader. Herr Schrader macht ein langes Gesicht und sagt später, daß es ihm zu schmalzig sei. „Auch Operettenmusik ist nichts für mich", erklärt er Herrn Frisch. „Es ist Geschmacksache. Beim deutschen Publikum sind aber die Wiener Operetten von Franz Lehar, Johann Strauß und Emmerich Kalman ebenso beliebt wie die Opern von Richard Strauß und Mozart und Wagner. Immer wieder findet man ‚Die lustige Witwe‘, ‚Die Fledermaus‘ und ‚Die Csardasfürstin‘ im Spielplan."

„Die jungen Leute von heute gehen ins Konzert und in die Oper", meint Sabine Hubert. „Viele hören auch moderne, neue Formen der Musik gern, aber wenige besuchen die Operettenhäuser."

Der Geschmack der jungen Leute ist etwa derselbe wie in Amerika. So scheint es jedenfalls dem amerikanischen Studenten. Ein Unterschied ist wohl, daß man in Amerika Operetten fast gar nicht spielt; Musicals haben Operetten verdrängt. Er fragt sich, ob Barbara überhaupt weiß, was eine Operette ist.

„Woran denken Sie nur?" fragt ihn die blonde Sabine.

Lieblings- favorite
aufspringen jump up
zur Geige accompanied by a violin
fließen flow
himmlisch divine
flüstern whisper
schmalzig sentimental, schmaltzy
die Geschmacksache matter of taste
Die lustige Witwe *The Merry Widow*

die **Fledermaus** bat
der **Spielplan** repertoire
besuchen attend, go to
der **Geschmack** taste, liking
der **Unterschied** difference
verdrängen supplant
Woran denken Sie nur? A penny for your thoughts

„Ach! Ich bin morgen noch in Düsseldorf und denke mir eine Rundfahrt sehr schön."

„Morgen bin ich im Studio. Vielleicht", Sabine Hubert denkt nach,
„könnte ich mich aber frei machen. Wenn nicht, dann könnte meine
Schwester ...! Entweder sie oder ich! Also morgen um neun in der Hotelhalle."

„Hoffentlich kommen Sie selber!"

Die junge Dame aus Einbeck ist auch kein passives Gretchen. Dieser
Typ hat wohl keinen Platz im modernen Deutschland.

Später gehen sie noch durch die engen, winkeligen Straßen der Altstadt,
bevor Herr Schrader ihn zu seinem Hotel fährt. Da er müde ist, geht er sofort
zu Bett.

denke mir imagine that ... would be	**-halle** lobby
die **Rundfahrt** tour (around)	**hoffentlich** I hope
nachdenken reflect	der **Typ** type of person
sich frei machen arrange to be free	**winkelig** twisting

Exercises

I. **Supply the missing words from the lists preceding the chapter.**

1. Da Herr Schrader schnell fährt, —— die Fahrt nur fünf Minuten.
2. Richard —— Fräulein Hubert nicht die Hand.
3. Das deutsche Fernsehen interessiert ihn; es ist ihm nicht ——.
4. Die Selbstkritik ist keine kranke, sondern eine —— Seite des
    deutschen Lebens.
5. Der Mensch hat meist nicht den Ruf, den er ——.
6. Herr Schrader hat einen vierzylindrigen ——.
7. In der Oper sitzen sie in guten ——.
8. Die Oper beginnt in dem Zimmer, in welchem die Fürstin schläft;
    es ist ihr ——.
9. Die Sänger und Sängerinnen singen gut; sie haben gute ——.
10. Von der —— des Restaurants hängen Petroleumlampen.
11. In Deutschland gibt es dunkles und —— Bier.
12. Ein Musikant kommt an den Tisch und singt ein ——.

13. —— Sabine oder ihre Schwester machen am nächsten Tag eine
    Rundfahrt mit Richard.
14. | In seinem Zimmer geht Richard nicht erst später, sondern ——
    zu Bett.

II. Form sentences in the present perfect tense.

1. Die Fahrt / dauern / nur fünf Minuten.
2. Herr Schrader / führen / ihn / auf die Terrasse.
3. Er / vorstellen / ihn / Fräulein Hubert.
4. Sie / fragen / ihn / etwas.
5. Manches / interessieren / sie / nicht.
6. Richard Frisch / haben / keine Ahnung / von Werbesendungen.
7. Sie / erklären / ihm / manches / über die Werbesendungen.
8. Man / hören / oft / Selbstkritik.
9. Was / geben / es / zum Beispiel?
10. Was / sehen / man / zum Beispiel?
11. Sie / gehen / zu ihren Plätzen.
12. Man / sich kleiden / besonders festlich.
13. Der Wirt / führen / sie zu einem Tisch.
14. Sie / trinken / Altbier.
15. Sie / essen / Gulaschsuppe.

III. Answer briefly.

1. Warum küßt er Fräulein Huberts Hand nicht?
2. Was fragt sie ihn – und was fragt sie ihn nicht?
3. Warum interessiert sie das Einbecker Bier nicht?
4. Wie finanziert man das Fernsehen in Deutschland?
5. Was wissen Sie über Selbstkritik – in Deutschland und in Amerika?
6. Hat Deutschland den Ruf, den es verdient? Und Amerika?
7. Was kennen Sie nicht – von den Sachen, die es abends zu essen gibt?
8. Ist die Wirklichkeit schöner oder nicht so schön wie sein Traum?
9. Was ist ein literarisch-politisches Kabarett?
10. Wie kommt es, daß Amerikaner in deutschen Opernhäusern singen?
11. Welche Komponisten spielt man in Deutschland gern?
12. Beschreiben Sie das ungarische Restaurant!
13. Kennen Sie Operetten und Operettenmusik? Wer hat für Ihr Gefühl
    den besseren Geschmack? Herr Schrader oder Frau Schrader?
14. Was für Musik hören Sie und Ihre Freunde gern?
15. Was will Richard am nächsten Tag machen?

Der Gänselieselbrunnen

Kapitel Acht

Word lists for Chapter Eight

NOUNS

die **Erde**	earth, world	die **Kusine**	cousin
der **Fall**	case	der **Mund**	mouth
die **Geschwister**	brother(s) and sister(s)	der **Rücken**	back
		der **Soldat**	soldier

VERBS

aufstehen	stand up, get up	**marschieren**	march
bitten	ask, request		

OTHER WORDS

dagegen	against it, against that	**ernst**	serious
draußen	outside	**obwohl**	although

Militarismus und Antipathie gegen Uniformen

Einige Tage nachdem Walter Guest bei Familie Neubauer war, begegnet er Fritz und Christa Neubauer und Ingrid Möller am späten Nachmittag in der Stadt. „Wir wollen ins Kino gehen! Kommen Sie mit!" sagt Christa. Sie gehen bis zur nächsten Straße, denn dort steht eine Litfaßsäule.

„Gibt es heute wertvolle deutsche Filme?" will Walter Guest wissen. „In Amerika sieht man wenige."

„Es gibt wenige", erklärt Christa. „Man spricht seit Jahren von einer Krise des deutschen Films. In den zwanziger Jahren war der deutsche Film wohl der beste der Welt."

Bevor sie weitersprechen kann, sagt der Amerikaner: „Vor einigen Monaten sah ich einen Film aus dieser Zeit. Es war ‚Der blaue Engel‘ mit Marlene Dietrich und Emil Jannings. Der bekannte Roman ‚Professor Unrat‘ von Heinrich Mann wurde damals für den Film bearbeitet."

„Nach Ende des zweiten Weltkrieges drehte man auch hier in Göttingen

begegnen encounter, meet	die **Krise** crisis
das **Kino** movie(s)	**zwanziger Jahre** twenties
die **Litfaßsäule** advertising pillar (named after the printer Litfaß)	der **Engel** angel
	bearbeiten adapt
wertvoll first-rate, valuable	**drehen** shoot

Filme. Aber was sehe ich?" Christa Neubauer zeigt auf die Litfaßsäule. „Heute spielt man im Zentralkino den ‚Hauptmann von Köpenick'." „Handelt es sich um die Komödie von Carl Zuckmayer?" will Walter wissen.

„Das stimmt", sagt Ingrid Möller. „Ich kenne den Film, und ich möchte ihn gern noch einmal sehen."

„Gut", sagt Fritz Neubauer. „Wir sind dafür."

Neben der Litfaßsäule ist eine Telefonzelle. Christa ruft das Kino an und läßt vier Plätze reservieren. Da sie alle Appetit haben, gehen sie zu einer Bratwurstbude im Stadtzentrum und essen frisch gegrillte, knusprige Bratwürste. „Wir müssen die Karten vor sieben Uhr abholen", erklärt Christa dem Amerikaner, „die Vorstellung beginnt um sieben und die nächste um neun. Es gibt nämlich in Deutschland für jede Vorstellung numerierte Plätze."

An der Kasse des Zentralkinos zahlen sie drei Mark pro Karte. Die Platzanweiserin führt sie zu ihren Plätzen. Bevor der Hauptfilm beginnt, sehen sie einen Kulturfilm mit dem Titel „Revolution oder Reform? Die Krise der deutschen Universität".

„Der Hauptmann von Köpenick", eine Parodie auf die Deutschen in Uniform, spielt in dem Berlin vor dem ersten Weltkrieg. Ein Mann mit dem Namen Wilhelm Voigt kommt aus dem Gefängnis und kann keine Arbeit finden. Überall braucht man Papiere, und in seinen Papieren steht, daß er im Gefängnis war. Was tun? Im Gefängnis hat Wilhelm Voigt Bücher über das preußische Militär studiert und kennt die Kommandos. Er kauft sich eine Hauptmannsuniform. In der Toilette eines Berliner Bahnhofs zieht er sich die Uniform an. Welche Wirkung seine Uniform hat, sieht er, als er aus der

zeigen auf point to	**pro** per
der **Hauptmann** captain	die **Platzanweiserin** usher
sich **handeln um** be about, be a question of	**spielen** take place
	das **Gefängnis** prison
reservieren lassen reserve	**Papiere** documents (issued by the police)
die **Bratwurstbude** sausage stand	**preußisch** Prussian
abholen pick up	das **Kommando** command
numerieren number	**sich anziehen** put on
die **Kasse** box office	die **Wirkung** effect

Toilette kommt. Fünf Soldaten stehen stramm und salutieren. Auf der Straße trifft er eine weitere Gruppe und gibt das Kommando, zu dem Rathaus von Köpenick zu marschieren. Die Soldaten gehorchen. Im Rathaus von Köpenick erteilt er den Befehl, ihm die Kasse zu übergeben. Das Personal steht stramm und gehorcht, denn „Befehl ist Befehl". Carl Zuckmayer schrieb über die Episode: „Da kann man sehen, was Disziplin heißt. Kein Volk der Erde macht uns das nach."

Nach Ende des Filmes gehen sie zum Göttinger Rathaus, um im Ratskeller etwas zu trinken. An einem Tisch singen Studenten „Gaudeamus igitur", an einem anderen „Bier her, Bier her", an einem dritten Tisch sitzen junge Leute mit langen Haaren und Sandalen und diskutieren.

Die Geschwister Neubauer, Fräulein Möller und der Amerikaner setzen sich in eine Ecke, wo es nicht so laut ist. „Der Hauptmann von Köpenick" hat Walter Guest gefallen; er will nun wissen, was für eine Rolle das Militär heute spielt.

„Zur Zeit des Kaisers, also bis 1918, und zur Zeit Hitlers drehte sich manches im deutschen Leben um die Armee, die ‚Schule der Nation'. Aber heute", erklärt Fritz Neubauer, „drehen die jungen Deutschen der Armee den Rücken zu. Sie wollen nicht Soldaten spielen. In Deutschland gibt es heute mehr Wehrdienst-Verweigerer als in jedem anderen Land der Welt. In Amerika, zum Beispiel, war 1970 jeder 750ste ein Wehrdienst-Verweigerer, in Dänemark jeder 50ste und in Deutschland jeder 20ste. Und in der Bundesrepublik Deutschland dispensiert man vier von fünf Wehrdienst-Verweigerern."

„Ich hatte schon selber das Gefühl, die Deutschen wollen nicht mehr Soldaten spielen", sagt Walter Guest.

stramm at attention	**Gaudeamus igitur** (Latin) so let's be
eine weitere another	happy
gehorchen obey	**her** here, this way
erteilen give	**was für ein** what kind of
der Befehl order	**sich drehen um** revolve about
die Kasse cash box	**die Armee** army
übergeben give, hand over	**den Rücken zudrehen** turn one's back on
heißen mean	**der Wehrdienst-Verweigerer** (military
macht uns das nach can equal that	service) objector
der Ratskeller town hall cellar restaurant	**dispensieren** exempt

„Nein", sagt Fritz Neubauer, „heute ist die Uniform den Deutschen uninteressant. 72 Prozent der Menschen der Bundesrepublik – so konnte man vor kurzem in einer deutschen Zeitschrift lesen – finden, Männer in Zivil sehen besser aus als Männer in Uniform. Der Kult der Uniform ist dahin."

An einem anderen Tisch sitzt ein Herr in Zivil. Er steht auf und sagt: „Gestatten Sie bitte, daß ich mich vorstelle! Blankenberg." Er macht eine Verbeugung. „Ich habe mit Interesse Ihrer Diskussion zugehört. Da ich selber Offizier bin, möchte ich gern etwas zu dem Thema sagen, wenn es gestattet ist."

Fritz Neubauer und Walter Guest sind auch aufgestanden. Fritz macht eine Verbeugung, murmelt „Neubauer" und sagt: „Aber bitte. Wir würden uns freuen. Nehmen Sie Platz! Haben Sie nicht einen Bruder Bodo? Ein Bodo von Blankenberg war in meiner Klasse am Max-Planck-Gymnasium."

„Ja, Bodo ist mein jüngerer Bruder. Er studiert jetzt in Marburg und schreibt mir ausführliche Briefe über das Militär. Er will mit Uniformen nichts zu tun haben; sie sind ihm verhaßt." Herr von Blankenberg lächelt. „Er hat seine Ansichten."

Fritz Neubauer stellt Herrn von Blankenberg seiner Schwester und seinen Bekannten vor. Nachdem Herr von Blankenberg Platz genommen hat, erklärt er: „Die Bundeswehr ist eine ganz andere Armee als alle anderen Armeen der Geschichte Deutschlands. Zweifel quälen unsere jungen Leute, aber zum ersten Mal in unserer Geschichte steht die Armee unter parlamentarischer Kontrolle und ist wirklich nur ein Instrument der Defensive."

„Sagen das nicht alle Länder über ihre Armeen?" fragt Ingrid Möller.

„Ohne ABC-Waffen, also ohne atomare, biologische und chemische Waffen, kann eine Armee nur eine defensive Funktion haben", antwortet er. „Unsere Soldaten sind heute ‚Soldaten für den Frieden'."

die **Zeitschrift** magazine	die **Ansicht** view, opinion
Zivil civilian clothes	**-wehr** Army
dahin gone	der **Zweifel** doubt
zuhören listen to	**quälen** torment
das **Thema** subject	die **Waffe** weapon, arms
ausführlich detailed	**atomar** atomic
verhaßt odious, detestable	der **Friede(n)** peace

Studenten im Göttinger Ratskeller

Nach fünf Minuten dankt er für die interessante Unterhaltung. Er muß nun seine Frau bei einer Versammlung von Frauenrechtlerinnen abholen.

„Ein Offizier hat einen Bruder, der mit Uniformen nichts zu tun haben will, und eine Frauenrechtlerin zur Frau. Wenn Sie sich das zusammenreimen können, verstehen Sie manches im heutigen Deutschland", meint Ingrid Möller.

„Da ist Monika Kahlenfeld", sagt Christa, bevor Walter Guest darauf antworten kann. „Wer ist aber der Herr?" fragt sie ihren Bruder. „Geh zu ihnen und bitte sie, an unseren Tisch zu kommen!" Fritz geht und kommt einige Minuten später mit dem Herrn und der Dame zurück. Er macht alle miteinander bekannt. Der Herr, ein Herr Dr. Weinknecht, ist ein wenig älter als Monika Kahlenfeld.

die **Versammlung** meeting   **bekanntmachen** introduce
die **Frauenrechtlerin** women's lib advocate   **miteinander** to one another
sich **zusammenreimen** make sense of

„Wie gefällt er dir?" flüstert Monika Kahlenfeld Christa Neubauer zu. Walter Guest sitzt neben Christa und hört die Frage. „Es ist noch streng geheim", fährt Fräulein Kahlenfeld fort. „Wir wollen uns nächste Woche verloben. Du bekommst in den nächsten Tagen eine Anzeige." Zu Herrn Guest sagt sie: „Haben Sie eine Braut in Amerika?"

„Nein, noch nicht."

„Kommen Sie mal mit Christa und Fritz zu uns", schlägt die lustige Monika lachend vor. „In Deutschland bedeutet das wirklich: ‚Sie sollen kommen'. Bei uns ist immer viel los. Ich habe drei jüngere Schwestern, sechs Kusinen und viele Bekannte."

Man hört das Wort „Bekannter" sehr oft, aber „Freund" weniger als „friend" in Amerika. Es ist Walter Guest mehrere Male aufgefallen. Zu Fräulein Kahlenfeld sagt er: „Danke, ich komme gern."

„Ich spreche mit meiner Mutter und gebe Ihnen dann Bescheid. Haben Sie schon etwas von Göttingen und Göttingens Umgebung gesehen?"

„Nein, noch nicht sehr viel. Ich möchte vorher etwas über die Geschichte Göttingens lesen. In der Umgebung Göttingens war ich überhaupt noch nicht."

„Das müssen wir nachholen", meint Monika. „Nicht wahr, Christa?"

„Vielleicht könnten wir nächste Woche alle zusammen eine Fahrt in die Umgebung Göttingens machen", schlägt Christa Neubauer vor.

„Ich muß leider nach Hamburg zurück", sagt Ingrid Möller. „Das Semester ist noch nicht zu Ende."

„Und Sonntag abend fahre ich nach Hannover zurück. Ich bin dort tätig", erklärt der ruhige Herr Dr. Weinknecht.

„Aber wir anderen könnten etwas unternehmen", meint Christa Neubauer.

geheim secret	**auffallen** be striking, strike
fortfahren continue	**Bescheid geben** let (someone) know
sich verloben become engaged	**die Umgebung** surrounding(s)
die nächsten Tage near future	**nachholen** make up for
die Anzeige announcement	**tätig sein** work
die Braut fiancée, girl friend	**unternehmen** undertake, do
viel los much going on	

„Keine schlechte Idee", sagt ihr Bruder. „Bei schönem Wetter kann man die Vorlesungen schwänzen."

„Schwänzen? Was ist schwänzen?" fragt der amerikanische Student.

„Schwänzen ist, wenn man nicht in die Vorlesung geht. Es ist bei manchen Studenten hier sehr beliebt", erklärt Fritz Neubauer.

„Darf man das?" fragt Walter Guest. „In Amerika muß man die Vorlesungen besuchen. Schwänzen ist nicht gestattet, wenigstens nicht oft."

„In Amerika sagt man, vielleicht mit Recht, wir Deutschen verstehen wenig von Freiheit", erwidert Fritz Neubauer. „An der Universität verstehen wir aber viel davon. Wir brauchen nicht in eine Vorlesung zu gehen, wenn wir nicht wollen. Wir müssen selber wissen, was wir wollen. Am Ende unseres Studiums steht das Examen. Aber bis dann – Lernfreiheit! Ich liebe diese Freiheit."

„So einfach ist das nicht", meint Herr Dr. Weinknecht ernst. „Wer zuviel schwänzt, wie Herr Neubauer das nennt, fällt am Ende durch oder muß noch einige Semester länger studieren. Manche machen überhaupt kein Examen, weil sie Angst haben, durchzufallen. Es gibt ein deutsches Sprichwort: ‚Wo viel Freiheit ist, ist viel Irrtum', was natürlich nicht gegen die Freiheit spricht."

„Ich möchte Günther Heidenreich fragen, wie es mit seinem Examen steht", sagt Fritz Neubauer zu seiner Schwester. „Er sitzt da drüben. Ich hole ihn."

Fritz bringt Günther Heidenreich an ihren Tisch und stellt ihn den anderen vor. „Wie steht's mit dem Examen, Günther? Hat es schon angefangen?"

„Ja, die Klausurarbeiten habe ich schon hinter mir. Nächste Woche kommt das mündliche Examen. Ich bin beim Büffeln."

„Hast du einen Repetitor?" fragt ihn Fritz Neubauer.

die **Vorlesung**	lecture	das **Sprichwort**	proverb
schwänzen	cut, miss	der **Irrtum**	error
wenigstens	at least	**stehen mit**	be going with
mit Recht	justifiably	**da drüben**	over there
die **Lernfreiheit**	freedom to study when	**Klausur-**	written
one wishes		**mündlich**	oral
einfach	simple	**büffeln**	cram
durchfallen	fail		

„Wozu braucht man einen Repetitor? Ich habe mein ganzes Leben mit keinem Repetitor gearbeitet", meint der amerikanische Student. „Das liegt wohl am deutschen System", meint Herr Heidenreich. „Wir haben nicht jedes Semester vier oder fünf Examen, wie es in Amerika der Fall ist. Nur am Ende des Studiums gibt es die eine große Prüfung, das Staatsexamen. Erst kommen die Klausurarbeiten und dann die mündliche Prüfung. Da gibt es soviel Material, daß man nicht weiß, wo man beim Vorbereiten anfangen soll. Die Institution der Repetitoren ist in diesem Fall eine nützliche Sache, finde ich."

Man unterhält sich noch einige Minuten über Repetitoren, Examen und die sich wandelnden Zeiten, bis Herr Heidenreich erklärt, daß das mündliche Examen in drei Tagen beginnt. Er muß zu den Büchern zurück.

Nach fünfzehn Minuten meint Herr Dr. Weinknecht, es ist kurz vor zwölf und Zeit, nach Hause zu gehen. Die Herren zahlen. Vor dem Rathaus steht eine Gruppe Studenten beim Gänseliesel, dem Wahrzeichen der Stadt Göttingen. Einer von ihnen stellt sich vor das steinerne Gänseliesel und küßt es auf den Mund.

„Es ist ein alter Brauch unter den Studenten", sagt Fritz Neubauer. „Man küßt das Gänseliesel, wenn man sein Doktorexamen gemacht hat."

,Solch einen Brauch könnte es in Amerika nicht geben', denkt Walter Guest. ,Dagegen spricht die Hygiene.'

Denkt Walter eigentlich auch so?

wozu why, for what	**nützlich** useful
der **Repetitor** "repeater," tutor	das **Gänseliesel** statue of the Goose Girl
liegen an be brought about by	das **Wahrzeichen** landmark

Exercises

I. **Supply the missing words from the lists preceding the chapter.**

1. Fritz und Christa Neubauer sind Bruder und Schwester; sie sind ——.
2. Die Tochter meines Onkels ist meine ——.
3. Der Mann ist beim Militär; er ist ——.

4. Ein Regiment — durch die Stadt.
5. Herr Wilhelm Voigt zieht sich eine Hauptmannsuniform an, —— er kein Hauptmann ist.
6. Als der Offizier sich vorstellte, —— Fritz Neubauer und Walter Guest vom Tisch ——.
7. Fritz geht zu einem anderen Tisch und —— die zwei Leute, an seinen Tisch zu kommen.
8. Der Herr lacht selten; er ist ein sehr —— Mensch.
9. Im Haus ist es warm, aber —— ist es kalt.
10. Bodo von Blankenberg ist nicht für das Militär; er ist ——.
11. Die jungen Deutschen drehen der Armee den —— zu.
12. Wenn ein Mensch viel spricht und laut spricht, sagt man, daß er einen großen —— hat.
13. Heute ist es so; das ist der —— heute.
14. Die ——, auf der wir leben, ist ein Planet.

II. Form sentences in the present perfect.

1. Sie / gehen / bis zur / nächst / Straße.
2. Er / sehen / (indef. art.) / Film / aus / dies / Zeit.
3. Man / drehen / auch in Göttingen / Film (pl.).
4. Ingrid Möller / kennen / (def. art.) / Film.
5. Die Platzanweiserin / führen / sie / zu / ihr / Platz (pl.).
6. Er / studieren / Buch (pl.) / über / (def. art.) / preußisch / Militär.
7. Ich / zuhören / mit Interesse / Ihr / Diskussion.
8. Bodo / sein / in / mein / Klasse.
9. Sie / sprechen / mit / ihr / Mutter.
10. Der Bruder / schwänzen / (def. art.) / Vorlesung (pl.).
11. Er / fragen / sein / Freund.
12. Der Student / küssen / (def. art.) / steinern / Gänseliesel / auf / (def. art.) / Mund.

III. Answer briefly.

1. Warum ruft Christa das Kino an?
2. Wie lange dauert die Vorstellung im Kino?
3. Auf was ist ,,Der Hauptmann von Köpenick" eine Parodie?
4. Wie könnte man die verschiedenen Studentengruppen im Ratskeller charakterisieren?
5. Was war ,,die Schule der Nation", und was bedeuten diese Worte?
6. Was denken junge Deutsche von heute über ,,die Schule der Nation"?

7. Was hat der Offizier über die Bundeswehr von heute zu sagen?
8. Was meint Monika Kahlenfeld, wenn sie sagt, daß bei ihr immer „viel los" ist?
9. Was möchte Walter machen, bevor er in die Umgebung Göttingens fährt?
10. Was meint Monika Kahlenfeld, wenn sie sagt, daß „Kommen Sie mal!" wirklich „Sie sollen kommen" bedeutet?
11. Wo ist der Unterschied zwischen „schwänzen" in Deutschland und in den USA?
12. Was bedeutet Freiheit, besonders Lernfreiheit, an der deutschen Universität?
13. Was ist Ihre Interpretation der Worte: „Wo viel Freiheit ist, ist viel Irrtum"?
14. Was ist ein Repetitor? Warum gibt es Repetitoren in Deutschland?
15. Was ist das Gänseliesel, und welche Bedeutung hat es wohl in Göttingen?

Eine Caféterrasse in der Königsallee

Kapitel Neun

Word lists for Chapter Nine

NOUNS

das **Glück**	luck, happiness	der **Mond**	moon
der **Handschuh**	glove	die **Polizei**	police
das **Hemd**	shirt	der **Schluß**	end, conclusion
die **Hose**	pants	der **Sessel**	armchair
der **Hut**	hat	das **Werk**	work
das **Meer**	sea, ocean		

VERBS

erinnern	remind	**schlagen**	strike, hit
fehlen	be lacking, be missing	**vergessen**	forget
		versuchen	try, attempt

OTHER WORDS

bequem	comfortable	**richtig**	real, right, correct
damit	so that	**sauber**	clean
eigen	own	**selbst**	even
gemütlich	cozy, congenial	**sonst**	otherwise, else
nötig	necessary	**zufrieden**	satisfied, content
null	zero		

Lieber zuviel als zuwenig grüßen

Am nächsten Morgen ist Richard Frisch pünktlich in der Hotelhalle, setzt sich in einen bequemen Sessel und liest den „Rheinischen Merkur". Er ist zufrieden mit sich; denn er liest die Artikel, ohne zu übersetzen. Dann und wann findet er noch Wörter, die er nicht kennt und auch aus dem Zusammenhang heraus nicht versteht. Da steht zum Beispiel über den Präsidenten der USA: „Rücksicht auf Bonn, aber Interesse für Moskau." Er sieht „Rücksicht auf" im Wörterbuch nach und liest es auf der nächsten Seite in einem Artikel über Bonn zum zweiten Mal: „Rücksicht auf Washington aber Interesse für Ostpolitik."

Es wird neun Uhr. Sabine Hubert kommt nicht mit militärischer Pünktlichkeit. Auf Seite sieben liest er die Fragen „Darf der Rasen Spielplatz sein?" „Soll man Deutschlands 100 000 Schilder ‚Betreten des Rasens ist verboten' entfernen?" Es wird zehn Minuten nach neun. Man scheint gegen das Betreten des Rasens zu sein. Fünf Minuten später geht die Tür

lieber better	der **Rasen** lawn
aus dem Zusammenhang heraus from the context	der **Spielplatz** playground
Rücksicht auf deference to	das **Schild** sign
nachsehen look up	**Betreten des Rasens ist verboten** don't step on the grass
die **Ostpolitik** policy of seeking agreements with Eastern countries	**entfernen** remove

104

auf, und eine Dame mit wehendem blondem Haar kommt herein. Er geht auf sie zu: „Guten Morgen, Fräulein Hubert!"

„Herr Frisch? Guten Morgen!"

„Endlich! Ich glaubte schon, Sie kämen nicht."

„Ich habe mich etwas verspätet. Man könnte sagen, daß ich im Grunde gar nicht gekommen bin." Ein Lächeln fliegt über ihr Gesicht. „Das heißt, ich bin nicht Sabine, sondern Bettina Hubert. Wir sind Zwillingsschwestern. Seien Sie ihr nicht böse! Sie mußte heute ins Studio. Ich zeige Ihnen einige Sehenswürdigkeiten Düsseldorfs, wenn es Ihnen recht ist."

„Ich nehme mit Vergnügen an. Arbeiten Sie auch beim Fernsehen?"

„Nein, ich studiere am Robert Schumann-Konservatorium und will Pianistin werden. Meine Schwester erzählte, daß sie Student sind. Was ist Ihr spezielles Fach?"

„Ich studiere Germanistik."

„Deutsche Literatur! Es gibt in Düsseldorf, der Geburtsstadt Heines, ein Heinrich Heine-Archiv und ein Goethe-Museum. Darüber wissen Sie wahrscheinlich besser Bescheid als ich. Waren Sie aber schon auf der Kö?"

„Wir sind gestern mit dem Auto vorbeigefahren."

„Sie müssen auf der Königsallee spazierengehen", meint Bettina Hubert. „Sonst können Sie nicht sagen, daß Sie in Düsseldorf gewesen sind. Kommen Sie!"

Sie gehen auf weißen Streifen über die Straße. Bettina erklärt, daß sie Zebrastreifen heißen. Sie sind für die Fußgänger, damit sie sicher über die Straße gehen können. Die Fußgänger gehen in Düsseldorf aber gar nicht so sicher über die Straße. Viele Autos halten nicht. Die Fußgänger warten, bis keine Wagen mehr kommen; manche laufen wie gehetztes Wild auf den Zebrastreifen über die Straße. Die Autofahrer scheinen rücksichtslos und die Polizei scheint nicht streng genug zu sein.

aufgehen open	**annehmen** accept
wehend windblown	das **Vergnügen** pleasure
zugehen auf go to meet	das **Konservatorium** conservatory
sich **verspäten** be late	das **Archiv** archive
fliegen flicker	der **Streifen** stripe
der **Zwilling** twin	**gehetztes Wild** hunted animals
die **Sehenswürdigkeit** point of interest	**rücksichtslos** inconsiderate

Auf beiden Seiten der Kö sind Geschäfte, in der Mitte Parkanlagen.
Bettina Hubert interessiert sich wie die meisten Frauen für Kleider und bleibt
vor den Schaufenstern stehen. Kleider für Mädchen und junge Damen
sehen nicht viel anders aus als in Amerika, aber die Kleidung für ältere
Damen ist konservativer. Im Fenster eines Geschäftes für Herren sieht er
verschiedenartige Silber-Krawatten und Hemden ohne Taschen. Wenn man
sich die Jacken nicht auszieht, so braucht man in den Hemden wohl keine
Taschen. Bettina Hubert zeigt auf ein Geschäft nebenan, das Meißner
Porzellan führt.

„Es war das erste europäische Porzellan", erklärt sie. „Ein Mann mit
dem Namen Böttger stellte es am Anfang des achtzehnten Jahrhunderts in
Meißen bei Dresden her. Bis dahin wurde Porzellan aus Ostasien impor-
tiert. Die Meißner Fabrik hatte lange Jahre das Monopol für europäisches
Porzellan. In Düsseldorf gibt es übrigens eine Sammlung von Meißner
Porzellan im Schloß Jägerhof."

Straßenkehrer und Straßenarbeiter sprechen ihnen unbekannte Sprachen,
während sie sich die Geschäfte, die Menschen und das geschäftige Treiben
auf der Kö ansehen. Die Damen, die sich die Auslagen ansehen, sind elegant gekleidet; die meisten tragen Handschuhe und Hüte. Auch Bettina
hat Handschuhe an.

Auf den Terrassen der Boulevardcafés sitzen wenige Leute, da es noch
früh ist. Sie gehen über die Heinrich-Heine-Allee und von dort zum Heine-
Archiv, um Manuskripte, Dokumente, Bilder, Erstausgaben und Heines
Totenmaske zu besichtigen. „Tragisch ist", bemerkte sie, „daß Heine-

die **Parkanlagen** (pl.)   gardens
stehenbleiben stop
das **Schaufenster**   shop window
verschiedenartig   varied
sich ausziehen   take off
nebenan   next door
das **Porzellan**   porcelain
führen   carry
herstellen   produce
bis dahin   until that time
die **Fabrik**   factory
das **Monopol**   monopoly

die **Sammlung**   collection
-kehrer   cleaner
der **Straßenarbeiter**   street repair laborer
unbekannte Sprachen   Many foreign
workers in Germany come from Turkey,
Greece, and other countries.
das **geschäftige Treiben**   busy activity
die **Auslage**   (window) display
anhaben   wear
die **Erstausgabe**   first edition
besichtigen   view

Die Königsallee in Düsseldorf

Bücher in Deutschland schlecht gehen. Die Deutschen interessieren sich wenig für einen ihrer eigenen Dichter, dessen Werke Weltliteratur geworden sind."

Vor einigen Jahren hatte der erste Präsident der Bundesrepublik, Theodor Heuss, Düsseldorfs Heine-Medaille erhalten. Damals sagte er: ,,Wir haben alle – und das waren Tausende von jungen Deutschen – das Dichten beim Heine gelernt . . . Er hat die Sprache elastisch gemacht wie wenige." Heuss erzählte von seinem ersten Besuch in Paris; dort hatte er einen Blumenstrauß auf Heines Grab niedergelegt. In Düsseldorf zitierte Theodor Heuss die Worte, daß Deutschland und Frankreich ,,die beiden Söhne Karls des Großen" seien. Das war im Sinne Heinrich Heines.

schlecht gehen sell poorly	der **Strauß** bouquet
die **Medaille** medal	**niederlegen** place (down)
erhalten receive	**zitieren** quote
dichten write poetry—and creatively in	**Karl der Große** Charlemagne
general	**im Sinne** according to the ideas

Vom Archiv aus gehen Bettina Hubert und der Amerikaner in die Bolkerstraße. Während sie vor dem Haus Nummer 53 stehenbleiben, erklärt sie,
daß Heine im Jahr 1797 hier zur Welt kam.

Von der Bolkerstraße geht es weiter zum Rathaus in der Altstadt Düsseldorfs. Es fällt ihm auf, wie sauber die Straßen selbst in der Altstadt sind.
„Der Mann dort", Bettina zeigt auf die andere Seite der Straße, „macht
Schornsteine sauber. Es bedeutet bei uns Glück, wenn man einen Schornsteinfeger sieht."

„Immer wieder habe ich darüber nachgedacht, was dieser Begriff ‚Glück'
bedeutet", meint Richard. „Immer wieder haben die Menschen auch darüber
nachgedacht: wie werde ich glücklich? In der Unabhängigkeitserklärung
der jungen USA wird ‚das Streben nach dem Glück' als ein Recht des Menschen betrachtet. Vor Jahren hat das deutsche Märchen ‚Hans im Glück'
einen großen Eindruck auf mich gemacht; der junge Hans im Glück macht
die Entdeckung, daß das Glück in einem selbst liegt."

Als Bettina Hubert meint, daß Richard wie ein Deutscher philosophiere,
bemerkt er lächelnd: „Zu meinem Glück fehlt im Augenblick nur etwas zu
essen. Kennen Sie ein nettes Restaurant in der Nähe?"

Die Musikstudentin kennt eins. Sie gehen in ein Altstadt-Restaurant,
das nicht teuer, aber gemütlich ist. Der Amerikaner studiert die Speisekarte und will wissen, was „Himmel und Erde" ist. Die Deutsche erklärt:
„Das sind Kartoffeln mit Äpfeln zusammengekocht und gebratene Blutwurst. Die Kartoffeln kommen aus der Erde und die Äpfel sozusagen vom
Himmel."

Er bestellt aber Kaßler mit Sauerkraut und Salzkartoffeln für Fräulein

vom ... aus from	die **Unabhängigkeitserklärung** Declara-
zur Welt kommen be born	tion of Independence
geht es weiter they go on	das **Streben nach** pursuit of
der **Schornstein** chimney	‚**Hans im Glück**' 'Lucky Hans'
-feger -sweep	der **Eindruck** impression
nachdenken reflect	die **Entdeckung** discovery
der **Begriff** notion	**philosophieren** philosophize
Glück The word means "happiness" as	**braten** fry
well as "luck"; compare "happenstance."	die **Blutwurst** blood sausage
	Kaßler smoked pork ribs

Hubert und für sich Rheinischen Sauerbraten mit Kartoffelklößen und Gurkensalat. Die Kellnerin bringt ihnen das Besteck, aber sie bringt nur eine Gabel für Richard. Bettina Hubert erklärt Richard Frisch, daß man hier den Salat und das andere Essen mit derselben Gabel ißt. Man ißt auch nicht den Salat vor dem Essen. Sie bemerkt: „Man zerschneidet nach deutscher Etikette die Kartoffeln nicht mit dem Messer, aber die Klöße darf man mit dem Messer zerschneiden."

Der Rheinische Sauerbraten ist mit einer vorzüglichen Rosinensoße zubereitet. Bettina Hubert behält während des Essens beide Hände auf dem Tisch und legt die linke Hand nicht auf den Schoß. „Entschuldigen Sie", fragt er. „Ist das auch deutsche Etikette, ich meine, daß man während des Essens beide Hände auf dem Tisch behält?"

„Ja, das sind die üblichen Tischmanieren", erklärt sie. „Natürlich soll nur das Handgelenk und nicht der Ellenbogen auf dem Tisch liegen. Andere Länder, andere Sitten! Vor einigen Jahren war ein Amerikaner bei uns zum Essen und saß am Tisch neben mir. Später fragte mich mein Vater ganz ernst: ‚Was hat er denn immerzu mit den Händen unter dem Tisch gemacht?‘ "

Nach dem Essen bringt die Kellnerin mit dem appetitlichen weißen Schürzchen die Rechnung. Richard Frisch „rundet ab", wie er es gelernt hat.

Bettina erinnert ihn, daß sie das Goethe-Museum besuchen wollen. Es gibt dort kostbare Bücher zu sehen, aber auch Autographen, Medaillen und Silhouetten. Unter den Kostbarkeiten finden sie den von Goethes Hand geschriebenen Schluß von „Faust II": „Alles Vergängliche ist nur ein Gleichnis . . ."

Da es inzwischen vier Uhr geworden ist, fragt Richard die junge Dame, ob sie nach deutschem Brauch Kaffee trinken möchte. Sie gehen zurück zur

der **Kloß** dumpling	der **Ellenbogen** elbow
die **Gurke** cucumber	**immerzu** all the time
die **Kellnerin** waitress	**appetitlich** dainty
zerschneiden cut (into pieces)	die **Schürze** apron
vorzüglich excellent	**kostbar** valuable
die **Rosine** raisin	die **Kostbarkeit** object of value
zubereiten prepare	**vergänglich** impermanent
der **Schoß** lap	das **Gleichnis** symbol, image
das **Handgelenk** wrist	**inzwischen** meanwhile

Der Rheinhafen in Düsseldorf

Königsallee. Mehrere Herren lüften den Hut zum Gruß, und Bettina Hubert senkt den Kopf. Der Herr grüßt zuerst. Die Männer haben schon als Kinder gelernt: Lieber zehnmal zuviel als einmal zuwenig grüßen. In einer Konditorei suchen sie sich Kuchen aus. Es ist gar nicht einfach, denn es gibt Kuchen und Torten wie Sand am Meer. Den in Amerika populären deutschen Schokoladenkuchen sieht Richard nicht, dafür aber verschiedene andere Schokoladentorten. Sie setzen sich draußen auf die Terrasse und schauen den Passanten zu.

„Sitzen die Leute drüben bei angenehmem Wetter auch draußen, wenn sie Kaffee trinken und Kuchen essen?" fragt Fräulein Hubert.

lüften raise
zum Gruß in greeting
senken bow, lower
sich aussuchen select

die Torte tart
dafür instead
der Passant passerby
zuschauen watch

„Es ist bei uns nicht Brauch", antwortet er. „Man sitzt nachmittags nicht draußen. In Amerika gibt es fast gar keine Konditoreien; es gibt keine richtige Übersetzung für das Wort."

Um fünf Uhr fünfzehn erklärt Bettina, daß sie nach Hause gehen müsse. Richard möchte sie nach Hause bringen, aber sie sagt, daß es nicht nötig sei. Sie wünscht ihm eine angenehme Reise nach Göttingen.

Richard Frisch geht zu seinem Hotel zurück und telefoniert mit der Auskunft des Bahnhofs. Sein Zug geht am nächsten Tag um elf Uhr.

In der Hotelhalle kauft er sich eine Zeitung und liest über politische Probleme in Deutschland: Berlin, nationalistische und linksradikale Gruppen in der Bundesrepublik, die Beziehungen zu der Sowjetunion und Amerika und die Beziehungen der zwei deutschen Staaten zueinander.

In der Hotelhalle kommen und gehen Hotelgäste. Man kann eigentlich die Deutschen und Amerikaner an ihren Koffern erkennen, findet er. Die meisten Deutschen haben noch Lederkoffer oder Koffer aus lederähnlichem Material. Die Damen – so scheint es ihm – tragen weniger Make-up als die Amerikanerinnen. Die Herren sind formeller gekleidet. Überhaupt scheinen die Deutschen anders zu sein, als man in Amerika glaubt. Sein Freund Robert Plattner hatte in Milwaukee gemeint, die Deutschen tragen Lederhosen, trinken Bier und jodeln. Vielleicht war es ein Scherz, als Robert das sagte, aber Richard hat das Gefühl, daß sein Freund halb daran glaubt. Wenn man in ein anderes Land fährt, muß man das Land so vorurteilslos sehen, als wenn Astronauten zum Mond fahren. Man muß versuchen zu vergessen, was man über das Land gehört und gelesen hat.

Richard Frisch geht auf sein Zimmer und telefoniert mit Herrn und Frau Schrader. Er spricht noch einmal seinen herzlichen Dank für alles aus. Herr Schrader kann nicht zum Bahnhof kommen, da er morgen eine wichtige Konferenz hat, und seine Frau muß mit der kleinen Christine

die **Übersetzung** translation	**tragen** have on, use
die **Auskunft** information office	**Make-up** Pronounce as in English.
linksradikal radical left	**formell** formal
zueinander with one another	**jodeln** yodel
erkennen an recognize by	der **Scherz** joke
das **Leder** leather	**vorurteilslos** unprejudiced
ähnlich like	**aussprechen** express

zum Zahnarzt. Am Ende des Telefongespräches sagt Herr Schrader: „Auf Wiederhören."

Richard hat keine Lust zu lesen oder Briefe zu schreiben. Er denkt daran, eine der Schwestern Hubert anzurufen. Aber er weiß nicht welche; auch hat er ihre Telefonnummer nicht. Er geht in die Hotelhalle zurück. Vor dem Fernsehschirm sitzen hundert Leute und schauen einem internationalen Fußballspiel zu. Einige fiebern. Es steht eins zu null gegen Deutschland, aber die deutschen Stürmer greifen immer wieder an. Zehn Minuten später schießt der Mittelstürmer ein Tor. „Tor, Tor, Tor", singt ein junges Mädchen, während sie im Kreis herumtanzt. Nach weiteren fünfzehn Minuten ist Halbzeit. Es steht immer noch eins zu eins.

Er holt sich eine Zeitschrift, liest sie in seinem Zimmer, schreibt doch noch zwei lange Briefe und packt seine Koffer. Er geht zu Bett und legt den Kopf auf das quadratische Kopfkissen. Die Reise nach Göttingen und vieles andere gehen ihm durch den Sinn. Es wird spät, bevor er einschläft.

der **Zahnarzt** dentist	**schießen** shoot
das **Gespräch** conversation	der **Mittelstürmer** center forward
Lust haben feel like	das **Tor** goal
-schirm screen	**quadratisch** square
Fußball soccer	das **Kopfkissen** pillow
fiebern get very excited	**durch den Sinn gehen** think about
der **Stürmer** forward	**einschlafen** fall asleep
angreifen attack	

Exercises

I. **Supply the missing words from the lists preceding the chapter.**

1. In der Hotelhalle setzt sich Richard Frisch in einen ——.
2. Es ist ein —— Sessel.
3. Da er deutsche Artikel liest, ohne zu übersetzen, ist er —— mit sich.
4. Es ist nicht falsch; es ist ——.
5. Man muß auf der Königsallee spazierengehen; —— kann man nicht sagen, daß man in Düsseldorf gewesen ist.
6. Da die Autos so schnell fahren, scheint die —— nicht streng genug zu sein.
7. In den deutschen Jacken sind Taschen, aber in den —— sind keine.
8. Viele Damen tragen —— an den Händen und —— auf dem Kopf.

9. Der Schornsteinfeger macht Schornsteine ——.
10. Wenn man einen Schornsteinfeger sieht, bedeutet es ——.
11. Sie brauchen mich nicht nach Hause zu bringen; es ist wirklich nicht ——.
12. Man muß mich daran erinnern; sonst —— ich es.
13. Astronauten fahren jetzt zum ——.
14. Er hat lange nicht an seine Eltern geschrieben, aber er hat jetzt keine Lust einen —— zu schreiben.
15. Das Spiel stand eins zu —— gegen Deutschland.

II. **Form sentences in the present perfect.**

1. Er / sich setzen / auf / (indef. art.) / bequem / Sessel.
2. Er / verstehen / es / auch / aus / (def. art.) / Zusammenhang / heraus / nicht.
3. Sabine Hubert / kommen / nicht / mit / militärisch / Pünktlichkeit.
4. Er / annehmen / mit / groß / Vergnügen.
5. Wir / vorbeifahren / mit / (def. art.) / Auto.
6. Sie / gehen / auf / weiß / Streifen / über / (def. art.) / Straße.
7. Der erste Präsident / erhalten / vor / einige / Jahren / (def. art.) / Heine-Medaille.
8. „Hans im Glück" / machen / (indef. art.) / groß / Eindruck / auf Richard Frisch.
9. Er / zurückgehen / zu / sein / Hotel.
10. Er / schreiben / doch noch / zwei / lang / Brief (pl.).

III. **Answer briefly.**

1. Erklären Sie, was „Rücksicht auf Washington aber Interesse für Ostpolitik" bedeuten könnte!
2. Ist Fräulein Hubert gekommen oder nicht? Erklären Sie!
3. Was ist zum Beispiel für einen Studenten der deutschen Literatur in Düsseldorf interessant?
4. Beschreiben Sie die Königsallee!
5. Was für einen Eindruck haben Sie von Heinrich Heine?
6. Was bedeutet „Glück" für Sie?
7. Was ist „Himmel und Erde"?
8. Grüßt man in Deutschland mehr oder weniger als in Amerika? Erklären Sie!
9. Über welche politischen Probleme schreibt man zum Beispiel in der Zeitung, die Richard Frisch liest?
10. Warum sitzen so viele Menschen vor dem Fernsehschirm?

Fachwerkhäuser bei Hannover

Kapitel Zehn

Word lists for Chapter Ten

NOUNS

die **Eisenbahn**	railroad	die **Mappe**	briefcase
die **Erinnerung**	memory, recollection	der **Regen**	rain
das **Gebiet**	area, region	der **Staub**	dust
der **Grad**	degree	das **Streichholz**	match

VERBS

aufhören	stop	**schließen**	close, conclude
gießen	pour	**schlucken**	swallow
rauchen	smoke	**wecken**	awaken, evoke
regnen	rain		

OTHER WORDS

flach	flat	**rein**	pure, clean
gegenüber	opposite	**voll**	full, full of
naß	wet		

Man reist weiter mit dem Zug

Obwohl Richard erst spät eingeschlafen ist, fühlt er sich am nächsten Tag frisch und munter. Es regnet andauernd, aber er ist in guter Laune. Heute fährt er ja nach Göttingen. Sogar das kontinentale Frühstück findet er nicht schlecht. Er zahlt seine Hotelrechnung und ruft den türkischen Hausdiener, der ihm täglich die Schuhe geputzt und sonst geholfen hat. Der bringt seine Koffer, hilft ihm in ein Taxi und wünscht ihm in gebrochenem Deutsch noch alles Gute in Deutschland. Richard möchte ihm auch alles Gute in Deutschland wünschen, besonders eine bessere Aussprache des Deutschen, aber er sagt nur „danke". Obwohl er bei der Hotelrechnung die üblichen zehn Prozent für Bedienung bezahlt hatte, gibt er dem freundlichen Türken noch ein Trinkgeld.

Auf dem Bahnhof sieht sich Richard Frisch den Fahrplan an, auf dem die Abfahrtszeiten der Züge und die Gleisnummern stehen. Sein Zug geht von Gleis acht. Da er noch eine halbe Stunde Zeit hat, besorgt er sich etwas zu lesen, geht ins Bahnhofsrestaurant und bestellt eine Fanta. Im „Rheinischen

munter	wide-awake	die **Aussprache**	pronunciation
andauernd	incessantly	der **Fahrplan**	timetable
die **Laune**	mood	die **Abfahrt**	departure
gebrochen	broken	das **Gleis**	track
alles Gute	all the best	die **Fanta**	An orange drink.

116

Merkur" liest er einen Artikel über junge Männer, die sich weigern, Wehrdienst zu leisten. „Tempora mutantur", hatte sein Lateinlehrer in Amerika gesagt.

Zehn Minuten vor elf geht er zu Gleis acht. Der Wagenreihung nach, die er sich dort ansieht, hält der Wagen, in dem er einen reservierten Platz hat, genau in der Mitte. Er hört jemand ärgerlich fragen, ob der Zug auch pünktlich ankommt. Nach einer kleinen Pause erklärt jemand anders: „Bei uns fahren die Züge pünktlich oder überhaupt nicht."

Um elf Uhr sagt ein Beamter mit einer roten Mütze laut und dröhnend: „Bitte zurücktreten! Zug hat Einfahrt auf Gleis acht!" In dreißig Sekunden ist der Zug da. „Alles einsteigen!" Und einige Sekunden später: „Türen schließen!" Der Beamte mit der roten Mütze gibt das Signal. Ein Pfiff, und schon fährt der Zug!

Der Amerikaner zieht sich den nassen Regenmantel aus und nimmt in einem Nicht-Raucher-Abteil erster Klasse Platz. In den Gepäcknetzen liegen vier Mappen. Gibt es wohl in Deutschland einen Mann, der keine Mappe mitnimmt, wenn er von zu Hause weggeht? In einigen Minuten kommt ein Schaffner ins Abteil und fragt: „Ist hier noch jemand zugestiegen?" Richard zeigt ihm die Fahrkarte, und der Schaffner sagt: „Wir sind um 14.56 in Hannover. Ihr Zug nach Göttingen geht um 15.05 von Gleis sechs. Gute Fahrt!"

Zwei Herren lesen im Abteil Illustrierte. Einige Illustrierte haben in Deutschland Millionenauflagen. Eine Dame liest die „Bild-Zeitung". Die „Bild-Zeitung" hat eine Auflage von fünf Millionen, aber er kann die sensationelle Aufmachung der „Bild-Zeitung" nicht leiden. Er liest lieber „Die

sich **weigern**   refuse
Wehrdienst leisten   perform military
service
tempora mutantur   times change
die **Wagenreihung**   arrangement of cars
ärgerlich   irritably
die **Mütze**   cap
dröhnend   reverberantly
Einfahrt haben   arrive
einsteigen   aboard

der **Pfiff**   whistle
der **Mantel**   coat, overcoat
das **Gepäcknetz**   luggage rack
von zu Hause weggehen   leave the house
zusteigen   come aboard
die **Illustrierte**   illustrated magazine
die **Auflage**   edition
die **Aufmachung**   makeup
nicht leiden können   dislike

Zeit", „Die Welt", die „Frankfurter Allgemeine" und die „Süddeutsche Zeitung".

Da eine Dame, die im Abteil sitzt, schwarze Trauerkleidung trägt, wie man sie oft in Deutschland sieht, denkt er an die Traueranzeigen in den Zeitungen. Gestern abend waren mehrere Seiten mit Traueranzeigen in der Düsseldorfer Zeitung. Da standen zwei Traueranzeigen für einen Fabrikanten mit dem Namen August Buttermilch, eine von seiner Familie und die andere von seiner Fabrik. Sie füllten eine halbe Seite der Zeitung. In Gedanken vertieft sieht er aus dem Fenster, während der Zug mit hoher Geschwindigkeit durch das Industriegebiet fährt. Ein junger Mann in weißer Jacke geht durch den Zug und ruft: „Platzkarten zum ersten Mittagessen." Das erste Mittagessen ist um zwölf, das zweite um dreizehn Uhr. Richard nimmt eine Platzkarte für das erste und geht zum Speisewagen, sobald er den Gong hört.

Man placiert ihn an einen Tisch gegenüber einer älteren Dame. Richard macht eine Verbeugung, die etwas steif ist. Er hat ja wenig Übung. „Gestatten Sie bitte?" Die Dame nickt, und er nimmt Platz. Auf der Speisekarte stehen drei Menüs.

Menü I
Rindfleisch, gekocht, mit Meerrettichsoße DM 8.00
Menü II
Schinken in Burgunder, Bohnensalat DM 8.00
Menü III
Rahmschnitzel mit Pfifferlingen, Kartoffel-Püree DM 10.00

---

die **Trauer** mourning	die **Übung** practice
die **Traueranzeige** obituary	das **Menü** regular lunch or dinner
der **Fabrikant** manufacturer	**Rindfleisch . . .** boiled beef
füllen take up	**Meerrettich-** horseradish
in Gedanken vertieft lost in thought	der **Schinken** ham
die **Platzkarte** seat ticket	der **Burgunder** burgundy
der **Speisewagen** dining car	die **Bohne** (green) bean
sobald as soon as	**Rahm-** cream (sauce)
placieren place	**Pfifferlinge** (yellowish small) mushrooms
steif stiff	**Püree** mashed

Ein Speisewagen der Deutschen Bundesbahn

Da Richard Schnitzel immer gern ißt, bestellt er Rahmschnitzel mit
Pfifferlingen, die man wegen ihrer gelben Farbe auch Gelblinge nennt. Die
Dame wählt Schinken in Burgunder und Bohnensalat.

Der Kellner serviert allen Gästen im Speisewagen eine Markklößchen-
Suppe. Die Dame ißt sie von der Spitze des Löffels.

Sobald man die Suppe gegessen hat, bringt der Kellner den zweiten Gang.
Ein schnelles Tempo! Das Dessert ist Rote Grütze mit Sahne. Nach dem
Essen möchte die Dame rauchen. Richard gibt ihr Feuer; er hat zum Glück
Streichhölzer in der Tasche, obwohl er selber nicht raucht. Die Dame sagt
„danke", aber sonst nichts und sieht aus dem Fenster. Er bemerkt, daß sie
einen goldenen Ring am Finger der rechten Hand hat. Fünf Minuten später
zahlt sie die Rechnung; der Ober sagt: „Vielen Dank, gnädige Frau", sie

die **Farbe** color	der **Gang** course
wählen choose	**Rote Grütze** fruit-flavored pudding
das **Mark** marrow	**Feuer** a light
die **Spitze** tip	**sonst nichts** nothing else
der **Löffel** spoon	**gnädige Frau** (gracious) madam

nickt Richard zu und verläßt den Speisewagen. Er zahlt auch und geht. Auf dem Weg zu seinem Abteil muß er durch mehrere Wagen der zweiten Klasse, die gedrängt voll sind. Manche stehen in dem engen Korridor. Viermal sagt er: „Gestatten Sie bitte!" Bevor er in sein Abteil geht, möchte er etwas Wasser trinken. Er geht in die Toilette, aber dort steht: „Kein Trinkwasser." In Europa Trinkwasser zu bekommen, ist nicht leicht. Da im Speisewagen jetzt das zweite Mittagessen serviert wird, will er nicht wieder dorthin. Im übrigen findet er den Zug modern und sauber, und er braucht keinen Staub zu schlucken! Bei den kleinen Entfernungen in Europa reist man weiter mit dem Zug, während man in Amerika immer weniger mit der Eisenbahn fährt.

An der nächsten Station kommt ein Offizier ins Abteil und fragt: „Gestatten Sie bitte, ist hier noch ein Platz frei?" Die Herren im Abteil nicken, aber man kann es kaum sehen: sie murmeln etwas, was sich wie „ja" anhört, aber man kann es kaum verstehen.

Der Zug fährt an flachen goldenen Feldern vorbei. Die Bauernhäuser sind rot und massiv mit blauem Fachwerk und hohen steilen Dächern. Die Häuser stehen nicht so allein, wie er es aus Amerika kennt.

Bei der hohen Geschwindigkeit des Zuges fährt man nach kurzer Zeit durch die Vororte Hannovers an kleinen, verlassenen Bahnhöfen vorbei. Im Zentrum der Stadt sieht man nur wenig alte Gebäude, dafür aber zahlreiche Neubauten. Auf dem Hauptbahnhof Hannovers nimmt er seine beiden Koffer und steigt aus. Draußen gießt es. Auf dem Weg zu Gleis sechs muß er an seinen amerikanischen Deutschlehrer denken, der aus Hannover stammte und immer wieder erklärte: „In Hannover spricht man das reinste Hochdeutsch." Aus seinen Geschichtsbüchern weiß er, daß die englischen Könige aus Hannover stammen. Im Wappen des englischen Königshauses, das jetzt Windsor heißt, stehen die deutschen Worte „Ich diene".

---

verlassen leave	der **Vorort** suburb
gedrängt voll crammed full	**verlassen** deserted
dorthin (go) there	**aussteigen** get off
im übrigen for the rest	**stammen aus** be from
sich anhören sound	das **Geschichtsbuch** history book
das **Feld** field	**dienen** serve
steil slanting, steep	

Auf Gleis sechs hat der Zug nach Göttingen pünktlich Einfahrt. „Bitte zurücktreten" und dann „Alles Einsteigen – Türen schließen!" Richard Frisch kann die Worte auswendig. Zwei Minuten später fragt ein Schaffner wieder: „Ist hier noch jemand zugestiegen?"

Die Fahrt nach Göttingen im „Blauen Enzian", der von Hamburg nach München fährt, dauert vierzig Minuten. Zu beiden Seiten des Zuges liegen Kornfelder; in der Ferne sieht man eine Burg. In Amerika gibt es ebenso schöne Landschaften wie in Europa, aber es fehlen dort die Burgen, Schlösser, Kirchen und Klöster, die Erinnerungen an eine zweitausend Jahre alte Kultur wecken.

Der „Blaue Enzian" fährt pünktlich im Göttinger Bahnhof ein. Der Amerikaner sieht keine Gepäckträger, weder deutsche noch türkische. Ihm ist mit seinen zwei Koffern sehr warm. Es hat aufgehört zu regnen, und das Thermometer zeigt fünfundzwanzig Grad Wärme im Schatten. In Deutschland gilt die Thermometer-Skala des Schweden Celsius, während in Amerika die Skala des Deutschen Daniel Fahrenheit gilt. Richard Frisch rechnet schnell: fünfundzwanzig durch fünf ist fünf, fünf mal neun ist fünfundvierzig, fünfundvierzig und zweiunddreißig ist siebenundsiebzig Grad Fahrenheit. In seinem Reiseführer steht, daß es in Deutschland selten so warm wird.

auswendig können know by heart
der Enzian gentian
Der „Blaue Enzian" The name of a train.
Korn- grain
die Ferne distance
die Burg castle
die Landschaft landscape, scenery
einfahren in enter
der Gepäckträger porter

weder . . . noch neither . . . nor
ihm ist warm he feels warm
die Wärme heat
gelten apply, be used
die Skala scale
der Schwede Swede
rechnen figure
der Reiseführer travel guide

Exercises

I. **Supply the missing words from the lists preceding the chapter.**

1. Die Sonne scheint nicht; es ——.
2. Der Zug ist pünktlich ——.
3. Man muß die Türen ——, bevor der Zug weiterfährt.

4. Der Amerikaner —— nicht Zigaretten.
5. Nimmt wirklich jeder Deutsche eine —— mit, wenn er von zu Hause weggeht?
6. Es ist viel Industrie in dem ——, durch das der Zug fährt.
7. Im Speisewagen sitzt er an einem Tisch mit einer älteren Dame.
   Sie sitzt nicht neben ihm; sie sitzt ihm ——.
8. Er gibt der Dame Feuer, denn er hat —— in der Tasche.
9. In Amerika fahren die Menschen wenig mit der ——. Sie fliegen meist.
10. In Hannover regnet es stark; es ——.
11. Da es regnet, ist sein Regenmantel ——.
12. In Göttingen regnet es nicht; es hat —— zu regnen.
13. In dem Gebiet waren viele Felder; es ist ——.
14. Es ist sehr warm; das Thermometer zeigt fünfundzwanzig —— Wärme.
15. Ich will früh aufstehen; man soll mich früh ——.

II. **Form sentences in the present perfect.**

1. Er / rufen / (def. art.) / türkisch / Hausdiener.
2. Der Hausdiener / bringen / sein / Koffer (pl.).
3. Er / geben / (def. art.) / freundlich / Türke / (indef. art.) / Trinkgeld.
4. Richard / haben / (indef. art.) / reserviert / Platz.
5. Die Anzeige / sein / von / (def. art.) / Familie.
6. Man / placieren / Richard / an / (indef. art.) / Tisch / gegenüber / (indef. art.) / Dame.
7. Der Zug / vorbeifahren / an / flach / golden / Feld (pl.).
8. Er / haben / Streichhölzer / in / (def. art.) / Tasche.
9. Richard / denken / an / (def. art.) / Deutschlehrer.
10. Er / sehen / nicht / (indef. art.) / Gepäckträger.

III. **Answer briefly.**

1. Wie ist das Wetter?
2. Fahren die Züge pünktlich?
3. Was nimmt jeder Deutsche mit, wenn er von zu Hause weggeht? Was ist wohl darin?
4. Was ist der Unterschied zwischen Illustrierten und Zeitungen?
5. Beschreiben Sie das Land und die Gebiete, durch die der Zug fährt!
6. Was kann man zum Beispiel im Speisewagen essen?
7. Warum reist man in Europa weiter mit der Eisenbahn?
8. Welche Bedeutung hat die Stadt Hannover für Richards Lehrer?
9. In Amerika sind ebenso schöne Landschaften wie in Europa. Was ist aber anders?
10. Wird es in Deutschland meist so warm wie in Amerika?

Kapitel Elf

Word lists for Chapter Eleven

NOUNS

der **Berg**	mountain	die **Mühe**	effort, trouble
die **Briefmarke**	(postage) stamp	der **Ort**	place, spot
die **Brücke**	bridge	das **Pfund**	pound
das **Dorf**	village	die **Schwierigkeit**	difficulty
der **Ernst**	seriousness, gravity	der **Wald**	woods, forest
die **Freundschaft**	friendship	die **Weile**	while
die **Mode**	fashion(s), style	die **Wolke**	cloud
der **Mondschein**	moonlight		

VERBS

sich **denken**	imagine, think to oneself	**ruhen**	rest
pflegen	nurse, take care of	**schmerzen**	hurt
pflücken	pick	**wiegen**	weigh

Das Dorf Herberhausen

OTHER WORDS

billig	cheap	**nah**	nearby, close
grau	grey	**unten**	below
her	ago	**wahr**	true

Universitätsstadt im Grünen

Bis jetzt hat Walter Guest nur die Straßen und Gebäude Göttingens gesehen. Warum es „Universitätsstadt im Grünen" heißt, erfährt er erst am Sonntag. Am Vormittag holen ihn die Geschwister Neubauer zu einem Spaziergang ab. Ingrid Möller ist auf dem Weg nach Hamburg, aber Fritz und Christa Neubauer haben eine Studentin mitgebracht, die Gaby Winter heißt und Germanistik studiert.

Sie machen einen Spaziergang in den Hainberg und gehen den Hainholzweg entlang, wo Generationen von Göttingern und Nicht-Göttingern Spaziergänge gemacht haben. Zu verschiedenen Zeiten konnte man den Autor geistreicher Aphorismen Lichtenberg, Goethe, die Märchendichter Grimm, Heinrich Heine und viele andere auf diesen Wegen treffen.

Sie gehen unter schattigen Bäumen langsam bergauf. Von den Heckenrosen, die am Wege stehen, pflücken Fritz Neubauer und Walter Guest Sträuße, die sie den Damen überreichen.

„Da Sie in Amerika Germanistik studiert haben", sagt Gaby Winter zu

der **Hain**	grove	**bergauf**	uphill
das **Holz**	wood, thicket	die **Heckenrose**	dog rose
geistreich	witty	**überreichen**	hand, give

Walter Guest, „ist Ihnen der Name ‚Göttinger Hainbund' wahrscheinlich bekannt. Dichter-Studenten gründeten den Bund hier im Jahre 1772, trafen sich oft und lasen ihre Gedichte vor."

„Warum gerade hier?"

„Wir haben wohl heute wenig Gefühl für das, was man romantische Überspanntheit nennt. Im Mondschein waren sie in einem Eichenhain zusammengekommen, um ‚den Bund der Freundschaft unter diesen heiligen Bäumen zu schwören'. Sie waren gegen den Rationalismus des achtzehnten Jahrhunderts, gegen die Konventionen und steifen Formen der Gesellschaft."

Walter Guest kennt manche Gedichte der Göttinger Dichter. Die Motive sind Freundschaft, Liebe, wahres Gefühl, Natur und Natürlichkeit. „Sie sind zum Teil charakteristisch", meint er. „Ich spreche von der deutschen Liebe zur Natur, besonders zum Wald. Die Liebe zur Waldlandschaft scheint unter den Deutschen sehr ausgeprägt zu sein."

Gaby Winter fragt ihn, ob er weiß, daß man die Wälder systematisch pflegt. „Man kann in den meisten deutschen Wäldern spazierengehen, ohne sich durch Unterholz durchzukämpfen."

Zur Mittagszeit kommen sie zum Hainholzhof, einem ländlichen Gasthaus. Hierher wandern am Sonntag, wenn das Wetter schön ist, die Göttinger Bürger, Studenten und die Bauern aus den Dörfern der Umgegend. Es liegt mitten im Walde. An den Wänden der Gaststube hängen Geweihe. Der freundliche Wirt begrüßt Christa, fragt sie nach ihren Eltern und schlägt vor, daß die Herrschaften bei dem schönen Wetter draußen sitzen. Sie nehmen an einem weißgedeckten Tisch unter Bäumen Platz. Die Damen bestellen Kalbsbraten, Reis und Tomatensalat, die Herren Jägerschnitzel mit Steinpilzen und grünen Salat mit Zitronensaft. „Das Dessert ist Ihnen be-

-bund league, alliance	**wandern** hike
gründen found	der **Bürger** citizen
vorlesen read (aloud)	**mitten in** in the middle of
das **Gedicht** poem	die **Gaststube** main room
die **Überspanntheit** extravagance	das **Geweih** antlers
heilig sacred	**gedeckt** set
schwören swear	der **Kalbsbraten** roast veal
ausgeprägt pronounced	das **Jägerschnitzel mit Steinpilzen** veal
das **Unterholz** underbrush	cutlet with mushrooms and sour cream
sich **durchkämpfen** fight one's way through	die **Zitrone** lemon

stimmt neu", erklärt Christa Neubauer. „Es ist Buttermilchspeise mit Vanillensoße. Es sieht rot aus, denn man nimmt rote Gelatine für die Buttermilchspeise."

Nach dem Essen wandern sie weiter. Weiße Wolken ziehen am Himmel dahin. Von den Menschen, die unterwegs sind, kennen sich viele; denn immer wieder sieht man Schütteln der Hände und Lüften der Hüte. Kinder, Frauen und Männer sind sonntäglich angezogen; ältere Herren haben einen Spazierstock. Nach kurzer Wanderung sehen sie das Dorf Herberhausen unter sich liegen. Der Weg geht ziemlich steil bergab. Von Herberhausen aus gehen sie einen anderen Weg, an Kornfeldern entlang, nach Göttingen zurück. Die weißen Wolken erinnern Guest an Verse Hermann Hesses, die er im letzten Semester gelesen hatte. Einmal konnte er sie auswendig, aber jetzt weiß er nur noch die eine Strophe:

> Kein Mensch kann sie verstehen,
> Dem nicht auf langer Fahrt
> Ein Wissen von allen Wehen
> und Freuden des Wandern ward.

Er hat nicht lange Zeit, seinen Gedanken nachzuhängen; denn Fritz und Christa Neubauer und Gaby Winter erzählen und lachen. In der Ferne wird der Turm der Jakobikirche sichtbar. Die Beine schmerzen ihm. Als er dreizehn Jahre alt war, ist er einmal als Pfadfinder vierzehn Meilen an einem Tag gelaufen, aber das ist schon sieben Jahre her. Sonst hatte er sich in den Wagen gesetzt, auch wenn er nur einen Brief zur Post brachte.

Schnell vergehen die Tage. Er liest die Broschüren und eine Geschichte Göttingens, die er sich kaufte. Er blättert auch in Heinrich Heines „Harz-

-speise pudding, dish
nehmen use
dahinziehen drift
unterwegs out walking
das Schütteln shaking
das Lüften raising
sonntäglich angezogen dressed in their Sunday best
der Spazierstock walking stick, cane

bergab downhill
sie = die Wolken
das Wehe woe, discomfort
ward gained
seinen Gedanken nachhängen be immersed in his thoughts
sichtbar visible
der Pfadfinder boy scout
vergehen pass

Die Zonengrenze bei Friedland. Im Hintergrund ein Wachtturm

reise" vom Jahre 1824. Die Worte Heines sind weder in den Broschüren noch in den Geschichtsbüchern zu finden. Seine Betrachtungen beginnen: „Die Stadt Göttingen, berühmt durch ihre Würste und Universität, gehört dem König von Hannover und enthält 999 Feuerstellen, diverse Kirchen ... und einen Ratskeller, wo das Bier sehr gut ist ... Die Stadt selbst ist schön und gefällt einem am besten, wenn man sie mit dem Rücken ansieht ... Im allgemeinen werden die Bewohner Göttingens eingeteilt in Studenten, Professoren, Philister und Vieh, welche vier Stände doch nichts weniger als streng geschieden sind." Die Namen aller Studenten und Professoren kann Heine nicht nennen: „... nicht alle Studentennamen (sind mir) im Gedächtnis, und unter den Professoren sind manche, die noch gar keinen Namen haben."

Bevor er weiterlesen kann, kommen die beiden Neubauers, um ihn zu einer „Kaffeefahrt" abzuholen. Jeden Mittwoch, Sonnabend und Sonntag veranstaltet die Bundesbahn „Kaffeefahrten". Die Fahrkarte, der Kaffee

Harz Harz mountains	der **Stand** class
die **Betrachtung** observation	**nichts weniger als streng geschieden** anything but strictly separated
enthalten contain	
die **Feuerstelle** fireplace	das **Gedächtnis** memory, mind
einteilen divide	**veranstalten** arrange
das **Vieh** cattle	die **Bundesbahn** Federal Railway

und der Kuchen sind billiger als sonst. Da der Zug in einer halben Stunde geht, fahren sie mit dem Bus zum Bahnhof. An der Haltestelle stehen Papierkörbe; die Leute werfen ihre Fahrkarten dort hinein, wenn sie aus dem Bus aussteigen. Auf dem Bahnhof treffen sie Monika Kahlenfeld, die sich ihre Fahrkarte schon besorgt hat. Fritz Neubauer besorgt drei weitere Karten, sie gehen zum Bahnsteig und steigen drei Minuten später in den Personenzug ein.

Die Mädchen haben sich viel zu erzählen; denn die Verlobung Monikas beschäftigt sie. Fritz und Walter unterhalten sich über die Landschaft, durch die der Zug fährt. Die Felder sind kleiner als die Felder Amerikas, und man sieht mehr Dörfer. Fritz zeigt auf zwei bewaldete Berge: „Die Burg auf dem ersten Berg ist der Ludwigstein und die dort auf dem anderen ist der Hanstein. Aber der Hanstein liegt schon in der DDR, der Deutschen Demokratischen Republik." Walter sieht einen kahlen Streifen Land, den Todesstreifen. Dahinter stehen Wachttürme.

die **Haltestelle** stop	**beschäftigen** occupy (one's thoughts)
-korb basket	**bewaldet** wooded
sich **besorgen** get, buy	**kahl** bare
der **Bahnsteig** platform	der **Streifen** strip
der **Personenzug** local train	der **Wachtturm** watch tower

Der Kurpark in Bad Sooden-Allendorf

Der Zug fährt eine kleine Weile an der deutsch-deutschen Grenze entlang und dann durch dichte Wälder, bis sie in einem kleinen Ort halten, wo man in einen anderen Zug umsteigt. Eine Viertelstunde später sind sie in Bad Sooden-Allendorf. Auf dem Weg zum Kurpark erklärt Christa: „Sooden ist nicht so elegant wie Wiesbaden oder Baden-Baden, aber sehr beliebt und nicht weniger reizvoll. Der römische Historiker Tacitus schrieb im Jahr 97 nach Christus vom Baden und von Salzbädern in ‚Germania'. Er meinte wahrscheinlich die Gegend um Sooden-Allendorf. Heute ist es ein Bad für Asthma, Katarrh und Rheumatismus. Die Kurgäste, die hierher kommen, nehmen Bäder und Packungen, sie inhalieren die salzige Luft und trinken das Mineralwasser. Es gibt Ganzmassagen, Teilmassagen und auch Unterwassermassagen."

umsteigen change
das Bad spa, watering place
der Kurpark park (of the spa)
reizvoll attractive
römisch Roman

nach Christus A.D.
der Kurgast person taking the cure
die Packung poultice
Ganz- complete

Das Gradierwerk in Bad Sooden-Allendorf

In Deutschland ist es immer noch Mode, eine „Kur zu machen". Walter weiß davon, geht auch in das Gradierwerk und inhaliert die salzige Luft, obwohl er nicht davon überzeugt ist, daß es ihm gut tut. Monika Kahlenfeld spürt, daß er skeptisch ist: „Die Deutschen haben eine Manie für Bäder und meinen, sie seien gut für die Gesundheit. Unsere Krankenkassen schicken Tausende von Menschen jährlich in Badeorte und bezahlen für die Kur. Wissen Sie übrigens, daß jeder Deutsche, der arbeitet, einer Krankenkasse angehört? Der Arbeitgeber zahlt die eine Hälfte und der Arbeitnehmer die andere Hälfte."

Sie gehen durch den Kurpark mit seinen vielen Blumenbeeten und Bänken, auf denen die Kurgäste sitzen und ruhen. Vor dem Kurhaus auf der

machen take
das Gradierwerk "salt house"
überzeugt convinced
die Manie mania
die Krankenkasse (national) health insurance

angehören belong to
der Arbeitgeber employer
der Arbeitnehmer employee
das Beet bed
die Bank bench
das Kurhaus spa hotel, casino

Terrasse sitzen Leute an den Tischen unter roten Sonnenschirmen. Christa und Monika gehen in das Kurhaus, um den Kuchen auszusuchen. Sie nehmen an einem Tisch Platz und geben dem Ober die Zettel für den Kuchen. „Mit oder ohne?" fragt er. „Mit, bitte", sagt Fritz. Der Ober bringt den Kuchen also mit Schlagsahne, obwohl Walter protestiert. Das Orchester spielt Operettenmelodien.

Da sich Walter Ansichtskarten besorgen möchte, machen sie nach einer Promenade im Kurpark einen Spaziergang durch Bad Sooden-Allendorf, das aus zwei Teilen besteht: Sooden und Allendorf. Die engen Straßen, die Fachwerkhäuser und die nahen Berge sehen aus wie Theaterkulissen. Die Häuser haben Blumenkästen und die Geschäfte buntgestreifte Sonnendächer. Von einer Brücke aus, die über das Flüßchen Werra führt, schauen sie auf die Häuser, die wie Spielzeuge am Ufer stehen. Sie sehen sauber und gepflegt aus, obwohl manche einige Jahrhunderte alt sind. Am verträumten Marktplatz Allendorfs scheint das Leben still zu stehen; der Geist vergangener Jahrhunderte ist hier gegenwärtig.

Nachdem Walter sich Ansichtskarten und Briefmarken besorgt hat, wandern sie langsam zum Bahnhof zurück. Zehn bis zwölf ältere Damen in Kostümen, meist grau, warten auf den Zug, der sie nach Göttingen zurückbringen soll. Walter Guest steigt auf eine Waage. Er wiegt 75 Kilo, 150 deutsche Pfund; zehn Prozent ist 15, also wiegt er 165 amerikanische Pfund. So viel hatte er auch in Amerika gewogen.

Der Zug fährt durch die friedliche Landschaft nach Göttingen zurück. Während sie an den Wachttürmen des Ostens vorbeifahren, ist bedrückendes Schweigen.

„Was haben Sie in der Schule über die DDR gelernt?" fragt er Monika Kahlenfeld.

der **Sonnenschirm** parasol
der **Zettel** slip (of paper)
bestehen aus consist of
-kulisse scene, setting
buntgestreift colored striped
das **Sonnendach** awning
das **Spielzeug** toy
das **Ufer** bank
gepflegt well cared for

verträumt lost in revery
der **Geist** spirit
vergangen past
gegenwärtig present, alive
die **Waage** scale(s)
friedlich peaceful
bedrückendes Schweigen oppressive silence

„Wahrscheinlich habe ich kein realistisches Bild", erwidert sie. „Aber drüben", sie zeigt auf die Wachttürme, „hat man bestimmt ein falsches Bild von uns in der Bundesrepublik."

„Stimmt es, daß die Frauen in der DDR wirklich gleichberechtigt sind?" „Die Frage kann ich nicht beantworten. Man soll sich drüben Mühe geben", meint Monika. Sie fügt aber hinzu: „Hier jetzt auch! Übrigens ist jeder dritte Arbeitnehmer in der Bundesrepublik eine Frau, und fast dreißig Prozent der Universitätsstudenten sind Frauen."

Walter Guest lächelt und meint: „Amerikaner heiraten gern deutsche Frauen. Man hält sie für weich und lieb."

„Glauben Sie doch das nicht!" Ein Lächeln fliegt über ihr Gesicht. Walter Guest hatte sich schon gedacht, daß die lustige Monika dem Ernst ein kurzes Ende machen würde. „Wir werden hart gegen unsere Männer. Jahrhundertelang haben sie uns unterdrückt. Und die Unterdrückten von gestern werden die Unterdrücker von morgen."

Er schaut in ihre lachenden Augen und weiß nicht, wo der Scherz aufhört und der Ernst beginnt.

gleichberechtigt sein have equal rights
sich **Mühe geben** make an effort
ein kurzes Ende machen put a quick
end to

hart hard, tough
unterdrücken oppress

Exercises

I. **Supply the missing words from the lists preceding the chapter.**

1. Am Wege stehen Heckenrosen; Fritz und Walter —— einige und überreichen sie den Damen.
2. Die Dichter-Studenten waren Freunde; sie haben selbst den Bund der —— geschworen.
3. Wenn man die Natur liebt, so liebt man die Bäume und den ——.
4. Die Dichter waren nicht am Tage im Sonnenschein, sondern am Abend im —— zusammengekommen.
5. In einer Stadt leben viele Menschen; in einem —— leben relativ wenige Menschen.
6. Die Sonne scheint, aber am Himmel sind weiße ——.

7. Das Dorf Herberhausen liegt nicht oben auf dem Berg, sondern ——.
8. Eine Kaffeefahrt kostet nicht viel Geld; es ist ——.
9. Da er so viel gelaufen ist, —— ihm die Beine.
10. Wenn es vor sieben Jahren war, dann ist es sieben Jahre ——.
11. Die Kirche ist nicht weit von hier; sie ist sehr ——.
12. Eine —— führt über den kleinen Fluß.
13. Er wiegt 165 amerikanische ——.
14. Wenn die lustige Monika spricht, weiß man nicht, wo der Scherz aufhört und der —— beginnt.

II. **Form sentences in the future tense.**

1. Ingrid Möller / zurückfahren / nach Hamburg.
2. Fritz und Christa Neubauer / mitbringen / eine andere Studentin.
3. Sie / machen / einen Spaziergang in den Hainberg.
4. Wir / essen / in einem ländlichen Gasthaus.
5. Ich / mitgehen / bestimmt.
6. Der Weg / gehen / steil bergab.
7. Er / haben / Zeit.
8. Er / lesen / die Broschüren und eine Geschichte Göttingens.
9. Ich / werfen / die Fahrkarte in den Papierkorb.
10. Wir / einsteigen / in den Personenzug.
11. Monika Kahlenfeld / mitkommen / auch.
12. Sie / trinken / alle im Kurpark Kaffee.

III. **Answer briefly.**

1. Welche Schriftsteller haben zum Beispiel hier Spaziergänge gemacht?
2. Was war der „Göttinger Hainbund"?
3. Was für eine Rolle spielt der Wald in der Literatur und überhaupt in Deutschland?
4. Wie kommt es, daß Walter Guest hier an Hermann Hesse denkt?
5. Hat er in Amerika auch oft lange Wanderungen gemacht?
6. War Heinrich Heine wohl gerne in Göttingen?
7. Was ist eine „Kaffeefahrt"?
8. Was ist die deutsch-deutsche Grenze? Was sieht man?
9. Was bedeutet eine „Kur machen"?
10. Sieht Bad Sooden-Allendorf wie ein modernes Städtchen aus? Beschreiben Sie es kurz!
11. Was sind Wachttürme? Warum stehen sie da?
12. Hat man in den zwei Teilen Deutschlands wohl das richtige Bild voneinander?

Kapitel Zwölf

Word lists for Chapter Twelve

NOUNS

das **Amt**	office	der **Rundfunk**	radio, broadcasting
der **Anzug**	suit		system
die **Menge**	crowd, amount	der **Scheck**	check
das **Motorrad**	motorcycle	der **Schnupfen**	(head) cold
das **Postamt**	post office		

VERBS

erscheinen	appear	**sparen**	save
merken	notice	**ziehen**	go

OTHER WORDS

trotzdem	anyway, in spite of the fact

Göttingen. Die Junkernschenke in der Barfüßerstraße

Die Post hat ganz andere Funktionen

Donnerstag nachmittag geht Walter Guest wieder in die Stadt, um eine Buchhandlung zu besuchen. Auf dem Wege zum Geschäft sieht er eine Menschenmenge vor der Aula am Wilhelmsplatz stehen. Es kommt gerade ein junger Mann in einem schwarzen Anzug heraus. Verschiedene junge Leute gratulieren ihm, er steigt in einen Eselskarren, und seine Freunde gehen hinterher durch die Straßen. Ein Student merkt, daß der Amerikaner nicht weiß, worum es sich handelt, und erklärt: „Die Freunde eines frisch-gebackenen Doktors warten auf ihn, wenn er aus dem Examen kommt, und ziehen mit dem Eselskarren durch die Stadt. Es ist ein alter Brauch, der in den größeren Städten ausgestorben ist."

Der Karren und die Menschen ziehen um die Ecke, und Walter Guest geht in die Buchhandlung, die mehrere hundert Meter weiter in derselben Straße liegt. Unter den Tausenden von Bänden sind viele ihm unbekannte Titel. Er blättert in einigen Büchern: „Wandlungen der deutschen Familie der Gegenwart", „Die skeptische Generation. Eine Soziologie der deutschen Jugend", und „Sind wir noch das Volk der Dichter und Denker?", „Deformierte Gesellschaft? Soziologie der Bundesrepublik Deutschland."

die **Buchhandlung** book store	**aussterben** die out
die **Menschenmenge** crowd	der **Band** volume
gratulieren congratulate	die **Wandlung** change
der **Eselskarren** donkey cart	die **Gegenwart** present
hinterhergehen follow	**deformiert** deformed

Beim Blättern in einem fünften Band, „Deutschland. Kulturelle Entwicklungen seit 1945" hört er jemand mit einem leichten Akzent fragen, ob es schon ein Vorlesungsverzeichnis für das Wintersemester gibt. Der Aufschlag des Anzugs ist amerikanisch. „Wo sind Sie in Amerika zu Hause?" fragt Walter Guest.

„Ich komme aus Milwaukee", antwortet der junge Mann mit einer heiseren Stimme; er hat einen Schnupfen. „Richard Frisch. Ich bin erst seit zwei Tagen hier."

„Walter Guest. Ich bin aus Philadelphia. Soll ich Sie eigentlich mit ‚Sie' oder mit ‚du' anreden? Wir könnten auch Englisch sprechen."

„Sprechen wir Deutsch, da Sie es selber so gut können! Ich möchte in der Übung bleiben. Bei dem Duzen ist mir übrigens nicht klar, wer damit beginnt."

„Soviel ich weiß", erklärt der Student aus Philadelphia, „bietet der Ältere dem Jüngeren, der mit dem höheren Rang dem mit dem niederen das ‚Du' an. Zwischen Damen und Herren geht es vom Herren aus, es sei denn, daß die Dame weit älter ist. Hier kennen sich aber Menschen ein ganzes Leben lang, arbeiten am gleichen Arbeitsplatz und sagen trotzdem immer noch ‚Sie'."

„War das immer so?"

„Über die historische Entwicklung habe ich vor zwei Semestern in einer Vorlesung manches über ‚Die Geschichte der deutschen Sprache' gelernt. Die ursprüngliche Form der Anrede war das ‚Du'." Guest doziert wie ein Professor. „Später erschienen in der Zeit des Feudalismus Pluralformen: Kaiser und Könige und Fürsten sprachen von sich als ‚wir' und wurden mit ‚Ihr' angesprochen. Erst im siebzehnten und achtzehnten Jahrhundert bürgerte sich das ‚Sie' ein, und zwar im Singular und im Plural mit der Pluralform des Verbs."

die **Entwicklung** development	der **Rang** (social) position
das **Vorlesungsverzeichnis** semester schedule	**nieder** low
	es sei denn unless
der **Aufschlag** lapel	**weit** much
heiser hoarse	**ursprünglich** original
anreden address	**dozieren** lecture
duzen say "du"	sich **einbürgern** come into use

„Hier hat sich nichts geändert?"

„Grammatisch nicht, aber den jungen Menschen von heute fällt es leichter als ihren Großeltern, ‚du' zu sagen. Kennen Sie eigentlich schon Leute hier?"

„Wenige", erwidert Richard Frisch. „Ich bin noch nicht lange hier."

„Das bringt mich auf eine Idee. Möchten Sie heute abend ins Theater gehen? Es gibt Friedrich Dürrenmatts ‚Die Physiker'. Ich gehe mit deutschen Bekannten hin. Besorgen Sie sich eine Karte, und ich stelle Sie meinen Bekannten vor. Haben Sie Lust?" fragt Walter Guest.

„Gern", erwidert Richard Frisch sofort. „Bevor ich zur Theaterkasse gehe, muß ich aber noch zur Post. Haben Sie Zeit mitzukommen?"

Auf dem Weg zur Post unterhalten sie sich über Theater, Fernsehen und Rundfunk und über Sendungen ohne Reklame.

Da Richard Frisch ein Zimmer für das Wintersemester sucht, beschreibt ihm Walter Guest das altmodische, schloßartige Haus des Dr. Harder und meint, Richard solle sich das noch freie Zimmer ansehen.

Vor dem Postamt steht ein Dutzend Fahr- und Motorräder. Neben dem Eingang sind Telefonzellen und an der Wand Telefonbücher von ganz Deutschland, Ost und West. Vor jedem Schalter neben den Telefonzellen liest man die Worte: ‚Ferngespräche, Telegramme.' An einem anderen stehen nur ältere Leute; sie warten auf die ‚Auszahlung von Renten'. An einem dritten Schalter lesen sie Worte, die beiden fremd sind: ‚Postlagernde Sendungen, Postwertzeichen in kleineren Mengen.' Für ‚Postwertzeichen' hatten sie das Wort ‚Briefmarke' gelernt. Da mehrere Leute vor ihnen stehen, müssen sie fünf Minuten warten, bis sie an den Schalter kommen.

Richard Frisch hat einen Brief, den er mit Luftpost nach Amerika senden will. Der Mann hinter dem Schalter wiegt ihn und sagt: „Eine Mark." Ein

---

sich **ändern** change
grammatisch grammatically
auf eine Idee bringen make (one) think of something
die **Sendung** broadcast, program
die **Reklame** advertising
altmodisch old-fashioned
schloßartig castle-like

der **Eingang** entrance
das **Ferngespräch** (long distance) telephone call
die **Auszahlung** payment
die **Rente** pension
postlagernd general delivery
Sendungen packages and letters
das **Postwertzeichen** stamp

Göttingen. Das Aulagebäude am Wilhelmsplatz und die Buchhandlung Peppmüller in der Barfüßerstraße

Brief nach Düsseldorf kostet dreißig Pfennig und eine Postkarte zwanzig. Er kauft auch fünf Briefmarken zu sechzig Pfennig für Ansichtskarten, die er mit Luftpost nach Amerika senden will.

Das Postamt macht einen anderen Eindruck als Postämter in Amerika, denn die deutsche Bundespost hat Funktionen, die die amerikanische Post nicht hat. Hier kann man zum Beispiel Zeitungen bestellen; hier kann man Einzahlungen für Gas und Elektrizität vornehmen und auch Radio- und Fernsehgebühren einzahlen. Die Bundespost hat einen eigenen Bankverkehr. Manche Deutsche sparen ihr Geld auf der Postsparkasse, die meisten haben aber ein Postscheckkonto, denn man zahlt selten mit Bankschecks in Deutschland. Wenn man Geld auf dem Konto der Post hat, kann man überall in der Bundesrepublik Geld bekommen. Die deutsche Bundespost hat auch den Fernsprechverkehr unter sich. Auch hat sie eigene Busse und befördert Personen und Güter. In allen deutschen Städten ist *ein* Postamt, das Postamt am Bahnhof, durchgehend geöffnet.

„Ich habe das Gefühl", sagt Richard Frisch, als er sich von Walter Guest verabschiedet, „daß ich hier öfter als in Amerika auf die Post gehen werde."

„Auch ins Theater!" meint Walter Guest. „Bis heute abend!"

Einzahlungen vornehmen make payments	**befördern** transport
die **Gebühr** fee	die **Güter** (pl.) freight
der **Bankverkehr** banking system	**durchgehend** continuously
-sparkasse savings bank	sich **verabschieden** say good-bye
-konto account	

Exercises

I. **Supply the missing words from the lists preceding the chapter.**

1. Der junge Mann im Eselskarren ist schwarz angezogen; er hat einen schwarzen —— an.
2. Seine Freunde —— mit dem Eselskarren durch die Stadt.
3. Der Amerikaner weiß nicht, worum es sich handelt, und ein Student ——, daß der Amerikaner es nicht weiß.
4. Vor der Aula stehen viele Menschen; es ist eine —— Menschen.
5. Richard spricht mit einer heisernen Stimme, da er einen —— hat.
6. Viele kennen sich seit Jahren; —— sagen sie immer noch „Sie".

7. Das Amt der Post heißt das ——.
8. Vor dem Gebäude stehen nicht nur Fahrräder, sondern auch ——.
9. Manche Menschen —— ihr Geld auf der Postsparkasse.
10. In Deutschland macht man vieles im Postamt, was man in Amerika bei der Bank macht. Aus dem Grund schreibt man in Deutschland weniger ——, wie wir sie kennen.

II. Form sentences in the past perfect tense.

1. Junge Leute / gratulieren / ihm.
2. Ein Student / erklären / dem Amerikaner alles.
3. Die Freunde / warten / auf den frischgebackenen Doktor.
4. Er / besuchen / dann eine Buchhandlung.
5. Die zwei Amerikaner / sprechen / Deutsch.
6. Die Menschen / sich kennen / ein ganzes Leben lang.
7. Walter Guest / wissen / vieles über die Geschichte der Sprache.
8. Die zwei Studenten / gehen / noch zur Post.
9. Walter Guest / mitkommen / zur Post.
10. Der Mann hinter dem Schalter / wiegen / einen Brief.
11. Viele / sparen / Geld auf der Postsparkasse.
12. Man / zahlen / selten mit Bankschecks.

III. Answer briefly.

1. Was hat der Eselskarren mit dem Studentenleben zu tun?
2. Welche Titel interessieren Walter Guest in der Buchhandlung?
3. Wer kann wen mit „du" anreden?
4. Ist es mit dem Duzen heute genauso wie vor fünfzig Jahren?
5. Welche Telefonbücher stehen an der Wand im Postamt?
6. Was bedeutet „Postwertzeichen in kleineren Mengen"?
7. Warum macht das Postamt einen anderen Eindruck als Postämter in Amerika?
8. Was kann man hier zum Beispiel einzahlen?
9. Wie und wo sparen manche Deutsche ihr Geld? Warum?
10. Sind die Postämter immer geöffnet?

Kapitel Dreizehn

NOUNS

das **Alter**	age	der **Inhalt**	contents
die **Art**	kind (of)	die **Möglichkeit**	possibility
der **Bauch**	belly	der **Spiegel**	mirror
der **Boden**	floor, ground	die **Weise**	way, manner
der **Hals**	neck		

VERBS

gelingen	be successful	**verbinden**	connect
geschehen	happen		

OTHER WORDS

fleißig	diligent, industrious, frequent	**klug**	clever, intelligent
hinten	in (the) back	**krank**	sick

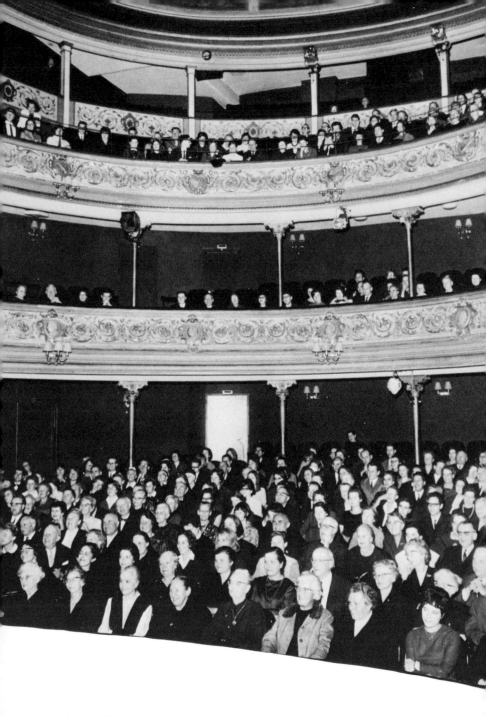

In dem Deutschen Theater Göttingens

Es gibt alles - außer dem Durchschnitt und dem Normalen

Am Abend ist Walter Guest kurz nach sieben Uhr bei Familie Neubauer. Die Dame des Hauses bittet ihn ins Wohnzimmer, wo Gaby Winter schon wartet. Sie trägt ein apartes blaues Samtkleid, unterscheidet sich aber sonst nicht, abgesehen von der Sprache, von gleichaltrigen Studentinnen in Amerika.

„Guten Abend, Fräulein Winter!"

„Guten Abend! Man nennt mich aber Gaby. Machen Sie es bitte auch so! Christa steht noch vor dem Spiegel, ist aber gleich fertig. Freuen Sie sich auf Ihren ersten Theaterbesuch hier?"

„Sehr! Mir wurde immer wieder gesagt, daß das Theater eine wichtige Rolle im kulturellen Leben Deutschlands spielt."

„Deutschland ist ein theaterfreudiges Land", erklärt Gaby. „In der Bundesrepublik gibt es ungefähr 200 subventionierte Theater."

„Bei uns wird an den Universitäten fleißig Theater gespielt. Bei Ihnen auch?"

der **Durchschnitt** average	**-freudig** loving
apart uncommon	**ungefähr** about
Samt- velvet	**subventioniert** subsidized
abgesehen von aside from	**bei uns** in our country
gleichaltrig of the same age	

145

„Auch! Hier besucht aber ein großer Teil der Bevölkerung regelmäßig das Theater. Manche gehen aus Bildungsdrang, andere, weil es zu den Lebensformen gehört, aber viele besuchen das Theater, weil sie es lieben – so wie ihre Väter und Großväter es liebten. Auf dem Gebiet der Germanistik interessiert mich in erster Linie die Geschichte des Theaters", erklärt die belesene und kluge Gaby. „Für Friedrich Schiller war das Theater ‚eine Schule der praktischen Weisheit‘; für Novalis war es ‚die tägliche Reflexion des Menschen über sich selbst‘."

Im Theater trifft man Freunde und Bekannte, mit denen man sich nach der Vorstellung über das Stück, über die Schauspieler und die Aufführung unterhält. Man spielt Stücke von der Antike bis zur modernen Zeit, Dramen deutscher und ausländischer Autoren. In den letzten Jahren waren Bertolt Brecht und Shakespeare die meistgespielten Dramatiker. Es folgen Friedrich Schiller, George Bernard Shaw und Goethe. Unter modernen Autoren spielt man die Stücke Dürrenmatts gern.

„Ein erfolgreiches Stück Dürrenmatts ist ‚Die Physiker‘", sagt Gaby. „Wir werden es heute abend sehen. Es wurde in Zürich, Berlin, Hamburg, Hannover und Frankfurt inszeniert. Morgen gibt es Brechts ‚Leben des Galilei‘, eine Art Parallele zu dem Stück Dürrenmatts. Beide handeln von der Rolle des Wissenschaftlers in der Gesellschaft."

Bei diesen Worten kommen die Geschwister Neubauer ins Wohnzimmer: „Guten Abend, Gaby. Guten Abend, Herr Guest."

Sie gehen zu Fuß; denn der Weg ist nicht weit und immer geradeaus. Vor dem Theater stehen Busse, die die Leute aus den Dörfern in der Nähe Göttingens hierhergebracht haben. In der Halle wartet Richard Frisch, denn es ist ihm gelungen, noch eine Karte zu bekommen. Walter Guest stellt den amerikanischen Studenten seinen deutschen Bekannten vor. Da es kurz vor Beginn der Aufführung ist, hat man keine Zeit zur Unterhaltung.

die **Bevölkerung** population
regelmäßig regular
der **Bildungsdrang** urge to become educated
in erster Linie above all
belesen well-read
praktisch practical
die **Weisheit** wisdom

die **Aufführung** performance
die **Antike** classical antiquity
meistgespielt most frequently performed
erfolgreich successful
inszenieren stage
handeln von deal with
der **Wissenschaftler** scientist, scholar
geradeaus straight ahead

Walter geht mit den Geschwistern Neubauer und Gaby Winter zum ersten Rang, während Richard Frisch einen Platz hinten im Parkett hat. Erst geben sie ihre Mäntel und Regenschirme an der Garderobe ab und kaufen Programme. Das Theater füllt sich. In der letzten Reihe des ersten Rangs sitzen zwanzig Gymnasiasten und recken die Hälse. Gaby flüstert Walter zu, daß sie alle drei Wochen das Theater besuchen. Es klingelt zum drittenmal, der Vorhang geht auf, das Stück beginnt.

Der Ort der Handlung ist ein Schweizer Sanatorium. Stühle, eine Lampe – und eine Krankenschwester liegen auf dem Boden, denn es ist ein Mord geschehen. Der Mörder ist der Physiker Ernesti. Er glaubt Einstein zu sein und weilt im Sanatorium. Es ist der zweite Mord innerhalb von drei Monaten; denn auch der Physiker Newton – so nennt er sich – hat eine Krankenschwester ermordet. Es ist halb fünf, aber noch vor dem Abendessen findet ein dritter Mord statt. Möbius, der dritte Physiker im Bunde, ermordet die Krankenschwester Monika, weil sie erkannt hat, daß er ganz „normal" ist. Ja, alle drei Physiker sind „normal". „Einstein" und „Newton" sind hier, um Möbius zu bewegen, seine Entdeckung preiszugeben; denn es geht um die Verantwortung der Physiker, die Menschheit vor dem Untergang zu bewahren.

„Es gibt Risiken, die man nie eingehen darf. Der Untergang der Menschheit ist ein solches", erklärt Möbius, der freiwillig im Irrenhaus weilt. „Entweder bleiben wir im Irrenhaus oder die Welt wird eins. Entweder löschen wir uns im Gedächtnis der Menschen aus, oder die Menschheit erlischt."

der **Rang** circle of tier seats	**innerhalb von** within
das **Parkett** orchestra	**ermorden** murder
der **Regenschirm** umbrella	**erkennen** realize
abgeben check	**bewegen** persuade
der **Gymnasiast** secondary-school student	**preisgeben** give up
recken crane, stretch	die **Verantwortung** responsibility
alle drei Wochen every three weeks	**vor . . . bewahren** save from
aufgehen rise, go up	**Risiken eingehen** take risks
die **Handlung** action	der **Untergang** destruction
die **Krankenschwester** nurse	die **Menschheit** humanity, man
ein . . . geschehen a murder was committed	**freiwillig** voluntarily
der **Mörder** murderer	das **Irrenhaus** insane asylum
weilen stay	**sich auslöschen** cease to exist
	erlöschen become extinct

Das Deutsche Theater

Aber die Formeln zum Untergang der Menschheit, die Möbius vernichtet glaubt, sind im Besitz von Fräulein Dr. von Zahnd. Die irre Irrenärztin hat die Macht in der Hand, die Welt zu vernichten. Und sie scheut sich nicht, das zu tun.

Ist der Irrsinn der „Physiker" Wahrheit oder Maske? Aus der Tragikomödie Dürrenmatts, der selber Physik und Mathematik studiert hatte, geht hervor, daß es nicht zur Vernichtung und Katastrophe kommen muß, daß es die groteske Möglichkeit aber gibt. Nicht umsonst läßt der Autor Einstein sagen: „Ich liebe die Menschen und liebe meine Geige, aber auf meine Empfehlung hin baute man die Atombombe." Dürrenmatt dachte an den berühmten Brief, den Albert Einstein im Jahr 1939 an Franklin Delano Roosevelt schrieb. In Dürrenmatts „21 Punkten zu den Physikern" stehen

die **Formel** formula
vernichtet destroyed
der **Besitz** possession
irr insane
die **Macht** power
sich **scheuen vor** shrink from

die **Maske** pretence
hervorgehen follow
umsonst for nothing
auf ... hin upon
die **Empfehlung** recommendation

Betrachtungen über die Physik im zwanzigsten Jahrhundert. Punkt 16 lautet: „Der Inhalt der Physik geht die Physiker an, die Auswirkung alle Menschen."

„Wie denkt man in Amerika über den deutschen Wissenschaftler Einstein?" fragt Gaby Winter. Nach Ende des Stückes waren die vier mit Richard Frisch in den Theaterkeller gegangen, um sich zu unterhalten und eine kleine Erfrischung zu sich zu nehmen.

„Ja", sagt Richard Frisch mit einem Blick auf Walter Guest, „man betrachtet Einstein als deutsch-jüdischen Wissenschaftler; er ist Repräsentant der Immigration aus dem Nazireich. In der Phantasie der Amerikaner ist er wohl ein Symbol für die Wissenschaft, für ‚das Genie' – überhaupt. Auch verbindet man mit seinem Namen das Politische, das zu seiner Immigration führte und das tiefe Antipathie in Amerika hervorrief."

„Richard Frisch hat recht", sagt Walter Guest. Auf die Frage Fritz Neubauers, was man sonst noch Schlechtes über die Deutschen denkt, meint er: „Man kann das an den Typen sehen, die in den älteren Filmen und in der Literatur immer wieder vorkommen: der Offizier mit dem Monokel, der SS-Mann, der arrogante Beamte. Der Militarismus stecke eben im Deutschen. Zuweilen sieht man einen exzentrischen Professor mit einem Bierbauch; seinem Akzent nach kommt er aus Deutschland."

„Die Bundesrepublik Deutschland und Amerika sind aber heute Verbündete", erklärt Fritz Neubauer.

„Sie sind Verbündete", sagt Richard Frisch, „aber manche Amerikaner betrachten das deutsch-amerikanische Bündnis mit gemischten Gefühlen. Man spricht schon von deutschen Autos und Autobahnen, von deutscher

die **Betrachtung** observation	**hervorrufen** evoke
lauten read	**sonst noch** what else
angehen concern	**vorkommen** occur
die **Auswirkung** consequence	**SS = Schutzstaffel** (Elite Guard)
der **Keller** cellar	**stecken** be (in the character of)
eine Erfrischung zu sich nehmen have refreshments	**zuweilen** sometimes
betrachten regard	**nach** according to
jüdisch Jewish	der **Verbündete** ally
die **Phantasie** imagination	das **Bündnis** alliance
das **Genie** genius	**gemischt** mixed

Musik und Architektur, vom Münchener Oktoberfest und vom Skilaufen in den bayrischen Alpen ..."

„Aber?"

„Man fragt sich, was für Politik die Deutschen im Grunde treiben. Angesichts der politischen Geschichte in den letzten hundert Jahren fehlen dem Bündnis – zum Teil wenigstens – tiefgehende freundschaftliche Gefühle. Ich stelle eine Gegenfrage", sagt Richard Frisch. „Was denkt man in Deutschland über Amerika?"

„Er geht zur Gegenoffensive über", meint Walter Guest.

„In Deutschland", erwidert Gaby, „hört man gute und schlechte Urteile über Amerika."

„Könnten Sie uns Beispiele anführen?" fragt Herr Frisch.

„Man spricht von sozialen und politischen Problemen und von dem Gegensatz zwischen Wohlhabenden, die gute Schulen besuchen, und von den Armen, die weniger gute Schulen besuchen müssen. Man erzählt sich von den Männern, die dem Erfolg nachjagen und in namenloser Angst vor dem Versagen leben. Die Illustrierten schreiben über den Rassismus der amerikanischen Gesellschaft und über Amerika als Heimat der Gewalt. Die Deutschen sprechen aber auch von der Weite des Landes, der Großzügigkeit der Menschen in Amerika und den technischen Leistungen, die das einundzwanzigste Jahrhundert ahnen lassen. Genügen Ihnen die Beispiele?"

„Man kann hier zwischen den Generationen unterscheiden", sagt Fritz Neubauer. „Ältere Amerikaner sprechen anscheinend weiter von den aggressiven, brutalen, militaristischen Deutschen, während junge Deutsche,

---

bayrische Alpen Bavarian Alps
treiben carry on
angesichts in the light of
tiefgehend deep
freundschaftlich cordial
die **Gegenfrage** question in reply
Gegen- counter-
übergehen go over
das **Urteil** opinion
anführen give
der **Gegensatz** contrast
wohlhabend well-to-do

die **Armen** the poor
der **Erfolg** success
nachjagen chase after
namenlos inexpressible
das **Versagen** failure
die **Gewalt** violence
die **Weite** breadth, size
die **Großzügigkeit** generosity
die **Leistung** achievement
ahnen lassen foreshadow
genügen be enough
anscheinend apparently

vor allem die Neulinken, die Amerikaner von heute in ähnlicher Weise charakterisieren. Durch den Krieg im Orient ist das politische Denken anders geworden."

Gegen Ende der Unterhaltung wird man sich einig: Es ist sinnlos, vom durchschnittlichen Amerikaner und vom durchschnittlichen Deutschen zu sprechen. Es gibt ja alles in der Welt – außer dem Durchschnitt und dem Normalen.

ähnlich similar   **sich einig werden** agree

Exercises

I. **Supply the missing words from the lists preceding the chapter.**
1. Christa ist noch nicht fertig. Sie steht noch vor dem ——, denn sie will sehen, ob sie gut aussieht.
2. Walter liest viel und arbeitet viel; er ist sehr ——.
3. Richard sitzt nicht in der ersten oder zweiten Reihe; er sitzt —— im Parkett.
4. Weil die Gymnasiasten soviel wie möglich sehen wollen, recken sie die ——.
5. Richard hat noch eine Karte bekommen; es ist ihm ——, eine Karte im Parkett zu bekommen.
6. Gaby weiß sehr viel; sie ist belesen und ——.
7. Eine Krankenschwester ist ermordet worden; sie liegt auf dem ——.
8. Gibt es eine ——, daß es zur Katastrophe kommt?
9. Wenn ein Mensch zuviel Bier trinkt, bekommt er vielleicht einen Bier——.
10. Wie ist das geschehen? In welcher —— ist das geschehen?

II. **Form sentences in the past perfect.**
1. Christa / stehen / noch / vor / (def. art.) / Spiegel.
2. Die Väter und Großväter / lieben / (def. art.) / Theater.
3. Novalis / nennen / es / (def. art.) / täglich / Reflexion / des Menschen über sich selbst.
4. Man / sich unterhalten / nach / (def. art.) / Vorstellung / über / (def. art.) / Aufführung.

5. Die Busse / bringen / (def. art.) / Leute / aus / (def. art.) / Dorf (pl.) / hierher.
6. Zwanzig Gymnasiasten / sitzen / in / (def. art.) / letzt / Reihe.
7. Ein Mord / stattfinden / vor / (def. art.) / Abendessen.
8. Dürrenmatt / schreiben / über / (def. art.) / Inhalt / und / über / (def. art.) / Auswirkung / der Physik.
9. Man / gehen / in / (def. art.) / Theaterkeller.
10. Er / hören / gut / und / schlecht / Urteil (pl.) / über Amerika.

III. Answer briefly.

1. Wie unterscheidet sich Gaby Winter von einer amerikanischen Studentin desselben Alters?
2. Wie unterscheidet sich das deutsche Theaterleben vom amerikanischen Theaterleben?
3. Welche Dramatiker spielt man in Deutschland gern?
4. Wovon handeln „Die Physiker" und Brechts „Leben des Galilei"?
5. Was für Menschen sind in Göttingen im Theater?
6. Wer sind die Hauptpersonen des Stückes von Dürrenmatt?
7. Was bedeuten die Morde?
8. Was schreibt Dürrenmatt über die Physik und über Physiker?
9. Wie denkt man in Amerika über Einstein? Wie denken Sie über Einstein? Was ist Ihr Bild von ihm?
10. Was für Verbündete sind die Bundesrepublik Deutschland und die USA?
11. Wie denkt man in der Bundesrepublik über die USA?
12. Was denken Sie über den „Durchschnitt", wenn Sie über Völker sprechen?

Kapitel Vierzehn

Word lists for Chapter Fourteen

NOUNS

der **Ball**	dance	der **Magen**	stomach
die **Ehe**	marriage	das **Paar**	couple
Ehe-	wedding, married	die **Schwäche**	weakness
die **Feier**	celebration	der **Spaß**	fun, joke
der **Gedanke**	thought, idea	die **Stunde**	lesson
die **Gelegenheit**	opportunity, occasion	die **Tafel**	(formal) table
		der **Topf**	pot
das **Gummi**	rubber	**Topf-**	potted
der **Hof**	farm	das **Turnen**	gym(nastics)
die **Leicht-athletik**	track and field	der **Wert**	value, worth
		der **Zucker**	sugar

VERBS

sich **bewegen**	move	**feststellen**	find out, notice
bilden	form	**husten**	cough
sich **erinnern**	remember	**klopfen**	tap, knock
feiern	celebrate	**schreien**	shout, cry

EHEWÜNSCHE

Mein Pfingstwunsch

Dem Leben einen tieferen Sinn geben möchte junge Dame, 31 J., led., 1,66, kath., gepflegte Erscheinung, kulturell vielseitig interessiert, ein harmon./kultiv. Familienglück ersehnend durch die Bekanntschaft und spätere Heirat mit einem gebildeten, gutsituierten, christlich eingestellten Herrn, bei dem sich ernste Denkungsweise mit liebevoller Wesensart und Aufgeschlossenheit verbindet. Vertrauensvolle Zuschriften (bitte mit Bild) erbeten unter V B 349131 an die Frankfurter Allgemeine, 6 Ffm. 1, Postfach 3463.

Nicht alltägliches weibliches Wesen

(27/1,73), sucht ehewilligen, außergewöhnlichen Mann. Bildzuschriften erbeten unter E L 347766 an die Frankfurter Allgemeine, 6 Ffm. 1, Postfach 3463.

Regie-Sessel

zu vergeben an liebenswerten (Ehe-)Regisseur von „Ingrid-Bergman-Typ", 35, 1,76 m, musisch und naturverbunden, unternehmungslustig und harmonisch, „aus gutem Stall", schuldl. geschieden. Er sollte sein: größer und klüger, herzlich, fair, und weltoffen. Zuschriften erbeten unter E F 343761 an die Frankfurter Allgemeine, 6 Ffm. 1, Postfach 3463.

Selbständige Akademikerin

42 J., 173, cm, schlank, blond, gutaussehende, elegante Erscheinung, aus Akademikerfamilie, schuldlos geschieden und ohne Anhang, interessiert an Musik, Literatur und den Problemen der heutigen Zeit. Liebt kultiviertes Wohnen, hat Freude an gepflegter Gastlichkeit, Kochen, Wandern, Reisen und Autofahren. Anpassungsfähig und großzügig sieht sie, obwohl beruflich erfolgreich, ohne darauf stolz zu sein, ein sinnvolles Leben nur in einer harmonischen Ehe. Sie möchte daher einen sympathischen, intelligenten Herrn gleichen Lebensstils kennenlernen. Zuschriften erbeten unter U K 349135 an die Frankfurter Allgemeine, 6 Ffm. 1, Postfach 3463.

ᵃᵘᵐ Düsseldorf—Krefeld

mit Herz, Humor und Niveau (auch
tärin, 27 J./1,60, dunkel, schlank,
ulich anzusehe᷄ ᵗʳ sollte nicht
ᵘᵗᵉᵐ ᵀ n auch zur
U F 349139

Zuverlässigen

Ehegefährten, auch mit Fehlern, sucht Stud., 23/1,67, herzig, hübsch, zart, ku Zuschriften (Bild zurück) H B 350363 an die Frankfur gemeine, 6 Ffm. 1, Postfa

Kfm. Angestell᷄

30/1,66, schlank, schuldl. natürliches Wesen, häusli᷄ Freude an guter Musik, T Büchern, sucht die Bekan eines netten, liebevollen zwecks späterer Heirat. schriften erbeten unter H an die Frankfurter Allg 6 Ffm. 1, Postfach 3463.

Ärztin

47, verw., berufstätig, möc᷄ monische Ehe mit einem M᷄ weder Geld noch Abenteu dern eine innere Heima᷄ Zuschriften unt. M K 35034 Frankfurter Allgemeine, 6 Postfach 3463.

Wo ist ER

der sportliche Ehepartner ᵐ und Niveau? Mein Steckb᷄ 159, schlank, blond, gut a᷄ sportlich, elegant, fährt schaftlich gern Ski, schwir wandert gern, fährt einen und lebt in guten Verhä Bildzuschriften (zurück) er᷄ W L 344624 an die Frankfu᷄ gemeine, 6 Ffm. 1, Postfa

Norddeutschland

Eva sucht Ada᷄

Eva: 30/174, apart, gebil᷄ dkl, schlk., sportlich, c᷄ vielseitig interessiert, aus nischer, nicht unvermögen᷄ Familie, glaubt noch an d᷄ und sucht einen passen᷄ benspartner mit viel He᷄ und Humor, nicht unter schriften erbeten unter F an die Frankfurter All᷄ 6 Ffm. 1, Postfach 3463.

Für meine Enke᷄

und ihren 8jährigen Soh᷄ ich einen netten, soliden ᷄er und lieben Vater in ᷄ition. Sie ist eine ᷄m `᷄

OTHER WORDS

darum	that is (the reason why)	**durchaus**	absolutely
dazu	with that	**schlank**	slender
		schwach	weak

Man muß die Feste feiern, wie sie fallen

Während das Theaterstück ihm am nächsten Tag durch den Kopf geht, bekommt Walter Guest einen Brief mit dem Poststempel Göttingens. Er öffnet den Umschlag und liest ihm unbekannte Floskeln.

Die Verlobung ihrer Tochter
Monika
mit
Herrn Regierungsrat Dr. jur. Rolf Weinknecht
geben bekannt
Gustav Kahlenfeld
Elisabeth Kahlenfeld
geb. von Massow

fallen come
der **Poststempel** postmark
der **Umschlag** envelope
die **Floskeln** (pl.) flowery language
der **Regierungsrat** administrative councillor

Dr. jur. LL.D.
bekanntgeben announce
geb. = **geboren,** *i.e.* maiden name

Meine Verlobung mit Fräulein
Monika Kahlenfeld
Tochter des Herrn
Rechtsanwalts Dr. jur. Gustav Kahlenfeld
und seiner Gemahlin
Elisabeth geb. von Massow
beehre ich mich anzuzeigen
Rolf Weinknecht
7. Juli 1971

Göttingen, Wilhelm-Weber-Straße 8
Hannover, Schuchardtweg 6

Der amerikanische Student wird zur Verlobungsfeier eingeladen, die eine Woche später stattfindet.

Am Sonntag geht Walter Guest kurz vor zwölf in seinem dunklen Anzug mit einem Verlobungsgeschenk und einem Blumenstrauß zu dem Haus in der Wilhelm-Weber-Straße. Überall stehen Blumen. Nachdem er dem jungen Paar gratuliert und die Blumen und das Geschenk überreicht hat, führt ihn der Herr des Hauses zu einem Ehepaar und sagt: „Verehrte gnädige Frau, Herr Landgerichtsrat, darf ich Ihnen Herrn Guest aus Philadelphia vorstellen? Herr Landgerichtsrat Meisel, Frau Meisel."

Frau Meisel gibt Walter die Hand, aber er küßt sie nicht. Er weiß, wie man es macht. Man küßt eigentlich gar nicht die Hand; man deutet den Handkuß nur an. Walter Guest findet es aber schwer, sich manchen Sitten anzupassen.

Es klingelt, neue Gäste kommen, die Zeremonie des Vorstellens geht weiter. Walter hört ihm bekannte sowie unbekannte Titel: Herr Professor, Herr Landrat, Herr Direktor, Herr Superintendent, Herr Medizinalrat. Hat Immanuel Kant nicht gesagt: „Deutschland ist das Titelland!"

der **Rechtsanwalt** attorney
beehre ich mich anzuzeigen I am honored to announce
-geschenk present
verehrt "revered"
der **Landgerichtsrat** county justice

andeuten intimate, hint (at)
sich **anpassen** adjust
sowie as well as
der **Landrat** district magistrate
der **Medizinalrat** medical officer

Zu Christa Neubauer, die eben gekommen ist, sagt er: „Vielleicht nennt man mich noch ‚Herr Student!' "

„Das ist in Göttingen durchaus möglich", meint Christa. „Es ist eine konservative Kleinstadt, wo der Mensch manchmal, trotz des Wandels der Ansichten, auch heute erst beim Titel anfängt. Vor zweihundert Jahren schrieb ein deutscher Schriftsteller – er hieß August von Kotzebue: ‚Ohne Titel weiß man gar nicht, wie man den Menschen anfassen soll. Hier wird nicht gefragt: Hat er Kenntnisse und Verdienste, sondern, wie tituliert man ihn?' "

„Wie redet man eigentlich eine Dame an, die mit Herrn Direktor Soundso verheiratet ist?" fragt Walter Guest.

„Bei älteren Damen ist ‚gnädige Frau' immer richtig, auch wenn sie unverheiratet sind. Überhaupt haben ältere unverheiratete Damen das Recht, sich ‚Frau' zu nennen. Jüngere unverheiratete Damen können Sie natürlich mit ‚gnädiges Fräulein' anreden."

„Ich möchte eine weitere Frage stellen! Warum hat die Dame dort drüben zwei goldene Ringe am Ringfinger der rechten Hand?"

„Sie trägt ihren Ehering", erwidert Christa, „und den ihres verstorbenen Mannes zum Zeichen, daß sie Witwe ist."

Man bittet zu Tisch. Im großen Eßzimmer ist die festliche Tafel gedeckt. Herr Medizinalrat Weinknecht, der Vater des Bräutigams, führt Frau Kahlenfeld zu Tisch und sitzt nach der Tischordnung links von ihr. Walter Guests Tischdame ist die blonde Kerstin, eine Schwester Monikas. Zu seiner linken Seite sitzt Elsbeth Amthor, ihre Cousine. Da er keine witzigen Einfälle hat, macht er seiner Tischdame ein Kompliment. Kerstin Kahlenfeld sagt nicht „danke", wie Amerikanerinnen es selbstbewußt tun, obwohl sie es gern hört, daß ihm ihr Kleid gefällt.

---

der **Wandel** change
erst beim Titel anfängt starts to count only if he has a title
der **Schriftsteller** writer
August von Kotzebue German playwright and reactionary (1761–1819).
anfassen deal with
die **Kenntnisse** (pl.) knowledge

das **Verdienst** merit
titulieren address
verstorben late
zum Zeichen as an indication
der **Bräutigam** fiancé
die **Tischordnung** order of seating
die **Tischdame** lady taken in to dinner
selbstbewußt with self-confidence, poised

Das Essen beginnt. Nach der Suppe gibt es Seezungenröllchen mit Reis; dazu wird ein Weißwein, Graacher Himmelreich, getrunken. Der nächste Gang ist Ochsenzunge mit Madeirasoße. Hierzu gibt es roten Rheinwein aus Aßmannshausen.

Der Hausherr steht auf, klopft an sein Glas und hält eine kleine Rede, in der er den zukünftigen Schwiegersohn, Herrn Dr. Weinknecht, willkommen heißt. Er trinkt auf das Wohl des jungen Paares. Der Bräutigam spricht seinen Dank für die Worte Herrn Dr. Kahlenfelds aus und steckt seiner Braut einen schlichten Goldring an den Finger. Der amerikanische Student fragt seine Tischdame, ob man keine Brillantringe zur Verlobung schenkt. Junge Leute tun es zuweilen, erklärt Kerstin, aber nach alter deutscher Sitte schenkt man einen goldenen Ring, in dem das Datum der Verlobung und das Monogramm des Verlobten eingraviert sind.

Inzwischen ist der Vater des Bräutigams aufgestanden und spricht einige Worte. Man stößt an und nickt sich zu. Walter Guest erinnert sich, gelesen zu haben, daß man nur mit Wein- und Champagnergläsern anstößt. Die Gläser werden erst nachgefüllt, wenn sie ganz leer sind.

Den Mokka trinkt man in einem andren Zimmer, wo sich der Amerikaner mit Kerstin Kahlenfeld weiter über Verlobungsbräuche unterhält. „In den meisten Gegenden Deutschlands", so erklärt Kerstin, „gab es spezielle Bräuche. In Braunschweig, zum Beispiel, brachte früher der Bräutigam den Brautbrief."

„Im Osten, wo meine Eltern geboren sind", bemerkt Elsbeth Amthor, „warb der Mann früher überhaupt nicht selber. Man schickte den Vater, die Mutter oder einen Verwandten zu der jungen Dame, die man heiraten wollte."

die **Seezungenröllchen**	little rolls of sole	das **Datum**	date
die **Zunge**	tongue	das **Monogramm**	initials
hierzu	with this	der **Verlobte**	fiancé
eine Rede halten	give a speech	**eingraviert**	engraved
zukünftig	future	**anstoßen**	touch glasses
der **Schwiegersohn**	son-in-law	**nachfüllen**	refill
willkommen heißen	welcome	der **Mokka**	mocha
das **Wohl**	health and prosperity	der **Brautbrief**	letter of betrothal
schlicht	modest, plain	**werben**	court, woo
Brillant-	diamond		

„In vielen Gegenden auf dem Lande", sagt Kerstin, „werben die Bauern-
söhne auch heute noch nicht selbst, sondern durch eine Heiratsvermittlerin.
Die Bauern heiraten oft nach Vermögen, und die Heiratsvermittlerin weiß
genau, wieviel das junge Mädchen mitbekommt. Wenn die Höfe jahrhundertelang in einer Familie waren, sehen die Bauern darauf, daß sie es
bleiben."

„Mir machen die Annoncen Spaß, die in deutschen Zeitungen unter
‚Heiraten' stehen", sagt Walter Guest. „In den Tageszeitungen New Yorks,
Chicagos und Philadelphias annonciert man in dieser Form nicht."

„Haben Sie die heutigen Annoncen gelesen?" fragt ihn Kerstin. „Einen
Moment!" Sie holt die Morgenzeitung und liest: „Schon 33 und noch
keinen Mann – drum fang ich zu annoncieren an: Akademikerin, blond
(echt), schlank, mit nicht nur inneren Werten, sucht ..."

„Nein, nein, lies die nächste", sagt ihre Schwester Astrid, selber blond
und schlank, mit Augen in der Farbe hellblauen Wassers. „Die hätte ich
selber schreiben können."

Kerstin liest: „Wo finde ich einen Lebenspartner, der mit mir ein Duett
bildet? Sekretärin, 28 Jahre jung, tolerant, mit viel Sinn für Humor. Von
Paradoxen umgeben: Politisch engagiert, – romantisch und verträumt,
liebe Mozart, Beethoven und Wagner – und die modernste Musik. Sehne
mich im Sommer nach dem Meer, im Winter nach den Bergen (Skifahrerin,
immer noch kurz vor dem Wedeln). Was ich sonst noch liebe: Theater,
gute Filme, Fotografieren, Musizieren (ohne Ambitionen), Kochen, Wandern, Reisen, Tanzen. Lassen Sie sich gerne verwöhnen, ohne ein Pascha
zu sein, und sind Sie vielleicht auch des Alleinseins müde, dann schreiben
Sie mir bald (mit Bild)!"

die **Heiratsvermittlerin** marriage broker		**engagiert** committed	
das **Vermögen** means, wealth		**sich sehnen** yearn	
mitbekommen bring along		**immer noch kurz vor** still have not been able to	
darauf to it			
Spaß machen enjoy		**wedeln** make many short, parallel turns	
die **Annonce** want ad		**fotografieren** take pictures	
annoncieren advertise		**musizieren** play music	
drum = **darum**		**sich verwöhnen lassen** be pampered	
die **Akademikerin** college graduate		der **Pascha** (formerly) Turkish governor	
von Paradoxen umgeben full of paradoxes		with great power	

„Darf ich mir die Seite mitnehmen?" fragt Walter Guest. Während Kerstin ihm die Seite abreißt, ruft eine Frauenstimme, daß erst später getanzt wird.

Kerstin besucht nächste Woche den Anglistenball, erzählt sie. Vor kurzem war sie auf mehreren anderen Bällen, die zum Abschluß ihrer Schulzeit veranstaltet wurden.

„Unsere jüngste Schwester, Andrea, hat gerade die Tanzstunde beendet", erklärt die blonde, schlanke Astrid. Walter erfährt, daß die Tanzstunde ein großes Ereignis im Leben eines jungen Mädchens ist. Andrea besucht ein Mädchen-Gymnasium, aber in der Tanzstunde lernt sie junge Herren, die eine oder zwei Klassen höher sind, kennen. Nach Abschluß der Tanzstunde darf man auf Bälle gehen. Die jungen Männer bitten meist die Eltern der Mädchen um Erlaubnis.

Walter Guest möchte wissen, ob sich junge Leute sonst ebenso verabreden, wie es bei ihm zu Hause der Fall ist. Kerstin, Astrid und Elsbeth meinen, die Vorstellungen und Gewohnheiten junger Menschen seien in den Großstädten Europas und Amerikas zum großen Teil international geworden. In den kleineren Städten – und die meisten Menschen leben ja in kleineren Städten – dauert es lange, bis sich neue Bräuche herausbilden. In Göttingen haben die Eltern immer noch Autorität und bewachen sozusagen ihre Söhne und Töchter.

„Wie steht es hier mit den Schulen, Fräulein Andrea?" fragt Walter die jüngste Tochter der Familie Kahlenfeld. Er denkt an die Schule, die er besucht, an Lieder, die er gesungen, und an Sprüche, die er bei Sportveranstaltungen geschrien hat. „Kann man von einem Gefühl der Zugehörigkeit sprechen?"

abreißen tear off	**die Gewohnheit** custom
der **Anglist** student or teacher of English	sich **herausbilden** develop
zum Abschluß upon the conclusion	**bewachen** watch over
veranstalten organize	**sozusagen** so to speak
beenden finish	der **Spruch** saying, yell
das **Ereignis** event	die **Veranstaltung** (organized) event
die **Erlaubnis** permission	die **Zugehörigkeit** belonging, loyalty
sich **verabreden** make a date	

Göttinger Studenten in der Mensa

„Ich glaube ja", erwidert sie. „Aber es wird nicht so sichtbar wie bei Ihnen."

„Sport gibt es aber an den Schulen nicht!"

„Doch", sagt Andrea. „Man kann Schwimmen lernen und Basketball, Volleyball, Handball und Fußball spielen; es gibt Turnen, Gymnastik und Leichtathletik. Mannschaften gibt es zwar nicht, weder an den Schulen noch an den Universitäten, wie es bei Ihnen Brauch ist."

„Wie steht es mit gesellschaftlichen Veranstaltungen im Gymnasium?"

„Wir haben Wandertage, Klassen- und Abiturientenbälle, aber sonst wenig", antwortet Andrea. „Dafür gibt es viele private Feiern und Feste. Geburtstagsfeiern spielen eine große Rolle und, zum Beispiel, Verlobungsfeiern wie heute."

„Und man macht für die Feiern ein Programm", fügt Astrid hinzu. „Heute liest Tante Mathilde Gedichte vor, die sie für Monikas Verlobung selber geschrieben hat. Tante Mathilde schreibt für jede Feier Gelegenheitsge-

die **Mannschaft** team
gesellschaftlich social
der **Abiturient** student about to graduate
Programm machen plan a program

dichte. Wir nennen sie ‚Tante‘, aber sie ist es eigentlich nicht. Man sagt übrigens, sie wäre in meinen Großvater verliebt gewesen." Astrid zeigt auf ein an der Wand hängendes Foto von einem strammen Offizier in Hauptmannsuniform. „Er ist 1943 gefallen. Meine Großmutter ist erst vor fünf Jahren gestorben."

„Tante Mathilde fängt an", ruft jemand aus dem anderen Zimmer. Die Mädchen und Walter Guest bewegen sich zum Wohnzimmer, können aber nicht hinein, da Leute in der Tür stehen. Er hört die Worte: „Die Liebe bin ich, vom Himmel gesandt. Als schönes, heiliges Unterpfand ..." Die nächsten Zeilen versteht er nicht, da jemand hustet. Er hört noch „Wenn Sonnenschein im Herzen lacht", bevor Fritz Neubauer ihn auf die Seite nimmt und „verzopft" murmelt. „Warum liest sie nicht Liebesgedichte aus der deutschen Literatur. Lesen Sie bei Gelegenheit Rilkes ‚Das war der Tag der weißen Chrysanthemen' und Ina Seidels ‚Oh, daß ich dich fand', wenn Sie die Verse nicht schon kennen. Jetzt kommen Sie aber! Ich zeige Ihnen Kahlenfelds schönen Wintergarten. Man wird nicht merken, daß wir fehlen."

Fritz Neubauer zeigt Walter Guest die Gummibäume, Kakteen und Topfpflanzen im Kahlenfeldschen Wintergarten und erklärt, daß die meisten seiner Bekannten eine Schwäche für Pflanzen und Blumen hätten.

Tante Mathilde scheint fertig zu sein, denn Ihr Mann, Onkel Otto, schlägt mit lauter Stimme vor, Gesellschaftsspiele zu spielen. Von je zwei Personen muß der eine eine allen bekannte Persönlichkeit darstellen; der Partner muß herausfinden, wer man ist.

Der Reihe nach stellt man bekannte Männer und Frauen aus der Geschichte und Politik, der Literatur und Musik und den Wissenschaften dar: Mozart, Luther, Friedrich den Großen, Napoleon, Immanuel Kant, Karl Marx, Bismarck, Freud und Einstein. Als der Germanist Walter

Gelegenheits-	occasional	verzopft	stale and hoary (custom)
verliebt in	in love with	**Ina Seidel**	modern German poetess
stramm	smart	die **Kaktee**	cactus
fallen	be killed	**fertig**	finished
hinein	go in	**je**	at a time
das **Unterpfand**	pledge	der **Reihe nach**	in succession
die **Zeile**	line		

Die Stadthalle in Göttingen

Guest an die Reihe kommt, muß er Goethe darstellen. Seine Partnerin, die intelligente Astrid, findet nach drei Fragen heraus, wer er ist. Bei ihm dauert es länger, bis er festgestellt hat, daß Astrid Bettina von Arnim, die Schriftstellerin und Freundin Goethes, spielt.

Frau Kahlenfeld schlägt vor, zu Sprüchen und Zitaten überzugehen. Herr von Bolkenstein muß als erster darstellen: ,,Liebe geht durch den Magen.'' Fritz Neubauer schauspielert ,,Liebe macht blind''. Andrea bleibt beim Thema und mimt überzeugend: ,,Ehen werden im Himmel geschlossen.'' Als letzter mimt Onkel Otto ein Zitat aus dem Werk des Berliner Schriftstellers Theodor Fontane: ,,Sie hat sich verlobt, du bist verlobt worden.'' Dem amerikanischen Studenten ist das Zitat neu, während der Verlobte, Herr Dr. Weinknecht, aussieht, als ob der Gedanke ihm neu ist. Der schelmischen Monika kann man nicht ansehen, was sie darüber denkt.

Zwischen sechs und sieben gibt es kaltes Büfett und heißen Tee mit Zucker und Zitrone. Kurz danach hört man aus dem Nebenzimmer den

an die Reihe kommen be one's turn	**schließen** make, conclude
das **Zitat** quotation	**Sie hat sich verlobt, du bist verlobt worden**
übergehen change over	She got engaged, you got yourself engaged
schauspielern playact	**schelmisch** mischievous
mimen mime	**ansehen** tell by looking at
überzeugend convincingly	

Dreivierteltakt eines Wiener Walzers, und Fritz Neubauer fordert Elsbeth Amthor mit „Darf ich bitten" und einer Verbeugung zum Tanz auf. Sie gehen ins Nebenzimmer.

Der Amerikaner bittet Kerstin um den ersten Tanz und tanzt dann der Reihe nach mit Astrid, Andrea, Elsbeth Amthor und Christa Neubauer. Mit einem Wiener Walzer hatte es angefangen; Tante Mathilde hatte die Platte aufgelegt. Bei den Platten, die die Schwestern später auflegen, ist von Wiener Operettentradition nichts zu spüren.

Zwischen zehn und elf verabschiedet sich einer nach dem andern. Jeder schüttelt jedem die Hand.

Auf dem Weg nach Haus fragt sich Walter Guest, was Touristen, die von Hotel zu Hotel nur englisch sprechendes Personal kennenlernen, eigentlich von europäischen Menschen erfahren. Von den Familienfeiern und -festen, denen man Wert und Bedeutung beilegt, bestimmt nichts! Wie heißt das deutsche Gegenstück zum englischen Sprichwort: „Make hay while the sun shines"? „Man muß die Feste . . ." ja, so heißt es: „Man muß die Feste feiern, wie sie fallen."

der **Dreivierteltakt** three-quarter time	**nichts zu spüren** not a trace
zum Tanz auffordern ask for a dance	**beilegen** attach (to)
auflegen put on	das **Gegenstück** counterpart
die **Platte** record	

Exercises

I. **Supply the missing words from the lists preceding the chapter.**

1. Wenn ein Mann und eine Frau sich verloben, so ——— man die Verlobung.
2. Wenn ein Mann und eine Frau verlobt sind, kann man nicht von einer ——— sprechen, denn sie sind noch nicht ein ———paar.
3. Wenn ein Tisch festlich gedeckt ist, nennt man es auch eine ———.
4. Man kann an eine Tür ———, aber man kann auch an ein Glas ———, wenn man eine Rede halten will.
5. Man tanzt, wenn man zu einem ——— geht.
6. Die junge Dame ist nicht dick und nicht dünn, aber sie ist ———.
7. Ich habe es nicht vergessen; ich kann mich gut daran ———.

8. In einem Wintergarten stehen Pflanzen in ——; man nennt sie
   ——pflanzen.
9. Wenn ein Mensch nicht stark ist, so sagt man, daß er —— ist.
   Man spricht auch von starkem und —— Kaffee.
10. Da viele Männer gerne gut essen, sagt man: „Liebe geht durch
    den ——."
11. Es ist im Zimmer sehr warm; —— macht man die Fenster auf.
12. Man trinkt heißen Tee mit —— und Zitrone.

II. Form sentences in the passive, using the tense indicated.

1. Walter Guest / einladen / zu einer Verlobungsfeier. (pres.)
2. Er / vorstellen / einem älteren Ehepaar. (pres.)
3. Er / führen / ins Wohnzimmer. (past)
4. Die Hand / küssen / eigentlich nicht. (pres.)
5. Walter Guest / nennen / vielleicht Herr Student. (pres.)
6. Es / schreiben / vor zweihundert Jahren. (past)
7. Jüngere Damen / anreden / mit „gnädiges Fräulein". (past)
8. Es / machen / ihr ein Kompliment. (pres. perf.)
9. Dazu / trinken / ein Weißwein. (past)
10. Die Gläser / nachfüllen / erst später. (pres. perf.)
11. Es / tanzen / später. (past)
12. Die Eltern / bitten / um Erlaubnis. (past)
13. Viele Lieder / singen / in den Schulen. (pres. perf.)
14. Es / sprechen / viel darüber. (pres. perf.)
15. Gedichte / vorlesen / von Tante Mathilde. (past)
16. Sie / nennen / „Tante". (pres.)
17. Eine bekannte Persönlichkeit / darstellen / von einer Person. (pres.)
18. Von Walter Guest / darstellen / Goethe. (past.)

III. Answer briefly.

1. Nennen Sie einige Titel, die Walter Guest bei der Verlobungsfeier
   hört!
2. Was haben deutsche Schriftsteller über Titel in Deutschland
   geschrieben?
3. Wie redet man ältere Damen an?
4. Wie redet man jüngere unverheiratete Damen an?
5. An welcher Hand trägt die Frau den Ehering?
6. Was für einen Ring schenkt man einer jungen Dame zur Verlobung?
7. Worauf sieht der Bauer, der einen Hof hat, wenn sich seine Tochter
   verlobt?

8. Verabreden sich junge Männer und junge Mädchen in Deutschland so wie in den USA? Ist es ganz anders?
9. Ist es in deutschen Schulen mit dem Sport anders als in Amerika?
10. Was sind Gelegenheitsgedichte, und wann hört man solche Gedichte?
11. Was machen Fritz Neubauer und Walter Guest, während Tante Mathilde Gedichte vorliest?
12. Was für Gesellschaftsspiele werden gespielt?
13. Was wissen Sie über die Persönlichkeiten, die dargestellt werden?
14. „Sie hat sich verlobt, du bist verlobt worden." Erklären Sie, was das bedeutet!
15. Was bedeutet Ihnen der Spruch: „Man muß die Feste feiern, wie sie fallen"?

Kapitel Fünfzehn

Word lists for Chapter Fifteen

NOUNS

der **Maurer**	mason, bricklayer	der **Stock**	floor
der **Meister**	master	der **Teppich**	carpet, rug
der **Schlüssel**	key	die **Treppe**	(flight of) stairs
der **Schrank**	wardrobe, dresser	das **Tuch**	cloth
der **Schreibtisch**	desk		

VERBS

beten	pray	**halten**	keep
drücken	push, press	**prüfen**	examine, check

OTHER WORDS

außerhalb	outside (of)	**oben**	on top
glatt	smooth	**rund**	around
herunter	down		

Ein Richtfest

Angenehme und unangenehme Unterhaltungen beim Richtfest

Liebe Barbara!

Seit einigen Wochen wohne ich bei Herrn Dr. Harder in der Dahlmannstraße. Hier habe ich Gelegenheit, mit deutschen Menschen zusammenzukommen und so zu leben, wie sie leben.

Mehrere Treppen führen von der Straße zu dem Haus, einem etwas veralteten Palast. Da mein Zimmer in dem Stock liegt, den man hier den ersten nennt, muß ich noch weitere Treppen steigen.

Frau Harder hört es gern, wenn man sie Frau Dr. Harder nennt, obwohl das eigentlich der Titel ihres Mannes ist. Eine Studentin, die hier wohnt, weigert sich aber, Frau „Dr." Harder zu sagen.

Am ersten Tag gab mir Frau (Dr.) Harder drei Schlüssel; jeder ist dreimal so groß wie mein Schlüssel zu Hause. Einer ist zu meinem Zimmer, der zweite ist für die Wohnung und der dritte für das Haus. Dann bekam ich noch vier „normal" große Schlüssel für die Schränke. Die Türklinken sind

---

das **Richtfest** celebration upon completion of a roof framework
veraltet antiquated
der **Palast** palace

der **erste Stock** second floor
sich **weigern** refuse
die **Wohnung** suite of rooms
-klinke knob

169

übrigens nicht rund; sie sind Hebel, die man herunterdrücken muß, um die Tür zu öffnen.

Die Schränke sind aus schwerer Eiche. Auf dem glatten Parkett könnte man Wiener Walzer sowie moderne Rhythmen tanzen. Früher wurde in der Tat in den Zimmern, die alle durch Doppeltüren verbunden sind, getanzt, wenn man Feste feierte. Heute wohnen im ersten Stock nur Studenten. Neben mir wohnt eine emanzipierte Theologiestudentin, die die Kirche reformieren will. Es ist die junge Dame, die sich weigert, Frau „Dr." zu sagen.

Beim Schreiben dieses Briefes sitze ich an einem antiken Schreibtisch. Links von mir steht ein Plüschsofa; auf dem runden Tisch, der davor steht, liegt eine dunkelgrüne Samtdecke. An der Wand links befinden sich eine Vitrine mit Nippsachen und ein Kleiderschrank. An der rechten Wand stehen ein Waschtisch mit einer spanischen Wand und mein knarrendes, aber nicht unbequemes Bett, in dem ich auf einer dreiteiligen Matratze schlafe. Der Teppich liegt seit Jahrzehnten hier. Ich habe manchmal das Gefühl, daß ich in einem Museum wohne. Es ist aber ein peinlich sauberes Museum.

Gestern war ich in mehreren Geschäften mit Walter Guest, einem Studenten aus Philadelphia, und einigen seiner Bekannten; wir begleiteten eine junge Dame, die in den nächsten Monaten heiraten will. Sie wird wohl moderne Möbel kaufen, die es hier in großer Auswahl gibt, und alles bar bezahlen. Ihr zukünftiger Mann sei dagegen, daß sie bar bezahlen, da die Zeiten sich geändert hätten, aber von ihren Eltern habe sie das Sprichwort gelernt: „Besser ohne Abendessen zu Bette gehen als mit Schulden aufstehen."

Täglich lerne ich etwas Neues. Zum Beispiel habe ich heute erfahren, daß es ein „zweites Frühstück" gibt. Man nennt es „zehn Uhr Brot", „Brot-

der **Hebel** lever	**knarrend** creaking
das **Parkett** (parquet) floor	**dreiteilig** in three parts
in der Tat indeed	die **Matratze** mattress
Doppel- double	**peinlich** scrupulously
emanzipiert emancipated	**begleiten** accompany
die **Samtdecke** velvet cover	die **Auswahl** selection
die **Vitrine** glass case	**bar** in cash
die **Nippsachen** knick-knacks	die **Schulden** debts
die **spanische Wand** folding screen	

zeit" oder auch „Gabelfrühstück", da man Wurst-, Käse- und Schinkenschnitten mit Messer und Gabel ißt. Walter Guest erzählte mir, daß man auch zum „Frühstück" eingeladen werden kann, und es eigentlich „Mittagessen" bedeutet. Das Wort soll diese Bedeutung in der sogenannten besseren Gesellschaft haben.

Jedenfalls ißt man gerne etwas so um zehn oder halb elf. Die Leute, die arbeiten, und die Kinder, die zur Schule gehen, nehmen sich Schnitten mit. In den kleineren Städten ist das Mittagessen die Hauptmahlzeit des Tages. Mittags sind die Geschäfte in Göttingen zwei Stunden geschlossen. Auch gibt es eine Mittagsruhe von eins bis drei, in den sogenannten besseren Häusern von zwei bis vier. Man darf in dieser Zeit weder Musik spielen, laut sein, noch jemand einen Besuch machen.

Diese Woche habe ich etwas miterlebt, wofür es im amerikanischen Englisch gar kein Wort gibt. Ich war auf einem sogenannten Richtfest. Was das ist? Man feiert das Richtfest, wenn beim Bauen eines Hauses das Dach gerichtet ist, also wenn der Dachstuhl steht. Du weißt wohl, daß man in Deutschland Giebelhäuser baut. Oben vom Dachfirst hängt ein Kranz des Bauherrn, der sogenannte Richtkranz, mit bunten Bändern. Der Bauherr lädt die Handwerker, die bis dahin am Hause arbeiteten, zu diesem Fest ein. Wenn er es nicht tut, ist es Sitte, statt des Richtkranzes einen Hering an den Dachfirst zu hängen. Fritz Neubauer erzählte mir später, er habe viele Richtkränze aber noch keinen Hering vom Dachfirst hängen sehen.

Es wurden nicht nur die Handwerker, sondern auch der Architekt und Leute, die indirekt mit dem Bauen des Hauses zu tun hatten, eingeladen: die Bankdirektoren, die die Hypothek gaben – für das Bauen von Häusern bezahlt man nicht bar – die Bauingenieure vom Bauamt, die die Entwürfe

die **Brotzeit** time to have a bite	**-first** ridge
das **Gabelfrühstück** second breakfast	der **Kranz** garland
die **Schnitte** slice of bread (with cold cuts on it)	der **Bauherr** builder
die **Mahlzeit** meal	das **Band** ribbon
die **Mittagsruhe** siesta	der **Handwerker** workman
einen Besuch machen pay a visit	der **Hering** herring
miterleben witness	die **Hypothek** mortgage
richten set up	der **Ingenieur** engineer
der **Dachstuhl** roof rafters	das **Bauamt** Board of Public Works
Giebel- gable(d)	der **Entwurf** plan

prüften, und natürlich Freunde, Verwandte und Bekannte der Familie. Wie kam es, daß ich zu einem Richtfest eingeladen wurde? Herr und Frau Professor Neubauer, Freunde der Familie Harder, bauen ein Haus in Nikolausberg, etwas außerhalb der Stadt. In dieser an einem Berg gelegenen Gegend haben schon mehrere Professoren gebaut; ganz in der Nähe stehen neue Institute der Universität.

Nach altem Brauch sprach zu Beginn des Richtfestes der sogenannte „Polier" aus schwindelnder Höhe den Richtspruch. Er betete kurz, dankte dem „höchsten Baumeister" und bat um Gottes Segen für das neue Haus und Familie Neubauer. Dann trank er auf das Wohl des Bauherrn und seiner Familie und warf das Glas vom Dachfirst herab. Es brach in tausend Stücke. „Scherben bringen Glück" heißt das deutsche Sprichwort.

Nach der Zeremonie ging man ins Dorfgasthaus zum Richtschmaus. Die Handwerker tranken ein Glas Bier zum Essen und einen „Klaren" hinterher, und es wurden Reden gehalten, worin man immer wieder den Arbeitern dankte. Das Ganze dauerte einige Stunden.

Im Laufe des Festes hatte ich eine kurze, aber unangenehme, politische Unterhaltung mit einem älteren Mann und eine lange und angenehme Unterhaltung mit dem Bauherrn über Bräuche und Traditionen der Handwerker. Erst über das Politische: Ein harmloses Gespräch wurde plötzlich todernst, als wir über einen deutschen Staatsmann sprachen, der in der Nazi-Zeit im Exil gegen das Nazi-Reich kämpfte. „Der Verräter verdient, erschossen zu werden", sagte der Mann mit blindem Haß. Ich wurde rot vor Wut, stand auf und setzte mich ans andere Ende des Tisches.

Später hatte ich Gelegenheit, mit dem Bauherrn zu sprechen, der mir manches über die Traditionen der Handwerker erzählte. „Handwerk hat

der **Polier** speaker
schwindelnde Höhe dizzy heights
-spruch text
der **Segen** blessing
herab down
die **Scherbe** broken glass
-schmaus feast

der „**Klare**" clear-colored liquor
das **Ganze** whole thing
das **Gespräch** conversation
todernst deadly serious
der **Verräter** traitor
erschießen shoot (to death)
vor Wut with rage

Deutsche Briefmarken

goldenen Boden" ist ein altes deutsches Sprichwort. Auf dem Lande und in den kleineren Städten sind die Handwerker immer noch stolz auf ihre Zünfte; denn der Beginn der Zünfte geht weit ins Mittelalter zurück. Noch heute gibt es in jedem Handwerk drei Stufen: Lehrling, Geselle und Meister. Man beginnt als Lehrling. Nach einer Lehrzeit von drei Jahren wird man Geselle. In früheren Jahren gab es manche Zeremonien für den Lehrling, der seine Lehrzeit beendet hatte. Obwohl viele davon ausgestorben sind, gehen manche Gesellen immer noch auf Wanderschaft und arbeiten bei verschiedenen Meistern. Früher gab einem der Meister manchmal einen Gruß – oft einen langen Spruch – an andere Meister mit auf den Weg. Ich habe mir einen solchen Spruch der Maurer aufgeschrieben:

Ehrbarer Meister! Ich soll ihn grüßen von den Meistern des ganzen ehr-

der **Boden** basis
Handwerk hat goldenen Boden trade(s) create(s) the foundation for all prosperity
stolz auf proud of
die **Zunft** guild
das **Mittelalter** Middle Ages
die **Stufe** rank
der **Lehrling** apprentice

der **Geselle** journeyman
die **Lehrzeit** apprenticeship
die **Wanderschaft** traveling
mit auf den Weg take along with one
aufschreiben write down
Ich soll ihn grüßen Note that the third person form of address is used.

baren Handwerks der Maurer der Stadt, die in Ehrbarkeit leben, sich der Ehrbarkeit befleißigen und in Ehrbarkeit sterben. Ich habe gehört, daß der ehrbare Meister für mich ehrbaren Gesellen ehrbare Beförderung hätte, so wollt' ich ihn angesprochen haben auf acht oder vierzehn Tage ... und so lange es ihm und mir gefällt.

Du erinnerst Dich wohl an deutsche Lieder, die wir an der Universität gelernt haben. Bei vielen handelt es sich um das Wandern. Man singt sie in der Epoche des „Autowanderns" wohl weniger als früher, aber der Bauherr kannte Dutzende.

Lustig ist das Spottlied, dessen Strophen mit Pronomen beginnen. „Es, es, es und es, es ist ein harter Schluß, weil, weil, weil und weil ich aus Frankfurt muß ..." Die zweite Strophe beginnt mit viermal „er". „Er" ist der Meister, dem der Geselle geradeweg ins Gesicht sagt, daß ihm die Arbeit nicht gefällt. In der dritten spricht er zur Meisterin, „sie", deren Essen ihm nicht gefällt, und in der vierten bezieht sich „ihr" auf die Mädchen, denen er auf Wiedersehen sagt.

Von den Traditionen haben sich manche bis auf den heutigen Tag erhalten. Auch heute darf nur ein Meister sein eigenes Geschäft aufmachen, in dem er Lehrlinge und Gesellen hält; auch heute machen Lehrlinge eine Lehrzeit von drei Jahren durch. „Es ist noch kein Meister vom Himmel gefallen", heißt der aus dem Handwerk kommende Spruch.

Die Trachten der Zimmerleute, die man auf dem Richtfest sehen konnte, sind nach Jahrhunderten noch dieselben. Die weiten dunklen Hosen sind aus Samt; an der Jacke sind Perlmuttknöpfe; der Schlappphut hat eine breite Krempe. Auf der Wanderschaft gehört noch ein Stock dazu und der „Berliner", ein großes Taschentuch, in dem man seine Siebensachen trägt.

ehrbar honorable
sich befleißigen devote oneself to
die Beförderung haben have a job
ansprechen appeal to, apply to
auf acht oder vierzehn Tage for one or two weeks
das Spottlied satirical song
der Schluß decision
geradeweg bluntly
sich beziehen auf refer to

sich erhalten be preserved
durchmachen to go through
die Tracht (native) dress
Zimmerleute carpenters
der Perlmuttknopf mother-of-pearl button
Schlapp- slouch
die Krempe brim
das Taschentuch (hand)kerchief
die Siebensachen belongings

Nun, das war das Richtfest, das ich aus verschiedenen Gründen lange im Gedächtnis behalten werde; ich wollte Dich daran teilnehmen lassen. Ist das alles noch „aktuell"? Manches, was heute als aktuell gilt, wird es morgen nicht mehr sein. Es werden aber in Deutschland nicht nur Luftschlösser gebaut, und Richtfeste dürfte man noch lange feiern.

Wie geht es Dir? Wenn Du je nach Deutschland kommen solltest, frage die Menschen übrigens nicht, wie es ihnen geht, so wie man es in Amerika bei jeder Gelegenheit macht. Man sagt hier einfach „guten Tag" oder „guten Morgen" oder „guten Abend".

Ist es bei Euch sehr heiß? Ich hätte nichts gegen ein paar warme Tage. Gestern hatten wir 15 Grad Celsius.

Schreibe bald!

Herzlichst
Dein oft an Dich denkender
Richard

im Gedächtnis behalten remember	**das Luftschloß** castle in the air
aktuell "relevant," timely	**15 Grad Celsius** 59 degrees Fahrenheit

Exercises

I. Supply the missing words from the lists preceding the chapter.

1. Wenn man im ersten Stock wohnt, muß man —— steigen.
2. Vom ersten Stock aus geht man auf die Straße ——.
3. Die Tür ist geschlossen, aber Richard hat einen ——.
4. Beim Schreiben von Briefen sitzt er an einem ——.
5. Auf dem Boden liegt ein alter ——.
6. Die Familie Neubauer baut ein Haus nicht in Göttingen selber, sondern —— von Göttingen.
7. In einem —— hängen Anzüge und Kleider.
8. Wenn man um Gottes Segen bittet, so —— man.
9. Ein Teller hat nicht vier Ecken; er ist ——.
10. Die drei Stufen des Handwerks sind Lehrling, Geselle und ——.

II. Form sentences in the passive, using the tense indicated.

1. Richard Frisch / geben / drei sehr große Schlüssel. (past)
2. Die Möbel / bezahlen / bar. (pres.)
3. Das zweite Frühstück / nennen / auch das Gabelfrühstück. (pres.)
4. Musik / spielen / nicht von zwei bis vier. (pres.)
5. Die Handwerker und viele andere / einladen / zum Richtfest. (pres. perf.)
6. Richard Frisch / einladen / auch zum Richtfest. (past)
7. In dieser Gegend / bauen / schon mehrere andere Häuser. (pres. perf.)
8. Es / halten / eine Reihe von Reden. (past)
9. Ein Meister / grüßen / von den anderen Meistern. (pres.)
10. Wanderlieder / singen / immer noch. (pres.)
11. Richtfeste / feiern / noch lange. (future)
12. Es / bauen / nicht nur Luftschlösser. (pres.)

III. Answer briefly.

1. Warum nennt Richard das Haus, in dem er wohnt, einen alten Palast?
2. Warum weigert sich eine Studentin, Frau „Dr." Harder zu sagen?
3. Wozu sind die drei großen Schlüssel?
4. Wozu sind die vier „normal" großen Schlüssel?
5. Beschreiben Sie die Möbel des Zimmers!
6. Was ist ein „zweites Frühstück"? Was ißt man?
7. Wann feiert man das Richtfest?
8. Wer wird zum Richtfest eingeladen?
9. Warum wird das Glas herabgeworfen?
10. In welcher Weise war die politische Unterhaltung unangenehm?
11. Sind die Sitten und Bräuche des Handwerks ausgestorben?
12. Welche Traditionen leben heute noch?
13. Was bedeutet der Spruch: „Es ist noch kein Meister vom Himmel gefallen"?
14. Warum wird Richard noch lange an das Richtfest denken?
15. Was sagt man meist statt „wie geht es Ihnen?" oder „wie geht es dir?" in Deutschland?

Kapitel Sechzehn

Word lists for Chapter Sixteen

NOUNS

die **Größe**	size	der **Puder**	powder
die **Meinung**	opinion	die **Richtung**	direction
das **Paket**	package	der **Teil**	part

VERBS

blühen	bloom, blossom	**einrichten**	furnish
brennen	burn	**pflanzen**	plant
drehen	turn, roll	**riechen (nach)**	smell (of)

OTHER WORDS

irgendein	any	**schließlich**	in the end, after all
nächst	following, next		

Eine Studentenbude im Turm der Johanniskirche

Ich kenne die Deutschen *nicht*

Göttingen, den 26. Juli

Herrn Robert Plattner
Milwaukee, Wisconsin

Lieber Bob!

In Deinem Brief fragtest Du, ob Göttingen so schön sei wie Heidelberg, ob die Männer Lederhosen und die Frauen Dirndlkleider tragen, ob ich viel Sauerkraut esse und Bier trinke. Das waren wohl Fragen, die Du aus Scherz stelltest. Dann wolltest Du im Ernst wissen: Sind die Deutschen wirklich fleißig, diszipliniert, energisch, tüchtig und gewissenhaft? Beugen sie sich gern vor der Autorität? Oder sind sie sentimental und romantisch?

Ich bin fast einen Monat in Deutschland, aber ich kenne die Deutschen nicht; ich kenne nur gewisse einzelne Deutsche. Von allgemeinen Urteilen über Völker und Nationen halte ich nicht viel. Hingegen gibt es schließlich Unterschiede zwischen den Menschen und zwischen den Bräuchen der Menschen. Gestern feierte man zum Beispiel den Geburtstag einer jungen

das **Dirndlkleid** Bavarian-Austrian peasant dress
aus Scherz for fun, as a joke
energisch energetic
tüchtig efficient
gewissenhaft conscientious
halten von think of

179

Dame, Gaby Winter, die ich hier kennengelernt habe. Geburtstage spielen in Deutschland eine größere Rolle als in Amerika. Zum Geburtstag bekommt man hier Geburtstagskarten, wie man bei uns zu Weihnachten Weihnachtskarten bekommt. (Weihnachten ist übrigens ein sehr großes Fest hier, aber man schreibt eben selten Weihnachtskarten.)

Wenn Du meine Beschreibungen liest, wirst Du denken, daß ich über etwas aus dem neunzehnten Jahrhundert berichte. Sagt man heute Gedichte auf, wirst Du zum Beispiel fragen! In Deutschland gibt es Kreise, in denen die Sitten und Bräuche heute noch dieselben sind wie vor hundert Jahren, obwohl manche „verzopft" dazu sagen. In ein und derselben Gegend findet man manchmal die Sitten von gestern sowie Lebensformen, die vielleicht schon die Bräuche von morgen sind. Die Dinge nehmen eben diese Richtung.

Fräulein Winters Vater ist Zahnarzt und hat eine hübsche Villa. Ich war um halb fünf zum Kaffee eingeladen. Pünktlich machte ich mich mit einem Strauß Teerosen und dem Geburtstagsgeschenk, gelbem Briefpapier, auf den Weg. Als ich ankam, standen bereits die Geschwister Neubauer und Walter Guest mit Blumensträußen und Paketen, die an Größe ganz verschieden waren, vor der Haustür; sie wollten gerade klingeln.

Christa Neubauer bat ihren Bruder, einen Augenblick zu warten, und flüsterte mir zu: „Wissen Sie eigentlich, daß man Blumen ohne Hülle überreicht? Man nimmt sie vor dem Überreichen aus dem Papier."

An dem Schild des Zahnarztes Winter stellte ich fest, daß er einen doppelten Doktor hat. Was der zweite ist, weiß ich nicht. Doppelte Doktortitel seien aber keine Seltenheit, erklärte Fritz Neubauer. Man adressiert übrigens auf einem Briefumschlag einen Herrn, der einen doppelten Doktortitel hat, mit Herrn Dr. Dr.!

Nach einigen Scherzen klingelten wir endlich und wurden von Gaby Winter und ihrer Mutter begrüßt. Der Vater ließ sich entschuldigen, denn

zu Weihnachten for Christmas
berichten report
aufsagen recite
das **Briefpapier** stationery
bereits already
die **Hülle** wrapping

das **Schild** nameplate
feststellen ascertain
ein doppelter Doktor two doctorates
die **Seltenheit** rarity
sich entschuldigen lassen beg to be excused

Herzliche Glückwünsche zum Geburtstage

Eine Geburtstagskarte

er war nebenan noch in der Praxis tätig. Als erste gratulierte Christa mit den Worten: „Herzliche Glückwünsche zum Geburtstag!" Fritz sprach feierlich: „Zu Ihrem Wiegenfeste wünsche ich Ihnen das Allerbeste!" Ich sagte nur: „Alles Gute zum Geburtstag und im neuen Lebensjahr", aber Walter Guest hatte einen treffenden Satz auswendig gelernt: „Gnädiges Fräulein, ich möchte mich den anderen anschließen und wünsche Ihnen, daß alles, was Sie sich selber wünschen, in Erfüllung gehen möge."

Das alles wurde von vielem Händeschütteln begleitet. Gaby stellte die Blumensträuße in bereitstehende Vasen. Das Zimmer sah wie ein Blumenladen aus.

Immer wieder klingelte es. Unter den neuen Gästen waren Schulfreun-

nebenan next door	das **Lebensjahr** year of one's life
in der Praxis in his practice	**treffend** appropriate
Herzliche Glückwünsche zum Geburtstag Happy Birthday	sich **anschließen** join
feierlich solemn	**in Erfüllung gehen** come true
das **Wiegenfest** birthday	**begleiten** accompany
	bereitstehend ready and waiting

dinnen, Schulfreunde und Verehrer, von denen Gaby anscheinend nicht wenige hat. Aus Hannover kam ihr älterer Bruder, ein höflicher junger Mann, der an der Technischen Hochschule studiert. Unter den älteren Leuten waren drei Damen, die mir sofort auffielen. Die eine wurde von allen „Tante Rosa" genannt und war Gabys Großtante. Ich mochte sie in ihrer stillen Art sehr. Die zweite nannte man Tante „Amalie", obwohl sie keine Verwandte war. Sie hielt sich sehr gerade und sprach gewollt vornehm. Die dritte war von eleganter Erscheinung, eine Frau von Rodde. Sie war Gabys Patin, wie mir jemand später erzählte. Ich unterhielt mich mit Frau von Rodde, die mir sehr sympathisch war, über Geburtstage und Feiern in Amerika.

Auf dem Gabentisch lagen Geschenke und Karten. Auf einer Seite der Geburtstagskarten ist ein Blumenstrauß oder sonst etwas Passendes, auf der anderen Seite spricht man seine Glückwünsche selber aus. Karten, wie wir sie in Amerika verschicken, mit Versen, unter die man seinen Namen schreibt, kennt man hier anscheinend nicht.

Auch lagen Bücher dort, die zu Weihnachten, zum Geburtstag und sonstigen Gelegenheiten als Geschenke nie fehlen dürfen, sagten mir die Neubauers. Gaby interessiert sich wohl für das Bild der Deutschen in der Welt. Da lagen zum Beispiel Bände mit den Titeln „Die Deutschen als Nachbarn" von dem Franzosen René Lauret, „Wir sahen Westdeutschland" von dem Russen Alexej Adschubej und „Deutschland – kein Wintermärchen" von Vera Elyashiv aus Israel. Von deutschen Autoren waren die Titel „Der häßliche Deutsche?", „Sind die Deutschen wirklich so? Meinungen aus Europa, Asien, Afrika und Amerika" und „Deutschland – Soll und Haben, Amerikas Deutschlandbild."

Als alle Gäste versammelt waren, ging man in das neuzeitlich einge-

der **Verehrer** admirer	die **Patin** godmother
höflich polite	die **Gabe** gift
die **Technische Hochschule** School of Engineering	**passend** suitable
	verschicken send out
sich halten hold oneself	**sonstig** other
gerade erect	**häßlich** ugly
gewollt vornehm in a pointedly aristocratic way	**Soll und Haben** debit and credit
	versammeln gather
die **Erscheinung** appearance	**neuzeitlich** modern

richtete Eßzimmer, wo der Tisch bereits gedeckt war. Auf einer feinen Damastdecke stand ein Strauß Rosen von einer seltenen orangenen Farbe; rechts und links brannten Kerzen. Unter den vielen Kuchen, Torten und Törtchen waren einige, die ich schon kannte, und manche, die mir neu waren. Johannisbeertorte und Stachelbeertörtchen hatte ich zum Beispiel noch nicht gegessen. In manchen Gegenden Amerikas gibt es Johannisbeeren und Stachelbeeren ja selten.

Tischkarten lagen vor jedem Gedeck. Es roch nach frisch gekochtem Kaffee. Nachdem wir Platz genommen hatten, begann die Kuchenschlacht. Nach einer halben Stunde erschien endlich der anscheinend überarbeitete Herr Dr. Dr. Winter, um den Geburtstag seiner Tochter mitzufeiern. Zur selben Zeit klingelte es. Das Dienstmädchen, das an die Tür gegangen war, brachte dem Geburtstagskind ein Päckchen, das per Eilboten gekommen war. „Es ist von meinem Bruder Ulrich", sagte Gaby Winter und zog aus einem kleinen Karton eine handbemalte Puderdose und einen Brief. „Hört nur, was er schreibt!"

> Mein liebes kleines Schwesterlein,
> kann leider heut' nicht bei Dir sein.
> Zum Zeichen, daß ich Dein gedenk',
> übersende ich Dir dies Geschenk.

„Ohne Gedichte geht es bei uns nicht", flüsterte Christa Neubauer, die neben mir saß. „Der zweite Bruder, Hans-Jürgen, wird wahrscheinlich die erste Strophe von Hermann Hesses ‚Julikinder' aufsagen. Als Gaby geboren wurde, ließ Tante Rosa nämlich einen Jasminstrauch für sie pflanzen. Bei

die **Damastdecke** damask tablecloth
selten rare
die **Kerze** candle
die **Johannisbeere** red currant
die **Stachelbeere** gooseberry
die **Tischkarte** place card
das **Gedeck** setting
-schlacht battle
mitfeiern join in celebrating
das **Dienstmädchen** maid

per **Eilboten** special delivery
der **Karton** cardboard box
-bemalt painted
die **Puderdose** compact
zum Zeichen as proof
gedenken think of
übersenden send
die **Strophe** stanza
der **Strauch** bush

manchen läßt man zur Zeit der Geburt in dieser Gegend einen Baum pflanzen, bei manchen eine Zierpflanze.''

In dem Augenblick stand Hans-Jürgen in der Tat auf, lächelte freundlich
seine Schwester an und sprach langsam und ohne Pathos:

> Wir Kinder im Juli geboren
> Lieben den Duft des weißen Jasmin,
> Wir wandern an blühenden Gärten hin,
> Still und in schwere Träume verloren.

Die Gäste lächelten, nickten und wandten sich wieder dem Kuchen und
dem Kaffee zu. Ich bemerkte, daß man den Kaffee erst nachgießt, wenn die
Tasse leer ist. Als ich meiner Tischdame darüber eine Frage stellte, erklärte
sie mir mit einem Lächeln: ,,Sonst bekommt man eine böse Schwiegermut-
ter.''

Nach einer Weile stand Hans-Jürgen auf und setzte sich ans Klavier.
Frau Winter holte ihre Geige, und wir sangen deutsche Volkslieder. ,,Ver-
zopft?'' fragte Christa den Amerikaner. Ein Lied war aber sogar den
deutschen Gästen unbekannt; Hans-Jürgen erklärte, es sei aus dem siebzehnten Jahrhundert. Als eine kleine Pause eintrat, sagte Herr Engström,
ein schwedischer Kommilitone Hans-Jürgens: ,,In den deutschen Liedern
dreht es sich immer wieder um die Natur: Blüten und Blumen, Wind und
Wasser, Bäume und Berge! Die Deutschen, wie die Schweden, sind Natur-
romantiker.'' So meinte jedenfalls Herr Engström.

Später unterhielt ich mich mit Fritz Neubauer über Geburtstagsfeiern
im allgemeinen. Ich gebe Dir kurz wieder, was er mir erzählte.

In den ersten Jahrhunderten des Christentums hielt man die Geburts-

Zier- ornamental	**eintreten** occur
anlächeln smile at	**schwedisch** Swedish
blühend flowering	der **Kommilitone** fellow student
sich **zuwenden** give (one's) attention to	die **Blüte** blossom
nachgießen refill	der **Romantiker** romanticist, romantic
die **Schwiegermutter** mother-in-law	**wiedergeben** give back, reproduce
das **Klavier** piano	das **Christentum** Christianity

Ein Konzert in der Aula, Göttingen

tagsfeiern für eine heidnische Sitte. Man feierte aber den Namenstag. Bis heute feiert man in Teilen Deutschlands, besonders im Süden, den Namenstag. Ich fragte ihn, ob man im allgemeinen sagen kann, daß sich die Sitten und Bräuche in Deutschland regional unterscheiden. Er meinte, ich habe recht; der Ausdruck „deutsche Kultur" verdecke im anthropologischen Sinn des Wortes regionale Unterschiede.

Später am Abend wurde noch ein kaltes Abendbrot serviert. Es war schon zehn Uhr, als ich nach Hause kam. Ich machte das neue Kippfenster auf, setzte mich in meinen Sessel und las noch ein Weilchen in einer Geschichte Deutschlands, in der der Autor die Deutschen das Volk der Mitte nannte. Er meinte es im geographischen Sinn des Wortes, aber es schwangen auch Nebenbedeutungen mit. Ich fragte mich schließlich, ob man irgendein Volk als dies oder das abstempeln soll.

Kurz vor halb zwölf nahm ich das Keilkissen aus dem Bett heraus und schlief gleich ein.

heidnisch heathen, pagan
der **Namenstag** name day, Saint's day
verdecken veil, conceal
das **Kippfenster** window tilting outward at the top

es schwangen auch Nebenbedeutungen mit there were (other) connotations
abstempeln als characterize as
das **Keilkissen** wedge-shaped bolster to elevate the head while sleeping

In den nächsten Tagen fahre ich nach Hameln, der Stadt des Rattenfängers. Ein deutscher Student, dessen Familie dort wohnt, hat mich eingeladen. Alles Gute – auch für Deine Eltern!

Herzliche Grüße
Dein
Richard

Exercises

I. **Supply the missing words from the lists preceding the chapter.**

1. Zum Geburtstag bringen die Leute Geschenke, aber man weiß nicht, was es ist, bis man die —— aufmacht.
2. Manche waren groß und manche klein; sie waren an —— ganz verschieden.
3. Dienstag kommt nach Montag; Dienstag ist der —— Tag nach Montag.
4. Wenn ich über etwas so oder so denke, ist das eben meine ——.
5. Frisch gekochter Kaffee —— gut.
6. Zur Zeit der Geburt läßt man manchmal einen Baum ——.
7. Es gibt regionale Unterschiede in Deutschland; in den verschiedenen —— Deutschlands gibt es verschiedene Sitten und Bräuche.
8. Kann man die Deutschen dies oder das nennen? Kann man —— Volk dies oder das nennen?
9. In dem Zimmer sind schöne Möbel; es ist schön ——.
10. Fahren wir von Göttingen aus nach Norden? In welcher —— fahren wir?

II. **Form subordinate clauses using the tense indicated. Begin each sentence:
„Er schreibt seinem Freund, daß . . . ".**

1. Geburtstage / spielen / in Deutschland eine große Rolle. (pres.)
2. Man / bekommen / zum Geburtstag viele Geburtstagskarten. (pres.)
3. Man / einladen / ihn / zur Geburtstagsfeier. (pres. perf.)
4. Gabys Vater / haben / einen doppelten Doktor. (pres.)
5. Das Zimmer / aussehen / wie ein Blumenladen. (past)
6. Drei ältere Damen / auffallen / ihm. (past)

7. Er / sich unterhalten / lange mit einer der Damen. (past)
8. Viele Geschenke und Karten / liegen / auf dem Tisch. (past)
9. Gaby / sich interessieren / für das Bild der Deutschen in der Welt. (pres.)
10. Herr Dr. Dr. Winter / erscheinen / eine halbe Stunde später. (past)
11. Ein Päckchen / kommen / mit der Post. (past. perf.)
12. Hans-Jürgen / spielen / Klavier. (past)
13. Er / kommen / um zehn Uhr nach Hause. (past)
14. Der Autor eines Buches / nennen / die Deutschen das Volk der Mitte. (past)
15. Er / einschlafen / gleich. (past)

III. Answer briefly.

1. Was denkt Robert Plattner über die Deutschen?
2. Was will er wirklich wissen?
3. Warum schreibt Richard Frisch, daß er die Deutschen nicht kennt?
4. Glaubt er aber, daß es Unterschiede zwischen den Menschen gibt?
5. Was für eine Rolle spielen Geburtstage in Deutschland?
6. Was für eine Rolle spielt Weihnachten?
7. Was schreibt er über Sitten und Bräuche von gestern und, vielleicht, von morgen?
8. Wie gratuliert man, zum Beispiel, zum Geburtstag?
9. Wer waren die drei Damen, die zur Geburtstagsfeier kamen?
10. Was für Bücher lagen auf dem Tisch?
11. Was ist eine Kuchenschlacht?
12. Was hat das Gedicht von Hermann Hesse mit Gaby zu tun?
13. Worum dreht es sich oft in deutschen Liedern?
14. Was ist schlecht, im anthropologischen Sinn des Wortes, bei dem Ausdruck „deutsche Kultur"?
15. Was dürften die Worte „die Deutschen, das Volk der Mitte" bedeuten?

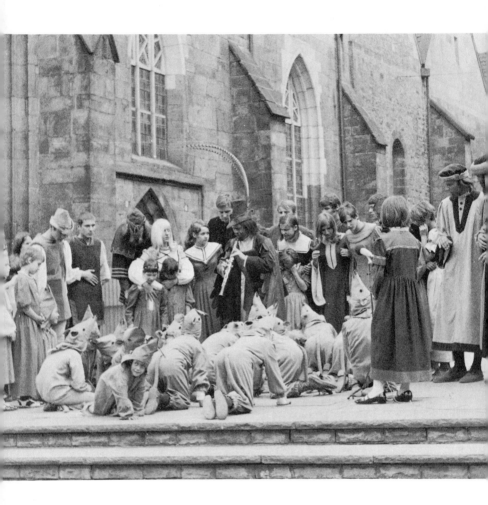

Die Rattenfängerfestspiele in Hameln

Kapitel Siebzehn

Word lists for Chapter Seventeen

NOUNS

die **Bahn**	train	die **Nichte**	niece
die **Birne**	pear	die **Pfeife**	pipe
das **Huhn**	chicken	der **Rock**	skirt, coat
die **Kraft**	strength	der **Stein**	stone
der **Lauf**	course	der **Vetter**	cousin
die **Maus**	mouse	der **Zauber**	magic, spell, charm

VERBS

bieten	offer	**verlangen**	demand, ask for
verdienen	earn	sich **vorstellen**	imagine, picture

OTHER WORDS

ausgezeichnet	excellent	**furchtbar**	terrible, awful
fruchtbar	fertile		

Zauberhaftes, aber nichts Diabolisches in Hameln

Als Richard Frisch eine Einladung erhielt, Erich Altendorf in Hameln zu besuchen, nahm er sofort an. Seit der Unterhaltung im Transeuropa-Expreß hatte er immer wieder an die Rattenfänger-Stadt gedacht. Obwohl er im allgemeinen mit der Sage vertraut war, hatte er von den Einzelheiten keine Ahnung. Von Göttingen aus fuhr er mit der Bahn nach Hameln, wo der Zug kurz vor neunzehn Uhr ankam. Erich Altendorf, der mit der ganzen Familie am Bahnhof war, half ihm beim Aussteigen und stellte ihn seinen Eltern, seiner jüngeren Schwester Dagmar und seinem dreizehnjährigen Vetter Helmut vor. Der Junge setzte sich auf sein Fahrrad, während die Mitglieder der Familie und der Amerikaner in einem kleinen Auto Platz nahmen.

Als Herr Dr. Altendorf auf der Landstraße etwas langsam fuhr, machte ein Fahrer hinter ihm die Scheinwerfer an. Herr Dr. Altendorf fuhr so weit rechts, wie er nur fahren konnte, aber machte es wohl nicht schnell genug,

zauberhaft something enchanting
annehmen accept
vertraut familiar
die **Einzelheit** particulars

die **Landstraße** country road
der **Scheinwerfer** headlight
rechts to the right

190

denn der andere Fahrer schüttelte den Zeigefinger, als er den Wagen der Familie Altendorf überholte.

Im Haus der Familie waren die Möbel im rustikalen Stil der Lüneburger Heide. Man setzte sich an den Eßtisch, auf dem eine handgewebte Decke lag, um Abendbrot zu essen. Im Laufe der Unterhaltung erzählte Frau Altendorf, daß sie am Tage zuvor einer Nichte einen „Wochenbesuch" abgestattet habe. „Obwohl unser Gast aus Amerika ausgezeichnet Deutsch spricht", meinte Dagmar, „wird er das wohl nicht verstehen." Richard Frisch bejahte es, und sie erklärte: „In Deutschland gibt es nichts, was dem amerikanischen ‚shower' entspricht. Dafür statten Verwandte, Bekannte, Freundinnen und Nachbarinnen einer Frau, die im Wochenbett liegt, einen Besuch ab und überreichen ihr Blumen und Geschenke für das Baby."

„In den Dörfern der Umgegend bringen die Nachbarinnen der jungen Mutter das ‚Wochensüppchen', das aber keine Suppe zu sein braucht, sondern etwas Kräftigendes wie zum Beispiel ein gebratenes Huhn", fügte Frau Altendorf hinzu.

Da Richard Frisch erfahren wollte, wie es komme, daß Dagmar so viel über Amerika wisse und Englisch anscheinend sehr gut spreche, erzählte sie, daß sie seit acht Jahren im Gymnasium Englisch lerne. Die meisten Schulkameraden und -kameradinnen lernen Englisch. Sie verdiene sich sogar ihr Taschengeld, indem sie schlechteren Schülern Nachhilfestunden gebe.

Nach dem Abendbrot verabschiedet sich Herr Oberstudienrat Dr. Altendorf. Freitag abends geht er in einen Gasthof zu seinem Stammtisch, an dem sich ein Arzt, ein Apotheker, ein Fabrikbesitzer, der Bürgermeister und

---

der **Zeigefinger** index finger
überholen pass
rustikal rustic
Lüneburger of Lüneburg (in North Germany)
die **Heide** heath
handgewebt handwoven
der „**Wochenbesuch**" childbed visit
(einen Besuch) **abstatten** pay (a visit)
(etwas) **bejahen** say yes

entsprechen correspond
das **Wochenbett** childbed
kräftigend- that gives one strength
das **Taschengeld** pocket money
indem by
die **Nachhilfestunde** tutorial lesson
der **Oberstudienrat** vice-principal
der **Stammtisch** "regular" table
der **Besitzer** owner

Die Lüneburger Heide

Das Rattenfängerhaus in Hamel

mehrere andere Herren von Hameln regelmäßig treffen. Sie spielen Skat, trinken Bier und diskutieren politische Fragen der Zeit.

Die jungen Leute unterhalten sich bis elf über Gymnasien, Universitäten, Sitten und Bräuche. Kurz nach elf wünscht man sich „angenehme Ruhe". Richard Frisch träumt von der Stadt Lübeck.

Nach dem Frühstück fahren sie in die Altstadt und machen einen Spaziergang durch die Straßen mit den jahrhundertealten gepflegten Fachwerk- und Sandsteinhäusern. In den Schaufenstern stehen Rattenfängerfiguren aus Stein, Glas und Porzellan. Eine Bäckerei verkauft Brotratten. Touristen wandern zu Dutzenden in den Gassen umher.

In der einen Straße darf nach altem Brauch keine Musik erklingen, denn aus dieser Straße marschierten die Kinder, dem Flötenspiel des Rattenfängers folgend, ohne je wieder gesehen zu werden. Der amerikanische Student läßt sich die Einzelheiten der Geschichte, die sich hier im Jahr 1284 zugetragen haben soll, von Erich Altendorf erzählen.

der **Skat**   a card game
angenehme Ruhe!   sleep well
die **Bäckerei**   bakery
zu Dutzenden   by the dozen

die **Gasse**   (narrow) street
erklingen   sound, ring out
die **Flöte**   flute
zutragen   happen

Die Stadt Hameln litt arg unter der Rattenplage. Da erschien ein geheimnisvoller Mann in bunten Kleidern und versprach, gegen eine höhere Summe die Stadt von den Ratten zu befreien. Der Rat der Stadt nahm das Angebot des geheimnisvollen Fremden dankbar an und versprach ihm das Geld, das er verlangt hatte. Der Rattenfänger ging durch die Straßen Hamelns und lockte durch sein Flötenspiel bald alle Mäuse und Ratten aus den Häusern und Straßen. Sie folgten ihm willig aus der Stadt und ertranken in der Weser. Aber die Bürger der Stadt, von der furchtbaren Rattenplage befreit, hielten nicht ihr Wort und zahlten ihm keinen Lohn. Da nahm der Rattenfänger Rache. Er zog wieder durch die Straßen Hamelns und spielte auf seiner Flöte. Diesmal folgten ihm die Kinder und verschwanden spurlos.

Inzwischen sind Frisch und die Geschwister Altendorf am Rattenfängerhaus angekommen, das im Jahre 1603 erbaut wurde. Es hat seinen Namen von der Inschrift, die an der Seite des Hauses über den Exodus der Hamelner Kinder berichtet. In der Nähe ist auch der Rattenkrug, ein Restaurant aus dem Jahr 1250. Da Frau Altendorf sie aber zur Mittagszeit zu Hause erwartet, gehen sie weiter zum Museum, in dem sich Rattenfängerbilder, -skulpturen und -dokumente befinden.

Sie werfen einen Blick in mehrere Handschriften, bevor sie nach Hause gehen.

Die aus Süddeutschland stammende Frau Altendorf erklärt, Herr Frisch bekomme heute etwas zu essen, was er noch nicht kenne: Hefeklöße mit Birnensoße. Bei Tisch unterhält man sich weiter über die geheimnisvolle Gestalt des Rattenfängers und die Sage.

leiden suffer	**ertrinken** drown
arg severely	die **Weser** Weser river
-plage plague	der **Lohn** reward
geheimnisvoll mysterious	die **Rache** revenge
versprechen promise	**verschwinden** disappear
gegen in return for	**spurlos** without a trace
befreien free, liberate	die **Inschrift** inscription
der **Rat** council	**-krug** jug
das **Angebot** offer	**einen Blick werfen** cast a glass
der **Fremde** stranger	die **Handschrift** manuscript
dankbar gratefully	der **Hefekloß** dumpling made with yeast
locken coax, entice	die **Gestalt** person, figure
willig willingly	

„Viele Wissenschaftler haben sich mit der Sage beschäftigt", erklärt Herr Oberstudienrat Dr. Altendorf. „Kein zeitgenössisches Dokument berichtet von dem Exodus der Hamelner Kinder. Auch die Chronik der Kirche zu Hameln aus dem Jahre 1384 erwähnt nichts davon. Es ist wohl so wie mit Wilhelm Tell und Faust; erst Jahre später entsteht die eigentliche Sage. In einer Handschrift des vierzehnten Jahrhunderts ist zu lesen, daß 130 Hamelner Kinder einem Flötenspieler folgten, aber erst im sechzehnten Jahrhundert bringt man die Sage mit der Gestalt des Rattenfängers in Verbindung. Im neunzehnten Jahrhundert wurde sie eine bekannte Sage der Weltliteratur, als Robert Browning in England über den „Piper" schrieb.

Herr Dr. Altendorf zündet seine Pfeife an und fährt dann fort: „Für die Sage gibt es viele Erklärungen. Eine Theorie bringt sie in Verbindung mit einer Schlacht, in der ein großer Teil der Hamelner Jugend umkam. Eine andere Interpretation sieht die Hamelner Jugend als Siedler des deutschen Ostens mit ihrem Anführer aus der Stadt ziehen. „Aber", so schließt Herr Dr. Altendorf seinen Vortrag, „wir müssen uns das bekannte Rattenfängerfries in der Nähe der Weser ansehen."

Da sie das Mittagessen beendet haben, fahren sie zum Rattenfängerfries hinaus. Aber ist das der verführerische Pfeifer, den sich der amerikanische Student vorgestellt hat? Mit ernsten Augen sieht der Pfeifer in eine unsichere Zukunft. Nicht Kinder, sondern Männer und Frauen folgen ihm in zwei Wagen. Dahinter gehen Scharen von Menschen zu Fuß. Unter dem Fries steht die Jahreszahl 1284. Das zweite Relief stellt eine Katastrophe aus dem Jahr 1945 dar: Scharen von Flüchtlingen aus dem Osten streben der Stadt Hameln zu.

Am Nachmittag fahren sie durch das fruchtbare Land der Umgegend.

sich **beschäftigen** occupy oneself	das **Fries** frieze, ornamented strip
zeitgenössisch contemporary	**verführerisch** tempting, seductive
erwähnen mention	der **Pfeifer** piper
entstehen come into being	**unsicher** undertain
in Verbindung bringen connect	die **Zukunft** future
anzünden light	der **Wagen** coach
die **Erklärung** explanation	die **Schar** multitude
umkommen die	der **Flüchtling** refugee
der **Siedler** settler, pioneer	**zustreben** try to reach
der **Anführer** leader	

Die Schaumburg im
Weserbergland bei Hameln

Die roten Bauernhäuser mit blauem Fachwerk sind ihm vertraut, denn er hatte solche Häuser vom Zugfenster aus schon einmal gesehen. Blitzsauber sind die Höfe. Nach altem Brauch wird am Sonnabend im Haus und auf dem Hof aufgeräumt, damit man den Sonntag feierlich begehen kann. In den Gärten arbeiten Bäuerinnen in langen roten Röcken; darüber tragen sie bunte Schürzen. Es ist die Tracht der Gegend.

Während der Fahrt nach Hause sehen sie die Schaumburg auf einem Berg in der Ferne liegen. Richard Frisch trägt sich ins Gästebuch der Familie Altendorf ein. Er schreibt den Gastgebern einige verbindliche Worte über ihre Gastfreundschaft und über ihre Heimat in das Buch.

Für den Sonntag hat Herr Dr. Altendorf auf der Rathausterrasse Plätze reserviert. Während der Sommermonate finden jeden Sonntag um zwölf Uhr die Rattenfänger-Festspiele in Hameln statt. Die Rathausterrasse ist mit dem Auto in einigen Minuten zu erreichen. Touristen aus verschiedenen Gegenden Deutschlands, den skandinavischen Ländern, England, Frankreich und Amerika warten auf den Beginn der Spiele.

Kurz nach zwölf Uhr zieht der Rattenfänger in Schnabelschuhen und bunten Kleidern, auf einer Flöte spielend, vorüber. Erst folgen ihm Scharen von Ratten-Kindern, die Rattenkostüme tragen – und dann die Kinder in mittelalterlichen Kleidern. Es ist ein hellichter Sommertag; in der Szene, die sich im Zentrum des Städtchens abspielt, schwingt im Sonnenschein etwas Zauberhaftes, aber nichts Diabolisches mit. Hameln hat sich mit dem Rattenfänger ausgesöhnt; Hameln und der Rattenfänger sind heute untrennbar.

Herr Altendorf hat seinem amerikanischen Bekannten angeboten, am nächsten Tag mit ihm nach Lübeck zu fahren. Er möchte mit Richard Frisch auf Umwegen fahren, denn es gebe in der Gegend manche Sehenswürdigkeiten.

Montag morgen macht der Amerikaner mit Dagmar Altendorf einen kleinen Bummel durch die Stadt, um sich Ansichtskarten und einige Rattenfängerfiguren zu kaufen. In den Straßen und besonders vor den Geschäften herrscht großer Trubel. Dagmar erklärt ihm, daß heute Sommerschlußverkauf sei, der viele Hamelner und Leute aus der Umgegend hierher gebracht habe. In Deutschland gebe es nur zwei Ausverkäufe, einen gegen Ende des Sommers und einen gegen Ende des Winters. So sei es im Norden und im Süden, im Westen und im Osten der Bundesrepublik.

Auf dem kurzen Nachhauseweg erzählt Dagmar von berühmten Männern, unter ihnen Goethe, die Hameln angezogen habe. Bis heute – so empfindet es Richard Frisch – spürt man noch den Zauber, der von dieser Stadt ausgeht. Die Gassen Hamelns strömen von der Sage und Gestalt des Rattenfängers etwas aus, das einen nicht losläßt.

vorüberziehen	go by	die **Sehenswürdigkeit**	point of interest
Schnabel-	pointed	**herrschen**	be, reign
mittelalterlich	medieval	der **Trubel**	hubbub
hellicht	bright	**-schlußverkauf**	clearance sale
sich **abspielen**	take place	der **Ausverkauf**	clearance sale
mitschwingen	be suggested	**anziehen**	attract
sich **aussöhnen**	make one's peace	**empfinden, spüren**	sense, feel
unzertrennlich	inseparable	**ausströmen**	radiate
auf Umwegen	in a roundabout way	**nicht loslassen**	haunt

Exercises

I. Supply the missing words from the lists preceding the chapter.

1. Richard Frisch fuhr nicht mit dem Auto, sondern mit der —— von Göttingen nach Hameln.
2. Man nennt die Tochter eines Bruders oder einer Schwester eine ——.
3. Man nennt den Sohn eines Onkels oder einer Tante einen ——.
4. Man bringt einer Frau, die ein Baby bekommen hat, etwas Gutes zu essen, zum Beispiel ein gebratenes ——.
5. Während der Unterhaltung, also im —— der Unterhaltung erzählte Frau Altendorf vom Besuch bei ihrer Nichte.
6. Dagmar —— sich Geld, indem sie Stunden gibt.
7. Äpfel sind rund, aber ——, aus denen Frau Altendorf eine Soße macht, sind nicht rund.
8. Herr Altendorf raucht nicht Zigarren oder Zigaretten; er raucht aber eine ——.
9. Der Rattenfänger wollte eine große Summe Geld haben; er —— eine große Summe.
10. In dem Land der Umgegend wächst viel Obst; es ist ein —— Land.
11. Das Obst schmeckt gut; es ist wirklich ——.
12. Alle Ratten und —— folgten dem Rattenfänger aus den Häusern und Straßen.

II. Form subordinate sentences using the subjunctive of indirect discourse. Begin each sentence: „Richard Frisch erfährt, daß ... ".

1. Die Schwester Dagmar / sprechen / anscheinend sehr gut Englisch.
2. Sie / lernen / seit acht Jahren Englisch.
3. Sie / verdienen / auch Geld.
4. Sie / geben / manchen Schülern Stunden.
5. Herr Dr. Altendorf / gehen / jeden Freitag zu seinem Stammtisch.
6. Herr Dr. Altendorf / spielen / Skat und / trinken / Bier.
7. Eine Bäckerei / verkaufen / Brotratten.
8. Das Rattenfängerhaus / haben / seinen Namen von der Inschrift an der Seite des Hauses.
9. Die Familie Altendorf / stammen / aus Süddeutschland.
10. Kein Dokument der Zeit / berichten / von dem Exodus der Kinder.
11. Es / sein / wohl so wie mit Wilhelm Tell und Faust.
12. Es / geben / für die Sage viele Erklärungen.

III.   Answer briefly.

1.   Warum schüttelt der Mann auf der Landstraße den Finger?
2.   Warum war Frau Altendorf bei ihrer Nichte?
3.   Wie verdient Dagmar Altendorf etwas Geld?
4.   Was erinnert einen in den Schaufenstern von Hameln an die Figur des Rattenfängers?
5.   Warum zog der Rattenfänger zum zweiten Male durch die Straßen Hamelns?
6.   Wie alt ist die Sage, und wann wurde sie erst in der Welt bekannt?
7.   Welche Erklärungen gibt es für die Sage?
8.   Was hat das Jahr 1945 mit der Geschichte Deutschlands zu tun?
9.   Beschreiben Sie die Höfe und die Bauern der Umgegend!
10.   Wie oft gibt es Rattenfänger-Festspiele?
11.   Was für eine Szene spielt sich vor der Rathausterrasse ab?
12.   Was ist ein Gästebuch?

Kapitel Achtzehn

Word lists for Chapter Eighteen

NOUNS

der **Daumen**	thumb	der **Kranke**	sick person, patient
die **Ferien** (pl.)	vacation	das **Loch**	hole
der **Hafen**	port	der **Staat**	state, nation

VERBS

heilen	cure, heal	**strecken**	stretch
raten	advise, counsel	**verkaufen**	sell
springen	jump	**zerstören**	destroy

OTHER WORDS

besonder	special, particular	**spitz**	pointed
darauf	after that	**tot**	dead
lauter	nothing but	**übrig**	left (over)
nämlich	(as) you (may) know		

Der Eulenspiegelbrunnen in Mölln

Eulenspiegel, Thomas Mann und Vergnügen an Veränderungen

Am nächsten Tag fahren Erich Altendorf und der Amerikaner nach dem Mittagessen durch die Lüneburger Heide nach Lübeck. Die blühende Heide erinnert den Studenten an ein Gedicht von Theodor Storm, das er im dritten Semester gelesen hatte.

> Es ist so still. Die Heide liegt
> im warmen Mittagssonnenstrahle,
> ein rosenroter Schimmer fliegt
> um ihre alten Gräbermale;
> die Kräuter blühn, der Heideduft
> steigt in die blaue Sommerluft.

So weit das Auge reicht, kein Haus und kein Mensch, bis sie durch Lüneburg fahren, wo Johann Sebastian Bach in den ersten Jahren des achtzehnten Jahrhunderts als Schüler weilte. Nördlich von Lüneburg fahren sie an Häusern vorbei, auf denen Störche nisten. Sie verbringen die Nacht nicht weit

der **Strahl** ray(s)
der **Schimmer** glitter, shimmer
das **Gräbermal** tomb, grave

das **Kraut** plant, herb
der **Storch** stork
nisten nest

von Lüneburg in einem dreihundert Jahre alten Gasthof. In der Frühe frühstücken sie im Schatten des Eulenspiegel-Denkmals in Mölln, wo er wohl im
Jahre 1350 an der Pest gestorben ist. Till Eulenspiegel sitzt auf einem Stein,
schmunzelt und hält den Daumen hoch.

„Er war ein Spaßmacher, der den Bürgern in den verschiedensten Formen
Streiche spielte. Eulenspiegel ist der dumme, aber listige Bauer, der alles
falsch versteht und bildliche Befehle wörtlich ausführt. Ich gebe Ihnen ein
Beispiel", sagt Erich Altendorf.

„Till Eulenspiegel kam nach Braunschweig, wollte zum Gasthof und
fragte einen Bäcker nach dem Weg. Der Bäcker hielt ihn für einen wandern-
den Gesellen und fragte, ob er vielleicht bei ihm arbeiten möchte. Eulenspiegel sagte ja, obwohl er von der Arbeit keine Ahnung hatte. In den ersten
zwei Tagen ging es gut. Der Bäcker war in seinem Geschäft und tat die
meiste Arbeit selbst. Am dritten Tag sagte er: ‚Ich will heute früh zu Bett
gehen. Heute nacht kannst du backen.‘ ‚Was soll ich denn backen?‘ fragte
Till. ‚Meinetwegen Eulen und Meerkatzen‘, erwiderte der Meister ärgerlich
und verließ das Geschäft. Als er am nächsten Morgen in die Backstube kam,
sah er zu seiner Verwunderung lauter Eulen und Meerkatzen, die Till gebacken hatte. ‚Was ist das?‘ fragte der Meister. ‚Sie sehen doch! Eulen und
Meerkatzen – das, was Sie befohlen haben.‘ ‚Mach, daß du fortkommst,
aber zuvor bezahl den Teig.‘ Das tat Till Eulenspiegel auch. Im Gasthof
verkaufte Till die gebackenen Eulen und Meerkatzen ohne Schwierigkeiten;
er verkaufte sogar den Korb des Bäckers. Der Bäckermeister ärgerte sich
darüber, als er davon hörte, suchte Till, aber dieser hatte längst der Stadt den
Rücken gekehrt."

„Indem Till Eulenspiegel Befehle wörtlich ausführt", erklärte Erich

in der Frühe in the morning	**halten für** consider to be
der **Gasthof** inn	**meinetwegen** for all I care
Mölln A small health resort in Northern	die **Eule** owl
Germany.	die **Meerkatze** (long-tailed) monkey
die **Pest** plague	die **Verwunderung** amazement
der **Spaßmacher** joker	**fortkommen** get out
Streiche spielen play tricks on	**zuvor** first
listig cunning	der **Teig** dough
bildliche Befehle wörtlich ausführt carries	**sich ärgern** be annoyed
out metaphorical commands literally	**den Rücken kehren** show one's back to

Altendorf, „überlistet der schlaue Bauer die starken und mächtigen Bürger der Stadt. Die absurden Eulenspiegel-Geschichten sind eine Satire auf die Städter, das Zunftwesen, Gelehrte und überhaupt die sogenannten führenden Menschen der Gesellschaft. Ich gebe Ihnen noch ein Beispiel."

„Till Eulenspiegel kam einmal nach Nürnberg im Süden Deutschlands und erzählte den Leuten, er sei ein Wunderdoktor. Der Verwalter des Nürnberger Krankenhauses hörte von ihm und ließ ihn zu sich kommen. ‚Ich habe zu viele Kranke in meinem Krankenhaus', sagte der Verwalter. ‚Kannst du sie nicht heilen?' ‚Gern heile ich die Kranken', antwortete Till. ‚Ich garantiere, daß ich sie alle an einem Tag gesund mache.' ‚Was kostet das aber?' fragte der Krankenhausverwalter. ‚Zweihundert Gulden.' ‚Das ist etwas viel.' ‚Nun, guter Rat ist teuer.' Am nächsten Tag ging Till Eulenspiegel ins Krankenhaus. Indem er von Bett zu Bett ging, flüsterte er jedem Kranken ins Ohr: ‚Ich will euch alle gesund machen. Aber der Kränkste, den muß ich zermahlen und daraus eine Medizin machen.' Darauf verließen alle Kranken eilig das Krankenhaus. Als der Krankenhausverwalter hörte, daß das Krankenhaus leer sei, gab er Till nicht nur zweihundert Gulden, sondern zwanzig Gulden mehr. Nur kamen die Kranken am nächsten Tag wieder zurück. Till Eulenspiegel war aber längst fort, und der Krankenhausverwalter hatte das Nachsehen."

Till ist ja, wie Faust, eine historische Persönlichkeit, aber die absurden Geschichten wurden wohl von einem Braunschweiger Bürger erfunden. Richard Frisch nimmt sich vor, sich die Eulenspiegel-Geschichten in einer Buchhandlung zu besorgen. Erst ruft er aber Brigitte Wolf an, der er am Tage zuvor geschrieben hatte, und teilt ihr mit, daß er in ungefähr einer Stunde in Lübeck sein werde.

Er freut sich darauf, Brigitte Wolf wiederzusehen, die ihm auf dem Flug

---

überlisten outwit
schlau sly
der Städter townsman
das Zunftwesen guild system
Wunder- miracle
der Verwalter administrator
garantieren guarantee
der Gulden guilder
der Rat advice

guter Rat ist teuer it's a critical situation
zermahlen grind up
eilig in a hurry
das Nachsehen haben have one's trouble for nothing
Braunschweig An old city in Northern Germany; the population is about 270,000.
erfinden make up
sich vornehmen make up one's mind

nach Deutschland wie ein gutes Omen erschien. Nach kurzer Fahrt wird die Silhouette Lübecks sichtbar. Sieben schlanke Türme zeichnen sich am Himmel ab.

Die Stadt Lübeck ist ein Beispiel für das Verschmelzen von Altem und Neuem, wie es für viele deutsche Städte im zwanzigsten Jahrhundert charakteristisch geworden ist. Etwas außerhalb der Stadt stehen ultramoderne Hochhäuser; in einem dieser wohnt Brigitte mit ihren Eltern. Richard Frisch klingelt; im selben Augenblick öffnet sie die Tür. Das ihm bekannte Lächeln spielt um ihren Mund. Nach einer kurzen Unterhaltung mit ihrer Mutter fahren sie mit Brigitte in die Stadt zurück.

Zunächst fahren sie zu dem Buddenbrookhaus, in dem Thomas Mann geboren wurde und das den Titel seines ersten Romans führt. „Verfall einer Familie" ist der Untertitel. Als Thomas Mann mit seiner Frau nach Jahren des Exils in Amerika wieder nach Lübeck kam, stand er vor der Fassade des Hauses. Durch die Löcher, die einmal Fenster waren, sah er den Himmel. Nach der Bombennacht zum Palmsonntag im Jahre 1942 war nur die Fassade übriggeblieben.

Das Haus, vor dem sie stehen, ist wiederhergestellt. Überhaupt ist vieles in Lübeck wiederhergestellt; von Krieg und Zerstörung ist gar nichts mehr zu sehen.

Brigitte führt sie zur gotischen Marienkirche, von der sie Richard Frisch schon im New Yorker Flughafen erzählt hatte. Sie gehen zunächst zur Briefkapelle, wo die Schreiber früher ihre Stände hatten und Verträge schrieben für Bürger, die selbst nicht schreiben konnten. Sie besuchen die Totentanzkapelle, sehen sich die astronomische Uhr an, die seit Jahrhunderten nicht nur Stunden und Daten, sondern auch Sonnenfinsternisse angibt.

mitteilen inform	übrigbleiben be left
sich abzeichnen stand out	wiederherstellen rebuild, restore
das Verschmelzen fusing	die Zerstörung destruction
das Hochhaus building with about ten or more floors	die Briefkapelle letter chapel
	der Vertrag contract
spielen hover	Totentanzkapelle The dance of death has
zunächst at first	represented pictorially (since the 14th cen-
führen have	tury) the boundless power of death.
der Verfall decline, fall	-finsternis eclipse
Unter- sub-	angeben specify

Strandkörbe an der Küste, Nordseeheilbad Baltrum

Das Buddenbrookhaus in Lübeck

Brigitte zeigt ihnen weiter die Orgel, auf der Johann Sebastian Bach spielte, und die Bürgermeisterkapelle, in der der Rat der Stadt früher zusammenkam.

Von der Kirche aus, die das Stadtbild beherrscht, gehen sie zum nebenan liegenden Rathaus, das in der Zeit von 1230 bis 1350 erbaut wurde, und zum Holstentor, das Richard Frisch aus Brigittes Beschreibung kennt und auf den Fünfzigmarkscheinen gesehen hat. Es liegt mit seinen zwei spitzen Türmen wie auf einer Insel, an der rechts und links der Verkehr den Waren- und Geschäftshäusern zufließt.

die **Orgel** organ
das **Stadtbild** general character of a city
beherrschen dominate

das **Warenhaus** department store
zufließen flow toward

„Bei dem warmen Wetter fahren viele Menschen nach Travemünde an der Ostsee", erklärt Brigitte. „Haben Sie Lust zu baden?"

Auf dem Weg nach Travemünde erzählt Brigitte einiges über die Geschichte des mondänen Ortes, wo heute wöchentliche Fernsehprogramme inszeniert werden. „Peter Minuit soll Manhattan für vierundzwanzig Dollar gekauft haben." So hatte Brigitte Wolf es in Amerika gelesen. „Lübecker Bürger haben im vierzehnten Jahrhundert 1050 Mark für Travemünde bezahlt. Seit langer Zeit haben wohlhabende Lübecker dort Sommerhäuser. Manche berühmte Russen kamen mit dem Schiff nach Travemünde – unter ihnen Iwan Turgenjew, dessen Werke Thomas Mann liebte und immer wieder las, und Fedor Dostojewski."

Richard Wagner las hier den „Till Eulenspiegel" und dachte daran, eine ‚echte deutsche komische Oper' über Eulenspiegel zu schreiben. Es wurde aber nichts daraus.

Unweit vom Strand parken sie den Wagen. Das Strandbild ist anders als das, was er von Lake Michigan her kennt. Die Menschen sitzen in Hunderten von Strandkörben. Vor den Körben spielen nackte Kinder. Brigitte Wolf errät seine Gedanken: „Babys und kleine Kinder können hier ohne Kleidung herumlaufen; niemand denkt sich etwas dabei. Hingegen geht man nicht im Badeanzug auf der Promenade spazieren. Vielleicht wird es morgen anders, aber heute ..."

Die drei mieten sich einen Strandkorb. Einer nach dem andern zieht sich im Korb um, die beiden Deutschen schneller als der Amerikaner. „Gewöhnen Sie sich so langsam an die deutschen Lebensformen?" fragt Brigitte Richard Frisch.

Links zeichnet ein junges Mädchen mit dem rechten Zeigefinger ein Herz in den Sand vor ihrem Strandkorb. „In Amerika", sagte Brigitte, bevor

---

baden swim
mondän modish
Turgenjew Ivan Turgenev (1818–1883) Russian novelist.
Dostojewski Fedor Dostoevski (1821 to 1881), Russian novelist.
Es wurde aber nichts daraus But nothing came of it
der Strand beach

das **Strandbild** general character of a beach
der **Strandkorb** canopied beach chair
nackt naked
erraten guess
etwas dabei anything about it
der **Badeanzug** bathing suit
sich **mieten** rent
sich **umziehen** change
sich **gewöhnen an** get used to

Richard ihre Frage beantworten konnte, „bekam ich am 14. Februar zwei Karten. Ich wußte erst nicht, was sie zu bedeuten hatten, denn in Deutschland kennt man keinen Valentinstag. Sie haben aber sonst genug Gelegenheit, sich beliebt zu machen. Im allgemeinen schenken die Herren den Damen oft Blumen hier – und nicht nur zu einer besonderen Gelegenheit."

„Um auf ihre Frage zurückzukommen", sagte Frisch, „ich werde mich schon an die deutschen Lebensformen gewöhnen. Im Augenblick denke ich aber an Thomas Mann, der in seinem Essay ‚Lübeck als geistige Lebensform' schrieb, er habe in Travemünde die ‚glücklichsten Tage' seines Lebens verbracht." Richard Frisch streckt die Beine von sich, läßt sich die Sonne ins Gesicht scheinen und lauscht der Ostseebrandung, deren Wellen einige Kilometer östlich von Travemünde ans Ufer der Deutschen Demokratischen Republik spülen. Das Wasser, in dem sie vor der Rückfahrt nach Lübeck baden, schmeckt nicht nach Meer, denn der Salzgehalt ist geringer als in der Nordsee oder im Ozean.

Nachdem sie sich angezogen haben, macht Brigitte den Vorschlag, am nächsten Tag eine Dampferfahrt nach Kopenhagen zu machen. Da die beiden jungen Herren auf den Vorschlag begeistert eingehen, besorgen sie sich sofort Karten, die DM 49,50 das Stück kosten. Für das Geld bekommt man ein Frühstück, einen „Kalten Tisch" – man kann essen, soviel man will – und die Busfahrt vom Hafen Kopenhagens zur Stadt. Die Dampferfahrt dauert acht Stunden.

In Lübeck treffen sie sich mit Brigittes Bruder und essen zu Abend in dem historischen Restaurant, das den Namen Schafferhaus führt. Sie essen die Spezialität der Gegend, Labskaus. Beim Essen unterhält man sich über jetzt

beantworten answer	**schmecken nach** taste of
sich **beliebt machen** ingratiate oneself	der **Gehalt** content
schon all right	**geringer** less
geistig intellectual	der **Vorschlag** proposal
von sich strecken stretch out	**Dampfer-** boat
lauschen listen to	**begeistert eingehen auf** agree enthu-
die **Brandung** breakers	siastically to
die **Welle** wave	das **Stück** apiece
das **Ufer** shore	das **Labskaus** made with meat, fish, and
spülen wash up	potatoes
die **Rückfahrt** return	

Ein Fischmarkt in Kopenhagen

schon „alte Zeiten" in New York, Frankfurt und Paris, aber auch weiter
über „Lübeck als geistige Lebensform".

„Wir Lübecker haben wohl alle Thomas Manns Essay gelesen", bemerkte
Herr Wolf. „Immer wieder haben wir es erstaunlich gefunden, wie dieser
Weltmann und Weltbürger schreiben konnte, daß Lübeck ‚als Stadt, als
Stadtbild und Stadtcharakter, als Landschaft, Sprache, Architektur durch-
aus nicht nur in Buddenbrooks … seine Rolle spielt, sondern daß es von
Anfang bis Ende in meiner ganzen Schriftstellerei zu finden ist …'."

erstaunlich astonishing   die **Schriftstellerei** writing
durchaus by no means

„Was mich ebensosehr interessiert, ist etwas anderes. Als wir uns in New York kennenlernten", sagte Brigitte mit einem Blick auf Richard Frisch, „sprachen wir davon, daß sich die Lebensformen in der Welt wandeln. Obwohl die Veränderungen in den Großstädten schneller als in den Kleinstädten vor sich gehen, ist es keine Frage, daß sich Sitten und Bräuche wandeln. Nun schrieb Thomas Mann in seinem Lübecker Essay, und das war im Jahr 1926: ‚Über Europa geht heute, wir fühlen und erfahren es alle, eine gewaltige Veränderung hin, eben das, was man Weltrevolution nennt, eine ... Umwälzung unseres gesamten Weltbildes ... daß unsere Kinder, vor dem Kriege oder nach ihm geboren, tatsächlich schon in einer neuen Welt leben, die von unserer ursprünglichen wenig mehr weiß.' Ist die Umwälzung in unserer Zeit nun ebenso groß, größer ... ?"

Brigittes belesener Bruder zitiert den Aphorismus Lichtenbergs: „Vergnügen an Veränderung ist dem Menschen bleibend eigen."

Da es schon spät geworden ist und man am nächsten Tag viel vorhat, verabschiedet man sich mit einem Wohl auf Veränderungen.

Am nächsten Morgen fahren Richard Frisch und Erich Altendorf in der Frühe von dem kleinen Hotel aus, in dem sie die Nacht zubrachten, nach Travemünde. Dort warten die Geschwister Wolf schon auf sie. Im Hafen liegen schwedische, norwegische und dänische Schiffe. Die vier fahren mit dem „Kronprins Carl Gustav". Vom Wasser aus hat man einen Überblick über die Ostseeküste, von der im Osten Leuchtkugeln aufsteigen. Brigitte erklärt: „Die Leuchtkugeln sind Warnschüsse, denn drüben ist Mecklenburg, das zur Deutschen Demokratischen Republik gehört."

ebensosehr just as much	**eigen** peculiar (to)
vor sich gehen take place	**ein Wohl** here's to!
hingehen take place	**von ... aus** from
gewaltig mighty, violent	**zubringen** spend
die Umwälzung upheaval	**norwegisch** Norwegian
gesamt entire	**Kronprins** (Danish) crown prince
tatsächlich actually	**der Überblick** general view
ursprünglich original (one)	**die Küste** coast
belesen well-read	**die Leuchtkugel** colored ball of light
bleibend lastingly	**der Warnschuß** warning shot

Die Fahrt verbringen sie zum Teil bei einem reichlichen Frühstück im Speisesaal des Schiffes. Herr Wolf, der über Etymologie ziemlich gut Bescheid weiß, erklärt: „Kopenhagen bedeutet eigentlich der Hafen der Kaufleute. Im Englischen sind das Wort ‚cheap‘ und der Name ‚Chapman‘ mit Deutsch ‚kaufen‘ und Dänisch ‚Copen-‘ verwandt."

In der dänischen Stadt fahren sie mit dem Bus bis ins Stadtzentrum und wandern dann in den Straßen und Parks herum. Vor dem Dom beim Alten Markt bleiben sie genau dort stehen, wo der Philosoph Sören Kierkegaard und der Märchenerzähler Hans Christian Andersen sich auf ihrem täglichen Spaziergang trafen. Dem Amerikaner ist vor allem Andersens Geschichte mit dem Lied „Ach, du lieber Augustin, alles ist hin" bekannt. In der Nähe des Rathausplatzes – er heißt eigentlich Raadhuspladsen – setzen sie sich im Andersen-Boulevard vor dem Tivoli an einen Café-Tisch und trinken etwas Kaltes. An einem Nebentisch holt eine junge Dame eine Zigarette aus der Handtasche, sobald der Kellner verschwunden ist, und sieht sich suchend nach Feuer um. Von einem anderen Tisch springt ein Mann, der gerade darauf gewartet hatte, auf und gibt ihr Feuer. Sie lächelt und sagt leise: „Tak". Er antwortet deutsch: „Bitte!" Als die Geschwister Wolf, Erich Altendorf und Richard Frisch eine halbe Stunde später aufstehen, um zum Schiff zurückzufahren, gehen die junge Dame und der junge Mann zusammen aus dem Café heraus.

An Bord des Schiffes erkundigen sie sich nach Karten für Kabinen. Sie haben kein Glück; die Kabinen sind seit Wochen ausverkauft. Zwei Herren mit bayrischen Joppen, die neben ihnen stehen, haben mehr Glück. Sie hatten sich ihre Karten von einer Reisegesellschaft reservieren lassen. Richard Frisch fällt der bayrische Dialekt auf, den sie sprechen; manche Wörter versteht er nicht. Auf dem Weg zu einer Halle, in der man ihnen

reichlich ample	die **Handtasche** purse
der **Speisesaal** dining room	**verschwinden** disappear
gut Bescheid wissen be well informed	**aufspringen** jump up
die **Kaufleute** merchants	**Tak** (Danish) thank you
verwandt related	sich **erkundigen** inquire
-erzähler teller, writer	**bayrisch** Bavarian
hin lost, gone	die **Joppe** jacket
Tivoli Tivoli Gardens	

Liegesessel zuweist, erklärt ihm Brigitte: „Süddeutsche fahren in den Ferien zuweilen nach Lübeck, Hamburg und Skandinavien; öfter fahren die Norddeutschen aber nach Bayern, Österreich und weiter nach Süden."

„Ich begrüße es, wenn Norddeutsche, zum Beispiel Studentinnen aus Lübeck, in der Richtung nach Westen reisen."

„Internationale Kontakte sind menschlich wertvoll", sagt Brigitte, ohne auf die persönliche Bemerkung einzugehen, „obwohl ich mir keine Illusionen mache. Es stimmt nämlich nicht, daß der Austausch von Studenten die Freundschaft ihrer Völker mit sich bringt. Erst kommt die politische Freundschaft der Staaten, dann kommt der Austausch von Studenten."

„In dem Augenblick, als Sie es aussprachen, sah ich ein, daß Sie die Sache ins rechte Licht stellen", sagt Frisch.

Brigitte Wolf nickt, das Schiff schaukelt leicht. Bald darauf schlummern sie in den bequemen Liegesesseln, die sie an die Sessel im Flugzeug erinnern.

der **Liegesessel** deck chair	**eingehen auf** enter into the spirit of
zuweisen assign	**einsehen** realize
menschlich humanly	**schaukeln** pitch
die **Bemerkung** comment	**schlummern** doze

Exercises

I. Supply the missing words from the lists preceding the chapter.

1. Till Eulenspiegel sitzt auf einem Stein und hält nicht den kleinen Finger, sondern den —— hoch.
2. Er hatte nichts als Eulen und Meerkatzen gebacken, er hatte wirklich —— Eulen und Meerkatzen gebacken.
3. Er fand aber Leute, die alles kauften; er konnte alles ——.
4. Im Krankenhaus liegen viele ——.
5. Till Eulenspiegel sollte die Patienten ——.
6. Thomas Mann stand vor seinem alten Haus und sah den Himmel durch die ——, die einmal Fenster waren.
7. Die Türme sind nicht rund, sondern ——.

8. Oft schenkt man Damen Blumen und nicht nur zu
   einer —— Gelegenheit.
9. Kopenhagen ist die Hauptstadt des —— Dänemark.
10. Kopenhagen ist ein großer ——.
11. Im Sommer haben die Kinder keine Schule; sie haben ——.
12. Wenn ein Mensch nicht mehr lebt, ist er ——.

II. Form subordinate sentences using the subjunctive of indirect discourse in past time. Begin each sentence: „Richard Frisch wird erzählt, daß...".

1. Johann Sebastian Bach / wohnen / als Schüler in Lüneburg.
2. Till Eulenspiegel / sterben / im Jahr 1350.
3. Till / arbeiten / bei einem Bäcker in Braunschweig.
4. Till / verdienen / Geld dabei.
5. Till / ausführen / Befehle wörtlich.
6. Till / kommen / einmal nach Nürnberg.
7. Er / bekommen / 220 Gulden.
8. Bach / spielen / in Lübeck die Orgel.
9. Richard Wagner / lesen / hier den „Till Eulenspiegel".
10. Thomas Mann / verbringen / in Travemünde die glücklichsten Tage seines Lebens.
11. Thomas Mann / nachdenken / viel über Veränderungen in der Welt.
12. Lichtenberg / schreiben / auch über Veränderungen im Leben der Menschen.

III. Answer briefly.

1. Woran denkt er in der Lüneburger Heide?
2. Was weiß man über Till Eulenspiegel als historische Persönlichkeit?
3. In welcher Weise führt Till Eulenspiegel Befehle wörtlich aus? Geben Sie zwei Beispiele!
4. Gehörte Till zu den führenden Menschen der Gesellschaft? Erklären Sie!
5. Wie kam es, daß die Kranken das Krankenhaus in Nürnberg verließen?
6. Wofür ist Lübeck ein Beispiel? Erklären Sie!
7. Welche Bedeutung hat die Lübecker Marienkirche?
8. Was ist beim Baden und Schwimmen in Travemünde anders als in Amerika?

9. Welche Bedeutung hatte Lübeck im Leben und im Werk Thomas Manns?

10. Was denken Sie über Veränderungen im Leben der Menschen in der Welt von gestern und heute?

11. Woher weiß man, daß die deutsch-deutsche Grenze gar nicht weit ist?

12. Was denken Sie über „politische Freundschaften" und Austausch von Studenten?

Wohnhäuser mit Balkons und Blumentöpfen

Kapitel Neunzehn

Word lists for Chapter Nineteen

NOUNS

die **Backe**	cheek	die **Flasche**	bottle
der **Beruf**	occupation, calling, profession	der **Füller**	pen
		der **Ingenieur**	engineer
der **Betrieb**	plant, factory	das **Heft**	notebook
die **Firma**	firm, company	der **Herbst**	fall

VERBS

verlieren	lose

OTHER WORDS

beruflich	professional	**irgendwo**	somewhere
irgendwie	somehow (or other)	**jener**	that

„Bilde mir nicht ein, was Rechts zu wissen"

Walter Guest hat weniger als vierundzwanzig Stunden vor sich, bevor er über Berlin, München und Frankfurt nach Amerika zurückfliegt. In drei Wochen ist er wieder zu Hause, denn Ende September beginnt das Semester, das man in den USA das Herbstsemester nennt. In Amerika hat er Goethe und Thomas Mann, Bertolt Brecht und Franz Kafka gelesen, aber über die deutschen Menschen und ihre Lebensformen wenig erfahren. Nach zwei Monaten in Deutschland hat er eine leise Ahnung, in welcher Weise sich die Lebens- und Denkformen in Göttingen von denen seiner Heimatstadt unterscheiden. Die Familien Wirt und Neubauer, ihre Freunde und Bekannte haben ihn in das Leben Göttingens eingeführt. Es war erst eine Einführung, denn nach Goethe sagt er auch heute noch: „Bilde mir nicht ein, was Rechts zu wissen."

Am nächsten Morgen, dem Tag seiner Abreise, ist er bei Frau Wirt zum Frühstück eingeladen. Er freut sich auf die warmen Brötchen und auf den frisch gemahlenen Kaffee. An seine Mutter hatte er aber gerade geschrieben: „Nachdem ich mich zu Hause ausgeschlafen habe, möchte ich zum

---

sich einbilden presume
was Rechts really anything
leise Ahnung faint idea

einführen introduce
die Abreise departure
sich ausschlafen have a good sleep

Frühstück einen Berg Pfannkuchen, drei Eier und viel knusprigen Speck. Zum Abendessen bitte ein Riesensteak und einen Liter eiskalte Milch." Was würden die Herren in der Junkernschenke sagen, wenn man ihnen in den silbernen Bechern Milch vorsetzte!

Walter Guest nimmt sich vor, noch einmal in der Junkernschenke zu essen. Er hat daran gedacht, eines der ländlichen Gasthäuser zu besuchen, aber dafür ist keine Zeit mehr. Er wird sich in der Junkernschenke ein zartes Schnitzel und eine Flasche Helles bestellen. Essen und Trinken gehören auch zu den Lebensformen und sind nicht die unwichtigsten.

Er blickt aus dem Fenster seines Zimmers auf die Balkons und Blumen- kästen des Hauses gegenüber. Im zweiten Stock macht eine junge Frau die Balkontür auf, wischt Staub und begießt die Geranien. Sie dürfte vier- oder fünfundzwanzig Jahre alt sein, ist also nach 1945 geboren und gehört zu der Gruppe, die weit über die Hälfte der deutschen Bevölkerung ausmacht. Da über fünf Millionen Deutsche im Zweiten Weltkrieg gefallen sind, sieht sich diese Gruppe einer Generation gegenüber, die man zuweilen die Groß- vätergeneration nennt.

In welcher Weise unterscheiden sich die Ansichten der älteren von denen der jüngeren Generation? Wenn die Menschen in der Welt heute von Deutschland und den Deutschen sprechen, meinen sie vor allem jene älteren Leute, die das Deutschlandbild in der ersten Hälfte des zwanzigsten Jahr- hunderts prägten. In den angelsächsischen Ländern spricht man davon, daß die undemokratischen Deutschen sich gern der Autorität beugen. Die jüngeren Deutschen scheinen Walter Guest aber eher antiautoritär zu sein. Kriegsdienst-Verweigerer sind sie bestimmt.

Pfannkuchen An omelette-like dish in Southern Germany, and a doughnut in Northern Germany. There is no real equivalent for English "pancake." Since Walter Guest writes "einen Berg," he is thinking of American pancakes.
der **Speck** bacon
Riesen- gigantic, huge
vorsetzen put before
zart tender
Helles light beer

Staub wischen dust
begießen water
die **Geranie** geranium
ausmachen constitute
sich **gegenüber sehen** be up against
prägen create, imprint (upon) people
angelsächsisch Anglo-Saxon
die **Autorität** authority
eher rather
autoritär authoritarian

Könnte es heute einen Hauptmann von Köpenick geben? Damals, im
Hitler-Reich und im Hohenzollern-Reich, waren die Generale der deutschen
Armee der erste Stand im Staate. Heute genießen die Generale, und die
Offiziere überhaupt, kein großes Ansehen. Sie haben nicht nur an Ansehen
verloren; sie haben ihr Ansehen durch den Hitler-Krieg eingebüßt.
Für die meisten Deutschen von heute haben Generale, nach der Umfrage
eines Instituts für Demoskopie, „geringes Ansehen". Die Deutschen der
Bundesrepublik wurden gefragt, welcher Beruf sich heute besonderer Ach-
tung erfreut: Generaldirektor einer Firma oder eines Betriebes, Professor,
Minister, Bischof, Ingenieur oder General? Nur drei Prozent der Gefragten
stimmten für den General. Es gibt aber einen Beruf mit noch geringerem
Ansehen als den des Generals, nämlich den Beruf des Politikers in der
Hauptstadt Bonn. Steht die Demokratie der Bundesrepublik auf schwachen
Füßen? Das wird sich in der Zukunft zeigen. Das Militär steht jedenfalls
auf so schwachen Füßen, daß das Bild vom militaristischen Deutschen der
Wirklichkeit von heute nicht entspricht.

Im Herbstsemester wird Walter Guest in seiner Heimatstadt weiter-
studieren. Für die Deutschlandreise hatte er sich siebenhundert Dollar ge-
spart, und seine Eltern hatten ihm weitere zweihundert geschenkt. Für das
Studium in der Bundesrepublik reicht es nicht, aber sein Vater konnte ihm
nicht mehr geben. Jahrelang war Herr Thomas Guest Bäcker. Als das
kleine Geschäft Bankrott machte, verkaufte er eine Zeitlang Autos. Seit
sechs Monaten ist er Grundstücksmakler. Frau Wirt hatte den Kopf ge-
schüttelt, als Walter ihr vor einem Monat die Einzelheiten erzählte. Sie
konnte das Wechseln des Berufes nicht verstehen, meinte aber, daß die

Hohenzollern The family name of the
German Emperors, 1871–1918. The Hohenzollern were earlier kings of Prussia.
das **Ansehen** reputation
an in respect to
einbüßen forfeit
die **Umfrage** poll
die **Demoskopie** public opinion
sich **erfreuen** enjoy
die **Achtung** respect

der **Minister** minister in the government
stimmen vote
auf schwachen Füßen on a weak
foundation
reichen suffice
jahrelang for years
Bankrott machen go bankrupt
eine Zeitlang for a while
der **Grundstückmakler** realtor

Professoren und Studenten in der Aula in Göttingen
Rechts: Auditorium Maximum

Menschen in den Großstädten der Bundesrepublik auch schon angefangen haben, von einem Beruf in den anderen überzuwechseln.

Walter hatte sich vor Monaten vorgenommen, daß er im folgenden Jahr irgendwie und irgendwo in Deutschland studieren würde. Es gibt heute viele Stipendien für das Studium in Europa. Er wird sich im Herbst um ein Stipendium bewerben, denn sein Lehrer hatte ihm gesagt, daß er die besten Chancen habe.

Er setzt sich ans Fenster. Auf dem Balkon gegenüber hat die junge Frau Besuch bekommen. Sie war zur Tür gegangen und kam dann mit zwei Frauen ungefähr des gleichen Alters auf den Balkon zurück. Sie schüttelten sich heftig die Hände. „Wie schön, daß ihr gekommen seid!" hörte er sie sagen, während sie den Besuchern die Blumen zeigte. Da sie sich duzen, sind es wohl „Freunde", nicht „Bekannte". In Amerika hätten sie sich wahrscheinlich umarmt und auf die Backe geküßt. Vielleicht gehen sie später

überwechseln in change over to		die **besten Chancen habe** prospects were excellent	
das **Stipendium** fellowship		**heftig** vigorous	
sich **bewerben um** apply for		**sich umarmen** embrace	

im Hainberg spazieren und essen auf der Terrasse eines ländlichen Gasthauses Schwarzwälder Kirschtorte.

Zeit zu einem Spaziergang im Hainberg hat Walter nicht, aber durch die Straßen wird er noch einmal gehen. Wenn er auf dem Weg zur Post an den vielen kleinen Geschäften vorbeigeht, wird er dem Bäcker und dem freundlichen Inhaber der Papierhandlung, in der er sich Hefte und einen Füller kaufte, „Auf Wiedersehen" sagen.

Er zieht sich die Jacke an und sieht die Briefe durch, bevor er sie in die Tasche steckt. Beim Schreiben der Adressen war er ganz korrekt. Auf dem Umschlag an seine Mutter steht: Frau Thomas Guest, 758 Front Street, Philadelphia, PA 19104 USA, auf dem zweiten Umschlag steht: Frau Ursula Neubauer, 34 Göttingen, Merkelstraße 5.

Auf dem Weg zur Post denkt er an die fünfundvierzigjährige Frau Neubauer, der er in dem Brief seinen Dank ausgesprochen hatte. Sie gehört weder zur jüngeren noch zur älteren Generation. Eine dicke, altmodisch gekleidete Hausfrau ist Frau Neubauer jedenfalls nicht. Sie ist schlank und modisch gekleidet und macht immer einen jugendlichen Eindruck.

Auf dem Weg zur Post geht er beim Gänseliesel am Rathaus vorbei. Sechshundert Jahre alt ist das Gebäude, hatte man ihm erzählt. Das Rathaus und das über tausend Jahre alte Göttingen sind schon charakteristisch für die deutsche Kultur. Sobald man die Worte „alt" und „jung" im politischen Sinne des Wortes gebraucht, ist das Klischee vom alten Deutschland und den jungen USA aber falsch. Während die Bundesrepublik einige Jahrzehnte alt ist, haben die USA eine zweihundert Jahre alte Tradition. Der Amerikaner hängt an seinen politischen Institutionen; hier sind wohl die Wurzeln der Vaterlandsliebe in Amerika. In Deutschland gibt es keine politischen Institutionen, die den Deutschen in Fleisch und Blut übergegangen sind.

Während Walter Guest in seinem Zimmer beginnt, seinen Koffer zu packen, fragt er sich, was für Blumen er Frau Wirt mitbringen soll, wenn er

der **Inhaber** owner	**hängen an** be attached to
die **Papierhandlung** stationery store	die **Wurzel** root
der **Umschlag** envelope	**in Fleisch und Blut übergehen** become
aussprechen express	second nature
modisch stylish	

zum Frühstück zu ihr kommt. Bringt man überhaupt Blumen zum Frühstück mit? Da er Richard Frisch sowieso anruft, um sich bei ihm zu verabschieden, fragt er ihn, und der schlägt vor, doch Blumen zum Abschied zu
überreichen. Das beschließt er zu tun.

Wie auch immer, beim Abschied wird er Frau Wirt die Hand geben und
sie nicht nur drücken, sondern auch schütteln.

beschließen   decide

Exercises

I. **Supply the missing words from the lists preceding the chapter.**

1. In den USA beginnt das Semester im —— und heißt auch
    das ——semester.
2. Zum Essen will Walter eine —— helles Bier trinken.
3. Fast jede —— hat einen Generaldirektor.
4. Auch hat fast jeder —— einen Generaldirektor.
5. Walter Guest weiß noch nicht, wo und wie er es macht, aber er
    will —— und —— im nächsten Jahr in Deutschland studieren.
6. In Amerika hätte die Frau wahrscheinlich die andere Dame auf
    die —— geküßt.
7. Zum Schreiben hatte er in der Papierhandlung —— und
    einen —— gekauft.
8. Der —— eines Generals hat an Ansehen verloren.
9. Er hat ein Loch in der Tasche; er —— immer wieder sein Geld.
10. Wem gehören diese Füller? Dieser gehört mir und —— gehört ihm.

II. **Answer briefly.**

1. Was bedeutet: „Bilde mir nicht ein, was Rechts zu wissen"?
2. Wie unterscheidet sich das deutsche Frühstück vom amerikanischen
    Frühstück?
3. Was ist etwas typisch Deutsches, was man in der Junkernschenke zum
    Mittag- oder Abendessen bestellen könnte?

4. Was ist die Großvätergeneration?
5. Was könnte man im allgemeinen über die Ansichten der jüngeren Leute sagen?
6. Wie steht es mit dem Ansehen der Generale heute?
7. Wie steht es mit dem Ansehen der Politiker?
8. Was denkt Walter Guest über das Studieren in Deutschland?
9. Was ist der Beruf des Vaters von Walter Guest?
10. Wie schreibt man den Namen, wenn man einer verheirateten Frau einen Brief schreibt?
11. Würden Sie sagen, daß das Göttinger Rathaus und das Gänseliesel für die deutsche Kultur charakteristisch sind?
12. Wo und wie wird Walter Guest die letzten Stunden in Göttingen verbringen?

III. Discussion topics.

1. Essen und Trinken – in Deutschland und in den USA.
2. Das Duzen in Deutschland.
3. Die Generationen in Deutschland.
4. Soldaten und Uniformen in Deutschland.
5. Berufe und das Wechseln der Berufe.
6. „Alt" und „jung". Deutsche Kultur, amerikanische Kultur.
7. „Alt" und „jung" – im politischen Sinne des Wortes.

Kapitel Zwanzig

Word lists for Chapter Twenty

NOUNS

der **Lärm**	noise	das **Verhältnis**	relationship

VERBS

behandeln	treat, deal with	(sich) **streiten**	quarrel, argue
entscheiden	decide	**trennen**	separate

OTHER WORDS

dabei	along, present, with it	**derjenige**	that (one), the one
		eine Reihe von	a number of

Göttingen. Im Vordergrund die St. Albanikirche

Was wollen die Studenten?

Es ist Anfang des Wintersemesters. Heute fand die Immatrikulation statt, bei der Richard Frisch zugegen war. Die bunte Feier in der Aula der Universität mit den Professoren in ihren Talaren machte einen tiefen, aber nicht ungetrübten Eindruck auf ihn. Bei dem Anblick der Professoren hatte ein Student, der in der Reihe hinter ihm saß, laut gesagt: „Unter den Talaren Muff von 1000 Jahren!" Mehrere Kommilitonen schrien „Ruhe!", während andere Lärm machten.

Als der Rektor von den Traditionen der Göttinger Universität sprach, unterbrach ein junges Mädchen die Rede mit den Worten: „Die Komödie ist mir zu langweilig", stand auf und verließ die Aula. Ungefähr zehn andere Studenten folgten ihr. Die meisten blieben still sitzen. Waren sie politisch indifferent? Richard Frisch hatte die Worte in einer Zeitschrift gelesen. Er meinte, eine latente Unzufriedenheit zu spüren.

Zur Feier des Tages haben seine Freunde ihn in den Ratskeller eingeladen. Walter Guest ist nicht dabei, denn inzwischen hört er schon Vorlesungen an seiner Alma Mater. Dafür sind an einem Tisch versammelt die Geschwister

die **Immatrikulation** enrollment, matriculation
zugegen present
der **Talar** gown
ungetrübt unclouded
bei Anblick seeing

der **Muff** stale stuff
Ruhe! Quiet!
langweilig boring
die **Unzufriedenheit** discontent
zur Feier des Tages to celebrate the day

Neubauer, Kerstin Kahlenfeld, ihr Vetter, Herr Amthor und ein ernst aus-
sehender junger Mann, Günther Kuhn. Herr Kuhn wird Richard Frisch als
,,Opfer des Numerus clausus" vorgestellt; sein Abiturzeugnis war das beste
seiner Klasse, aber er muß zwei bis drei Semester warten, ehe er mit dem
Studium der Medizin anfangen kann.

,,Ich bin ein halbes Opfer des Numerus clausus", sagte Kerstin Kahlenfeld. ,,Eigentlich wollte ich als zweites Hauptfach Anglistik wählen. Da es
aber unmöglich war, studiere ich jetzt Romanistik."

,,Bei uns hat die Zahl der Studierenden in den letzten Jahren in über-
raschender Weise zugenommen", erklärt Fritz Neubauer. ,,Bei Ihnen ist es
wohl genau so, aber in den USA war man besser darauf vorbereitet."

,,Die Zulassung bringt weitere Probleme mit sich", fügt Fräulein Kahlenfeld hinzu. ,,Sie werden selber erfahren, daß wir eine Reihe von Fragen noch
nicht gelöst haben: die Anonymität der Studenten, das Fehlen des Kontaktes zwischen den Lernenden und den Professoren, die mangelnde Anlei-
tung im ersten Semester, das Warten auf Laborplätze!"

,,Richard Frisch wird sich fragen, warum er nach Deutschland gekommen
ist", meint Fritz Neubauer.

,,Ich betrachte die Welt mit offenen Augen – glaube ich – und weiß, daß
es hier wie dort ungelöste Probleme gibt", sagt Richard Frisch. ,,An Ort und
Stelle möchte ich von Ihnen erfahren, was Sie von den Dingen halten. Schon
in Amerika habe ich mich mit Bekannten über Universitätsprobleme,
amerikanische und deutsche, unterhalten. Ein Herr Plattner, Vater eines
Klassenkameraden, meinte, Studenten sollten studieren, nicht demonstrieren. Sie sollten den Mund nicht so weit aufmachen, wenn der Vater, oder
der Staat, sie unterstützt. Im übrigen sind junge Leute nicht ernst zu nehmen, sagte er. Mir scheinen die Dinge komplizierter zu sein."

das **Opfer** victim	die **Zulassung** admission
der **Numerus clausus** restricted enrollment	**lösen** solve
das **Abiturzeugnis** "Gymnasium" final grade	**mangelnd** deficient
wählen choose	die **Anleitung** guidance
die **Romanistik** Romance languages	**Labor-** laboratory
überraschend surprising	der **Klassenkamerad** classmate
zunehmen increase	**unterstützen** support
	im übrigen for the rest

„In der Bundesrepublik sind sie schon komplizierter", sagt Herr Amthor. „Die Universitäten sind reformbedürftig. Nach Ende des zweiten Weltkrieges waren sich weder Studenten noch Professoren dessen bewußt. In den ersten zehn Jahren waren die Studenten froh, daß sie überhaupt studieren konnten. Erst allmählich wurden sie kritisch und begannen nachzudenken über die Mängel, von denen Kerstin eben sprach. Viele blieben politisch indifferent, aber das ist vielleicht immer so. Manche machten sich Gedanken über die Dinge, ohne aktiv zu werden. Nur wenige wurden aktiv, aber es sind diese wenigen, die von sich reden machen."

„In Milwaukee sprach Herr Plattner von ,aggressiven Außenseitern'."

„Im eigentlichen Sinne des Wortes ,Außenseiter' hat Ihr Bekannter recht, wenn er von lange andauernden Demonstrationen spricht. Es liegt in der Natur der Sache, daß Außenseiter aus verschiedenen Gründen darauf warten, bei Demonstrationen mitzumachen. Im eigentlichen Sinne des Wortes hat Ihr Herr Plattner aber unrecht, wenn er von den Studierenden spricht, die sich immatrikuliert haben."

„Bei uns sind die Neulinken oft Mitglieder einer Organisation, die sich SDS nennt", sagt Frisch.

„Bei uns auch", lächelt Herr Amthor.

„Wieso?"

„SDS bedeutete in der BRD Sozialistischer Deutscher Studentenbund. ,Bedeutete', denn der SDS wurde vor kurzem aufgelöst. Die Leute arbeiten und streiten sich aber weiter."

„Zufall! Im Englischen stehen die drei Buchstaben für ,Students for a Democratic Society'."

„Die Definitionen des Wortes ,Demokratie' bezeichnen den Standort desjenigen, der definiert", sagt Kerstin. „Von den Wörtern ,Frieden' und ,Freiheit' kann man das gleiche sagen. Jede politische Gruppe nimmt die

bedürftig in need of	**andauernd** lasting
dessen bewußt aware of it	**mitmachen** take part (in)
allmählich gradually	**auflösen** dissolve, disband
der **Mangel** shortcoming	der **Zufall** coincidence
sich Gedanken machen be concerned	der **Buchstabe** letter
von sich reden machen cause a stir	**bezeichnen** mark, denote
die **Außenseiter** outsiders, street people	der **Standort** (intellectual) position

Begriffe ernst und nimmt die eigentliche Demokratie, den eigentlichen Frieden und die eigentliche Freiheit für sich in Anspruch."

Herr Amthor erklärt die Beziehungen zwischen dem SDS und der SPD, der Sozialdemokratischen Partei Deutschlands: „Der SDS wurde im Jahr 1961 von der SPD ausgeschlossen. Der SDS war nicht die einzige politisch interessierte Studentenorganisation. Der RCDS, der Ring Christlich Demokratischer Studenten, ist zum Beispiel die Organisation, die mit der CDU, der Christlich Demokratischen Union, in ihrer Weise zusammenarbeitet."

„In ihrer Weise?"

„Der RCDS arbeitet mit dem linken Flügel der CDU zusammen", erklärt Herr Amthor weiter „und will mit den rechtsstehenden Politikern der Partei nichts zu tun haben. Ihr Standort ist aber viel weniger radikal als der des SDS. Eine Frage stellen Mitglieder der RCDS zuweilen auch: Ist das System der repräsentativen Demokratie zu einer Fassade geworden, hinter der Macht vor Recht geht?"

„Sind Sie Mitglied des RCDS?"

„Nein, ich gehöre keinem Ring und keinem Bund an. Kerstin ist aber politisch aktiv und macht bei ihrem Bund alles mit."

„Wie heißt denn Ihre Organisation, wenn ich fragen darf, Fräulein Kerstin", will Richard Frisch wissen. Er hätte gerne „Kerstin" gesagt, traut sich aber nicht und macht einen Kompromiß.

„Nennen Sie mich doch Kerstin", sagt sie. „Ich bin übrigens Mitglied des LSD."

„Sie wollen mich wohl an der Nase herumführen", sagt der Amerikaner lächelnd.

„Ich denke gar nicht daran, einen Gast an der Nase herumzuführen", sagt Kerstin Kahlenfeld. „Ich bin wirklich Mitglied einer Studentenorgani-

der **Begriff** concept, idea
in Anspruch nehmen claim
ausschließen exclude, debar from
einzig only
der **Flügel** wing
rechtsstehend conservative, nationalistic

Macht geht vor Recht might is right
angehören belong to
sich **trauen** dare
an der Nase herumführen lead (one) around by the nose

Die neuen Universitätsgebäude, Göttingen

sation, die LSD heißt. Die Buchstaben bedeuten Liberaler Studentenbund."

„Welche Anschauungen hat der Liberale Studentenbund? Was will der
Bund – im allgemeinen und ganz konkret?"

„Erstens steht der LSD politisch dem RCDS näher als dem SDS, denn
wir sind gegen Revolution. Was auch immer geändert werden muß, soll
durch Evolution geändert werden. Was die Außenpolitik anbetrifft, sind
wir für die Anerkennung der Deutschen Demokratischen Republik, der
DDR, die von manchen hier noch die Ostzone genannt wird. Wir finden
es unsinnig, daß man diesen Staat nicht anerkennt. Auch meinen wir, daß
ein Zusammenschluß der Gebiete, die BRD und DDR heißen, erst statt-
finden kann, wenn sich beide politischen Konstellationen anerkennen."

„,Was wollen die Studenten?' So heißt der Titel eines Buches, das ich
in einer Buchhandlung sah. Ich meine, was wollen sie an der Universität
ändern? Wenn Sie mir das verständlich machen könnten, wäre ich Ihnen
dankbar", sagt Richard Frisch.

„Der sogenannte Ordinarius ist in manchen Institutionen der Universi-

die **Anschauung** view	**unsinnig** absurd
was auch immer whatever	der **Zusammenschluß** union
anbetrifft in regard to	**verständlich** clear
die **Anerkennung** recognition	der **Ordinarius** (full) professor, chairman

tät Alleinherrscher", erklärt Kerstin. „Weder die Dozenten, noch die Assistenten, noch die Studenten haben etwas zu sagen. Nur er entscheidet. Was wollen die Studenten? Wir wollen mitsprechen, wir wollen uns beteiligen. Wir wollen nicht nur Nummern sein." „Die Reformen, die Sie verlangen, sind eigentlich bescheiden", findet Richard Frisch.

„Ich denke auch", sagt sie. „Es stimmt, daß die Mehrheit der Studenten politisch indifferent ist. Aber von einer latenten Unzufriedenheit kann man auch bei dieser Mehrheit sprechen. Wenn meine Kommilitonen das Gefühl haben, daß die aktiven Studenten keine Antworten auf ihre Fragen bekommen, wird man sich überlegen, was man dagegen machen kann. Wenn sie nicht selber mitsprechen möchten, wollen sie, daß jemand *für* sie eintritt.

Gaby Winter, die sich vor fünf Minuten an den Tisch gesetzt hatte, wendet sich dem Amerikaner zu und sagt: „Wir Germanisten – und andere Studenten der Literatur – haben auch unsere Probleme. Haben Sie von der Zeitschrift „Germanometer" und dem Zusammenkommen in der Pauliner Kirche gehört?"

Als Richard Frisch den Kopf schüttelt, erklärt sie: „Manche wollen die Vorlesung alten Stils nicht akzeptieren. Im ‚Germanometer' wurde zum Beispiel geschrieben, in neunzig Prozent der Vorlesungen werden Themen behandelt, über die man genausogut lesen könnte; wenn man den Text lesen kann, so habe man die Gelegenheit, zu vergleichen und Definitionen Wort für Wort durchzugehen. Man stellte auch die Frage: Ist die Form der Vorlesung autoritär? Ist die Vorlesung nicht Einweg-Kommunikation? Deutet nicht der Bau der Hörsäle schon darauf hin? Wäre es nicht besser, erst über dieses oder jenes Thema zu lesen und dann mit dem Professor darüber zu diskutieren?"

„Was kam bei all dem heraus?" fragt Fritz Neubauer.

der **Alleinherrscher** autocrat
der **Dozent** lecturer
sich **beteiligen** take part
bescheiden modest
die **Mehrheit** majority
sich **überlegen** reflect, consider
eintreten stand up

vergleichen compare
durchgehen check
hindeuten auf point to (that)
der **Bau** construction
was kam bei all dem heraus what was the upshot of all that

„Einer der Germanisten gab zu, daß manche Vorlesungen mit Recht kritisiert werden dürften. Er selber machte aus einer dreistündigen Vorlesung eine zweistündige und setzte einmal in der Woche ein Kolloquium an. Hingegen betonte er, daß das Zuhören und Verstehen gelernt werden müsse. Auch fiele ihm bei seinen Vorträgen manches ein, was nicht in Büchern oder in seinen Notizen steht. Natürlich gibt es unter den Professoren auch Fachidioten; er selber versuche, Beziehungen zwischen Literatur und dem Wissen der Menschen überhaupt herzustellen."

„Was mich an der Universität stört", sagt Christa Neubauer, „ist das System der Seminare, besonders der Oberseminare. Vor Ende des Studiums muß jeder Student an einem Oberseminar teilnehmen. Daran teilzunehmen, ist aber nicht leicht, denn man muß vom Professor persönlich eingeladen werden. Ich habe den ‚Germanometer' gelesen, obwohl ich Anglistik studiere, und fand das, was über Oberseminare geschrieben wurde, besonders treffend. In den Oberseminaren komme die sogenannte Elite zusammen, aber das Verhältnis von Elite zur Gesellschaft sei 15 zu 1000. Die Zahl der Studenten, die nicht zur Elite gehören, sei groß. Die Oberseminare gäben aber dem Professor die Illusion des Kontaktes mit der ganzen Studentenschaft."

„Künftige Professoren und Forscher sollten an Oberseminaren teilnehmen", meint Fritz Neubauer. „Ist es aber für künftige Gymnasiallehrer nötig? Es wäre gut, angehende Forscher von angehenden Lehrern zu trennen. Studenten, die nur lehren wollen, sollten sich mit der Gegenwartsliteratur und intensiv mit der Gegenwartssprache beschäftigen. Wir wissen wenig über die Wirklichkeit unserer Sprache in der zweiten Hälfte des zwanzigsten Jahrhunderts. Selten analysieren wir politische Texte; selten untersuchen wir die Sprache der Massenmedien. Doch sprechen und schrei-

---

zugeben admit
dreistündig three hours a week
ansetzen schedule
das **Kolloquium** discussion
betonen stress
das **Zuhören** listening
einfallen occur to
der **Fachidiot** learned moron
stören disturb

Ober- advanced, upper
treffend to the point
die **Studentenschaft** student body
künftig future
der **Forscher** research scholar
Gymnasial- secondary school
angehend prospective
untersuchen examine

Eine Demonstration deutscher Studenten

ben wir diese Sprache; unsere künftigen Schüler sprechen und schreiben diese Sprache."

„Vielleicht fragt sich Herr Frisch doch noch, warum er nach Deutschland gekommen ist", sagt Gaby Winter.

„Im Gegenteil", antwortet er, „ich frage mich aber, wohin das alles führt. Zweifellos hat man einen großen Teil der Studentenschaft in Bewegung gebracht."

„Guter Wein muß gären, so wie dieser." Herr Amthor hebt sein Glas und nickt den anderen zu. „Prosit!"

zweifellos doubtless, certain   **gären** ferment
in Bewegung bringen stir up

Es ist Mitternacht geworden. Endlich verabschiedet man sich. Als er auf dem Nachhauseweg an einem leeren Bauplatz vorbeigeht, schweben ihm halbe Sätze über Deutschland und die Deutschen vor. Er hat das Gefühl, daß er schon seit Jahren in Göttingen lebt. Doch steht er erst am Anfang seines Studiums hier.

„Aller Anfang ist leicht, und die letzten Stufen werden am schwersten und seltensten erstiegen."

In den letzten Wochen hat er Romane von Günter Grass, Hermann Hesse und Franz Kafka gelesen. Ein Buch von dem nationalsozialistischen Minister Albert Speer liegt auf seinem Schreibtisch. Er ist fast fertig damit, aber er hat noch weitere sechsundneunzig Bücher zu lesen. So stellt er es sich jedenfalls vor.

der **Bauplatz** building site   **ersteigen** scale, climb
vorschweben be in one's mind

Exercises

I. Supply the missing words from the lists preceding the chapter.

1. Die Studenten waren sehr laut; sie machten viel ——.
2. Walter ist nicht da; er ist nicht ——, wenn die Freunde zusammenkommen.
3. Gibt es noch viele Probleme und Fragen? Ja, es gibt —— von Fragen und Problemen.
4. Die Neulinken arbeiten nicht gut zusammen; sie —— sehr oft.
5. Das —— von Elite zur „Nicht-Elite" soll 15 zu 1000 sein.
6. In der deutschen Universität —— meist der Ordinarius, und die anderen haben wenig zu sagen.
7. Der Professor —— Themen, über die man auch zu Hause lesen könnte.
8. Er ist der Mann, den ich meine; er ist ——, den ich meine.

II. Answer briefly.

1. Was für einen Eindruck hatte Richard Frisch bei der Immatrikulation?
2. Was bedeutet „politisch indifferent" unter Studenten? Geben Sie einige Beispiele!

3. Warum ist Walter Guest nicht dabei, wenn man im Ratskeller zusammenkommt?
4. Warum kann Günther Kuhn nicht mit dem Studium der Medizin anfangen?
5. Welche Fragen und Probleme sind zum Beispiel noch zu lösen?
6. Was halten Sie von Herrn Plattner und seinen Ansichten?
7. Was sind eigentlich an den Universitäten sogenannte Außenseiter?
8. Wie heißen die verschiedenen deutschen Studentenorganisationen? Was wollen sie?
9. Ist Kerstin politisch indifferent oder politisch aktiv? Erklären Sie!
10. Wer ist wohl mächtiger? Der amerikanische oder der deutsche Professor? Was halten Sie davon?
11. Spüren Sie selber latente Unzufriedenheit? Wie erklären Sie das?
12. Sind Sie für oder gegen Vorlesungen? Erklären Sie!

III. Discussion topics.

1. Die Immatrikulation in Göttingen und die Immatrikulation, wie Sie sie in den USA kennen.
2. Die Probleme der deutschen Universität und die Probleme der amerikanischen Universität, wie Sie sie in den USA kennen.
3. Welche Reformen sind nötig? Was meinen Sie?
4. Wie „mächtig" sollten Professoren eigentlich sein?
5. Studentenorganisationen in Deutschland und in den USA.
6. Die Vorlesung als Institution.
7. Die Elite und die Gesellschaft im allgemeinen.
8. Was bedeutet Ihnen das, was Sie jetzt studieren?

German–English Vocabulary

German–English Vocabulary

Numerals, days of the week, months of the year, articles, personal pronouns, possessive adjectives, and obvious proper names and cognates, the pronunciation of which offers no difficulties, are not listed. Words that are glossed and occur only once are not included. The accentuation and different forms of many words are given as an aid in the preparation of the exercises.

The genitive singular and nominative plural of masculine and neuter nouns are indicated, but only the nominative plural of feminine nouns. If masculine or neuter nouns are followed by only one form, no plural exists, or the plural form is uncommon. If feminine nouns are followed by no form, no plural exists, or the plural form is uncommon. A dash (-) indicates that the nominative singular form of the noun is repeated in the plural.

The principal parts of irregular and strong verbs are given in full; no principal parts are given for weak verbs. Separable prefixes are set off by a hyphen.

A

der **Abend, -s, -e** evening, night
das **Abendbrot, -(e)s** supper, evening meal
das **Abendessen, -s** supper

abendlich evening, in the evening
aber but, however
die **Abfahrt, -en** departure
die **Abfahrtszeit, -en** time of departure
ab-halten, hält ab, hielt ab, abgehalten have, hold

ab-holen pick up, call for
die Abreise, -n departure
ab-runden round off
der Abschied, -(e)s, -e farewell;
  beim Abschied while saying
  good-bye
der Abschluß, -(ss)es, ⁻(ss)e
  conclusion, end
sich ab-spielen take place
ab-statten (einen Besuch) pay (a visit)
das Abteil, -(e)s, -e compartment
die Adresse, -n address
adressieren address
aggressiv aggressive
ähnlich similar
die Ahnung, -en idea
der Akt, -es, -e act
aktuell timely, alive, relevant
der Akzent, -(e)s, -e accent
akzeptieren accept
all- all, every, everybody; alles
  all, everything; alles Gute all the
  best; vor allem above all
die Allee, -n boulevard
allein(e) alone; only
das Alleinsein, -s being alone
das Allerbeste all the best
allgemein general, in general, common
als as (a), than, when; als sonst
  than usual
also so, then, well
alt old
das Alter, -s age
altmodisch old-fashioned
der Amerikaner, -s, - American
amerikanisch American
das Amt, -(e)s, ⁻er office
an at, to, in, of, by
analysieren analyze
an-bieten, bot an, angeboten offer
andauernd incessantly

ander- other, different, else
(sich) ändern change
anders different, else
anerkennen, erkannte an, anerkannt
  recognize
der Anfang, -(e)s, ⁻e beginning
an-fangen, fängt an, fing an, angefangen
  begin, start; do, undertake
an-geben, gibt an, gab an, angegeben
  indicate
an-gehören belong (to)
angenehm pleasant, agreeable
die Anglistik English language and
  literature
die Angst, ⁻e fear; Angst haben vor
  be afraid of
an-haben, hat an, hatte an, angehabt
  wear
sich an-hören sound
an-kommen, kam an, ist angekommen
  arrive
an-machen put on
an-nehmen, nimmt an, nahm an,
  angenommen accept
die Annonce, -n want ad
annoncieren advertise
die Anonymität anonymity
sich an-passen adjust, adapt
die Anrede, -n address
an-reden address, talk to
an-rufen, rief an, angerufen call,
  telephone
anscheinend apparent
(sich) an-sehen, sieht an, sah an,
  angesehen look at, have a look at
das Ansehen, -s reputation
die Ansicht, -en view, opinion
die Ansichtskarte, -n picture postcard
an-sprechen, spricht an, sprach an,
  angesprochen address, accost

an-stoßen, stößt an, stieß an,
  angestoßen touch glasses
antik ancient, antique
die Antipathie, -n antipathy, dislike
die Antiquitäten antiques
die Antwort, -en answer
antworten answer
die Anzeige, -n announcement
(sich) an-ziehen, zog an, angezogen
  dress, get dressed, put on
der Anzug, -s, ̈-e suit
der Apfel, -s, ̈- apple
der Apfelsaft, -(e)s apple juice
die Apotheke, -n pharmacy
der Apotheker, -s, - pharmacist,
  druggist
der Apparat, -(e), -e apparatus,
  appliance, camera, telephone
der Appetit, -s appetite
appetitlich dainty
applaudieren applaud
die Arbeit, -en work, job, labor
arbeiten work
der Arbeiter, -s, - worker
die Architektur, -en architecture
das Archiv, -s, -e archive
ärgerlich annoyed, irritated
sich ärgern be annoyed
die Aristokratie, -n aristocracy
arm poor
die Armee, -n army
die Art, -en way, manner, kind
der Artikel, -s, - article
der Arzt, -es, ̈-e doctor, physician
die Asche ash(es)
der Assistent, -en, -en assistant
die Atmosphäre atmosphere
auch also, too, even
auf on, at, in, to, up, open;
  auf . . . hin upon

auf-fallen, fällt auf, fiel auf, ist
  aufgefallen strike, attract
  attention; be struck by
auffallend striking
auf-fordern ask, reguest
die Aufführung, -en performance
die Aufgabe, -n task, lesson, job
die Aufhebung suspension
auf-hören stop
die Auflage, -n edition
auf-legen put on
auf-machen open
die Aufmachung makeup
aufregend exciting
auf-stehen, stand auf, ist aufgestanden
  stand up, get up
auf-steigen, stieg auf, ist aufgestiegen
  rise
Auf Wiedersehen! Good-bye!
das Auge, -s, -n eye
der Augenblick, -(e)s, -e moment
die Aula, -s or Aulen great hall,
  auditorium
aus out of, from, of, for
der Ausdruck, -(e)s, ̈-e expression
aus-führen carry out
aus-füllen fill out
aus-gehen, ging aus, ist ausgegangen
  go out, emanate
ausgezeichnet excellent
die Auskunft information (office)
das Ausland, -(e)s (countries) abroad
ausländisch foreign
aus-sehen, sieht aus, sah aus, ausgesehen
  look, appear
die Außenpolitik foreign policy
der Außenseiter, -s, - outsider, (pl.)
  street people
außer except, beside(s)
außerhalb outside (of)
die Aussprache pronunciation

aus-sprechen, spricht aus, sprach aus,
   ausgesprochen express, pronounce
aus-steigen, stieg aus, ist ausgestiegen
   get off, leave
aus-sterben, stirbt aus, starb aus, ist
   ausgestorben die out
(sich) aus-suchen select
der Austausch, -es exchange
ausverkauft sold out
auswendig by heart; auswendig
   können know by heart; auswendig
   lernen memorize
die Auswirkung, -en effect,
   consequence
die Autobahn, -en autobahn, freeway
der Autofahrer, -s, - driver
autoritär authoritarian
sich aus-ziehen, zog aus, ausgezogen
   take off

B

die Backe, -n cheek
backen, bäckt, buk, gebacken bake
der Bäcker, -s, - baker
die Bäckerei, -en bakery
die Backstube, -n baking room
das Bad, -(e)s, ⁻er bath, bathroom;
   spa, health resort
baden bathe; swim
der Badeort, -(e)s, -e spa
die Badewanne, -n bathtub
das Badezimmer, -s, - bathroom
die Bahn, -en train, railroad
der Bahnhof, -(e)s, ⁻e station
der Bahnsteig, -(e)s, -e platform
bald soon
der Balkon, -s, -e or -s balcony
der Ball, -(e)s, ⁻e ball, dance
die Banane, -n banana

der Band, -(e)s, ⁻e volume
das Band, -(e)s, ⁻er band, ribbon
die Bank, ⁻e bench
bar in cash
der Bauch, -(e)s, ⁻e belly
bauen build
der Bauer, -s or -n, -n peasant, farmer
der Bauherr, -n, -en builder,
   building contractor
der Baum, -(e)s, ⁻e tree
der Baumeister, -s, - master builder
bayrisch Bavarian
der Beamte, -n, -n official
beantworten answer
der Becher, -s, - cup, beaker
bedeuten mean
bedeutend significant, important
die Bedeutung, -en meaning
bedienen serve, wait on
die Bedienung service
beenden finish
das Beet, -(e)s, -e bed
der Befehl, -s, -e order
sich befinden, befand, befunden be, be
   found
befördern transport
der Beginn, -s beginning
beginnen, begann, begonnen begin,
   start
der Begründer, -s, - founder
begrüßen greet, welcome
behalten, behält, behielt, behalten
   keep
behandeln treat, deal with
bei with, at, in the case of, in the
   works of, near (by), by; beim
   while, with the
beide both, two
das Bein, -(e)s, -e leg
das Beispiel, -s, -e example; zum
   Beispiel for example

bekannt well-known; **bekanntmachen** introduce
der **Bekannte, -n, -n** acquaintance, friend
bekommen, bekam, bekommen get, receive
belesen well-read
beliebt popular
bemerken remark, notice, comment
benutzen use
bequem comfortable, convenient
bereits already
der **Berg, -(e)s, -e** mountain
bergab downhill
bergauf uphill
der **Bericht, -s, -e** report
berichten report, tell
der **Beruf, -(e)s, -e** occupation, calling
beruflich professional
berühmt famous
(sich) **beschäftigen** occupy, busy (oneself)
Bescheid wissen be informed, have knowledge of
beschreiben, beschrieb, beschrieben describe
die **Beschreibung, -en** description
besonder- special
besonders specially
(sich) **besorgen** get, buy
besser better
das **Besteck, -(e)s, -e** knife, fork, and spoon
bestehen aus, bestand, bestanden consist of
bestellen order
bestimmt definite
der **Besuch, -(e)s, -e** visit, visitor(s), attendance
besuchen visit, go to, attend

beten pray
betonen emphasize
betrachten regard, look at
die **Betrachtung, -en** observation
das **Betreten, -s** stepping on
der **Betrieb, -(e)s, -e** plant, factory
das **Bett, -(e)s, -en** bed
sich **beugen** bow
die **Bevölkerung** population
bevor before
bewässern water
bewegen move, persuade
der **Bewohner, -s, -** inhabitant
bewußt aware, conscious
bezahlen pay
die **Beziehung, -en** relation, respect
das **Bier, -s, -e** beer
bieten, bot, geboten offer
das **Bild, -(e)s, -er** picture, image
bilden form
billig cheap, reasonable
die **Birne, -n** pear
bis till, until, to; **bis nach** as far as; **bis zu** to
der **Bischof, -s, ̈-e** bishop
bißchen bit
bitte please; you're welcome
bitten, bat, gebeten ask, request; **bitten um** ask for
blättern turn the pages
blau blue
bleiben, blieb, ist geblieben stay, remain
der **Blick, -(e)s, -e** view, glance, look, gaze
blicken look
blühen bloom, flourish
die **Blume, -n** flower
das **Blumenbeet, -(e)s, -e** flower bed
der **Blumenkasten, -s, ̈** flower box
der **Blumenstrauß, -es, ̈-e** bouquet

das **Blut** blood
die **Blutwurst,** ⸚e blood sausage, black
pudding
der **Boden, -s,** ⸚ ground, floor
die **Bohne, -n** bean
der **Bohnensalat, -s, -e** green bean
salad
die **Bombe, -n** bomb
Bord: an Bord on board
böse bad, evil; angry
braten, brät, briet, gebraten fry, roast,
bake
die **Bratwurst,** ⸚e fried pork sausage
die **Bratwurstbude, -n** sausage stand
der **Brauch, -(e)s,** ⸚e custom, usage,
(pl.) mores
brauchen need, use
braun brown
die **Brause, -n** shower
brausen shower
die **Braut,** ⸚e fiancée, girl friend,
bride
der **Bräutigam, -s, -e** bridegroom
brechen, bricht, brach, gebrochen
break
breit wide, broad
brennen, brannte, gebrannt burn
der **Brief, -(e)s, -e** letter
die **Briefmarke, -n** stamp
das **Briefpapier, -s** stationery
der **Briefträger, -s, -** mailman
der **Briefumschlag, -(e)s,** ⸚e envelope
bringen, brachte, gebracht bring, take,
present
die **Broschüre, -n** brochure
das **Brot, -(e)s, -e** bread, loaf of bread
das **Brötchen, -s, -** roll
die **Brücke, -n** bridge
der **Bruder, -s,** ⸚ brother
brünett brunet
der **Brunnen, -s, -** fountain

die **Brust,** ⸚ breast, chest, heart
das **Buch, -(e)s,** ⸚er book
die **Buchhandlung, -en** book store
der **Buchstabe, -n, -n** letter
die **Bude, -n** den, "pad"; stall
das **Büfett, -s, -e** buffet
büffeln cram, grind away
Bummel: einen Bummel machen take a
stroll
der **Bund, -(e)s,** ⸚e league, alliance,
confederation
die **Bundespost** Federal postal system
die **Bundesrepublik** Federal Republic
die **Bundeswehr** Federal (German)
Army
das **Bündnis, -ses, -se** alliance
bunt colorful, colored, gay
die **Burg, -en** castle, fortress
der **Bürger, -s, -** citizen
der **Bürgermeister, -s, -** mayor
der **Bürgersteig, -(e)s, -e** sidewalk
der **Burgunder, -s, -** burgundy
der **Bus, -ses, -se** bus, omnibus
die **Buttermilchspeise** buttermilk
pudding

C

der **Charakter, -s, Charaktere**
character, person
die **Chemie** chemistry
chemisch chemical
christlich Christian

D

da there, then, so; since
dabei in the process, while at it, with
them; along, present

das **Dach, -(e)s, ⸚er** roof
der **Dachfirst, -(e)s, -e** ridge of a roof
dafür for it, in favor of it, instead of it
dagegen against it, against that
daher therefore, from there
dahin there, gone, over with; **bis dahin** until that time, to that place
dahinter behind it
damals at that time, years ago
die **Dame, -n** lady
damit so that, with it
der **Dampfer, -s, -** boat
Dänemark Denmark
Dank thanks, thank you
dankbar grateful
danken thank, say thank you; **nichts zu danken** don't mention it
dann then; **dann und wann** now and then
darauf on it; thereafter
dar-stellen represent
darüber about it, about that
darum therefore, that is (the reason why)
das **Datum, -s, Daten** date
dauern take, last
der **Daumen, -s, -** thumb
die **Daunendecke, -n** eiderdown quilt
davon of it, from it, about it
dazu to it, to that, for that, for it
die **Decke, -n** ceiling, cover
decken set, cover, lay
die **Defensive** defensive
definieren define
demokratisch democratic
demonstrieren demonstrate
denken, dachte, gedacht think; **denken an** think of; **sich denken** think, imagine
die **Denkform, -en** form of thinking
das **Denkmal, -(e)s, ⸚er** monument

denn because, for
der-, die-, dasjenige the one, that
der-, die-, dasselbe the same
das **Dessert, -s, -s** dessert
deutsch German
der **Deutsche, -n, -n** German
diabolisch diabolic(al)
der **Dialekt, -(e)s, -e** dialect
dicht dense, thick
dichten write (poetry)
der **Dichter, -s, -** poet
dick thick, fat, stout
dienen serve
der **Diener, -s, -** deep bow; servant
der **Dienst, -es, -e** work, service
dies- this, that, the latter
das **Ding, -(e)s, -e** thing
der **Diplomat, -en, -en** diplomat
der **Direktor, -s, Direktoren** manager, managing director
das **Dirndlkleid, -(e)s, -er** dirndl dress, Austrian-Bavarian peasant dress
die **Diskussion, -en** discussion
diskutieren discuss, have discussions
dispensieren exempt
die **Disziplin** discipline, system
diszipliniert disciplined
doch yet, anyhow, but, still, after all; but yes
der **Dom, -(e)s, -e** cathedral
donnern thunder
doppelt double, two
das **Dorf, -(e)s, ⸚er** village
dort, dorthin there
der **Dozent, -en, -en** docent, instructor
das **Drama, -s, Dramen** drama, play
der **Dramatiker, -s, -** dramatist
draußen outside
drehen turn; shoot (a film); **sich drehen um** revolve about

dreiteilig in three parts
die **Drogerie, -n** drugstore
drüben (over) there
drücken press
der **Duft, -(e)s, ⁀e** fragrance
dumm dumb, stupid
dunkel dark
durch through, by, divided by
durchaus absolutely
durchfallen, fällt durch, fiel durch, ist durchgefallen fail
sich **durch-kämpfen** fight one's way through
der **Durchschnitt, -s** average
durchschnittlich average
sich **durchsehen, sieht durch, sah durch, durchgesehen** look over
dürfen, darf, durfte, gedurft be allowed to, be permitted to, may
durstig thirsty
das **Dutzend, -s, -e** dozen; **zu Dutzenden** by the dozen
duzen say "du"

E

eben just, precisely, after all
ebenso just as, the same way
ebensosehr just as much
echt genuine, real
die **Ecke, -n** corner
der **Ecktisch, -es, -e** corner table
ehe before
die **Ehe, -n** marriage; **Ehe-** wedding, married
der **Ehemann, -(e)s, ⁀er** married man, husband
ehrbar honorable
die **Ehrbarkeit** honorableness
die **Ehre** honor
das **Ei, -(e)s, -er** egg

die **Eiche, -n** oak
eigen own
eigentlich actual, real
ein a, an, one
einander one another
sich **ein-bilden** presume
der **Eindruck, -(e)s, ⁀e** impression
einfach simple
der **Eingang, -(e)s, ⁀e** entrance
eingezäunt fenced in
einige some, several, a few
ein-fahren, fährt ein, fuhr ein, ist eingefahren arrive
Einfahrt haben arrive
der **Einfall, -(e)s, ⁀e** idea
ein-fallen, fällt ein, fiel ein, ist eingefallen occur to
ein-führen introduce
die **Einführung, -en** introduction
der **Einkauf, -(e)s, ⁀e** shopping, marketing
ein-kaufen shop, go shopping
ein-laden, lädt ein, lud ein, eingeladen invite
die **Einladung, -en** invitation
ein-laufen, läuft ein, lief ein, ist eingelaufen arrive
einmal once, some time, some day; **auf einmal** suddenly; **nicht einmal** not even; **noch einmal** once more, again
ein-richten furnish
ein-schlafen, schläft ein, schlief ein, ist eingeschlafen fall asleep
einschließen, schloß ein, eingeschlossen include
einst at one time, once
einsteigen, stieg ein, ist eingestiegen get in; **alles einsteigen** all aboard
die **Einweg-Kommunikation** one way communication

einzahlen pay (in)
die Einzelheit, -en detail
einzeln individual, single
einzig only, sole, single
das Eis, -es ice
die Eisenbahn, -en railroad
eiskalt ice cold
der Eistee, -s iced tea
das Eiswasser, -s ice water
elastisch elastic, plastic
elegant elegant, smart
elektrisch electric
die Elektrizität electricity
der Ellenbogen, -s, - elbow
die Eltern parents
empfinden, empfand, empfunden feel
empor up
das Ende, -s, -n end; ein Ende
nehmen stop; zu Ende over
endlich finally
eng narrow
der Enkel, -s, - grandchild
entdecken discover
die Entdeckung, -en discovery
entfernt far, a distance
die Entfernung, -en distance
enthalten, enthält, enthielt, enthalten
contain
entlang along
entscheiden, entschied, entschieden
decide
(sich) entschuldigen excuse (oneself)
entsprechen, entspricht, entsprach,
entsprochen be in accord with
entweder ... oder either ... or
die Entwicklung, -en development
die Episode, -n episode
erbauen build
die Erdbeere, -n strawberry
die Erde earth

erfahren, erfährt, erfuhr, erfahren find
out, earn, experience
erfinden, erfand, erfunden invent
ergreifen, ergriff, ergriffen seize
erhalten, erhält, erhielt, erhalten
receive, get
erinnern (an) remind (of); sich
erinnern remember
erkennen, erkannte, erkannt
recognize, realize
erklären explain, declare
die Erklärung, -en explanation,
statement
die Erlaubnis, -se permission
erlöschen, erlischt, erlosch, erloschen
cease to exist
ermorden murder
ernst serious
der Ernst, -es seriousness; im Ernst
in all seriousness
erscheinen, erschien, ist erschienen
appear, come out
erst first (of all), only, not until, once
die Erstausgabe, -n first edition
erwachen wake up
erwarten expect, await
erwidern answer
erzählen tell, say
der Eselskarren, -s, - donkey cart
essen, ißt, aß, gegessen eat
das Essen, -s, - meal, food
der Essig, -s vinegar
das Eßzimmer, -s, - dining room
die Etikette etiquette
etwa about, approximately
etwas something, somewhat, some
die Etymologie etymology, history of
linguistic forms (words)
die Eule, -n owl
europäisch European
das Examen, -s, - exam

F

die **Fabrik, -en** factory
der **Fabrikant, -en, -en** manufacturer
der **Fabrikbesitzer, -s, -** factory owner
das **Fach, -(e)s, ⸚er** field, subject
das **Fachgebiet, -(e)s, -e** field of specialization
Fachwerk- half-timbered
fahren, fährt, fuhr, (ist) gefahren go, ride, drive, travel
der **Fahrer, -s, -** driver
die **Fahrkarte, -n** ticket
der **Fahrplan, -(e)s, ⸚e** timetable
das **Fahrrad, -(e)s, ⸚er** bicycle
die **Fahrt, -en** trip, journey
die **Fakultät, -en** faculty, school
der **Fall, -(e)s, ⸚e** case
fallen, fällt, fiel, ist gefallen fall; come; be killed
falsch wrong, false
die **Familie, -n** family
der **Familienname, -ns, -n** family name
die **Farbe, -n** color
die **Fassade, -n** facade
fast almost
fehlen be missing, be lacking
die **Feier, -n** celebration
feierlich festive, solemn
feiern celebrate
fein fine, good
der **Feind, -(e)s, -e** enemy
das **Feld, -(e)s, -er** field
das **Fenster, -s, -** window
die **Ferien** (pl.) vacation
die **Ferne** distance
das **Ferngespräch, -(e)s, -e** (long distance) telephone call
der **Fernsehapparat, -(e)s, -e** TV set
das **Fernsehen, -s** television
der **Fernsehschirm, -(e)s, -e** TV screen
der **Fernsprechverkehr, -s** telephone system
fertig ready, finished
fest hard, solid, fixed, definite
das **Fest, -es, -e** festival, meet, holiday
festlich festive
die **Festspiele** (pl.) festival(s)
fest-stellen find out, notice
der **Feudalismus, -** feudalism
das **Feuer, -s, -** fire, (a) light
die **Figur, -en** figure, person
der **Film, -(e)s, -e** moving picture, film
finanzieren finance
finden, fand, gefunden find, meet
die **Firma, Firmen** firm, company
der **Fisch, -es, -e** fish
flach flat
die **Flagge, -n** flag
die **Flasche, -n** bottle
flattern flutter
die **Fledermaus** *Fledermaus;* bat
das **Fleisch, -es** meat, flesh
der **Fleischer, -s, -** butcher
fleißig diligent, industrious, frequent
fliegen, flog, ist geflogen fly, flicker
fließen, floß, ist geflossen flow
fließend fluently
die **Flöte, -n** flute
der **Flug, -(e)s, ⸚e** flight
der **Flughafen, -s, ⸚** airport
die **Flugkarte, -n** airplane ticket
das **Flugzeug, -(e)s, -e** airplane
der **Fluß, -(ss)es, ⸚(ss)e** river
flüstern whisper
folgen follow
Forelle blau trout (cooked in water with spices)

die **Form, -en** form
formęll formal
das **Formulạr, -s, -e** blank, form
der **Forscher, -s, -** research scholar
fort gone, away
fort-fahren, fährt fort, fuhr fort,
  fortgefahren continue
fort-gehen, ging fort, ist fortgegangen
  leave
fort-laufen, läuft fort, lief fort, ist
  fortgelaufen run away
fort-setzen continue
die **Frage, -n** question; **eine Frage**
  stellen ask a question
fragen ask
Frankreich, -s France
der **Franzọse, -n, -n** Frenchman
französisch French
die **Frau, -en** woman, wife, Mrs.
das **Fräulein, -s, -** girl, young lady,
  Miss
frei free, vacant, open, available
die **Freiheit** freedom
fremd foreign, strange
der **Fremde, -n, -n** stranger
die **Freude, -n** pleasure, joy
sich **freuen** be glad, be happy; **sich**
  freuen auf look forward to
der **Freund, -(e)s, -e** friend
die **Freundin, -nen** girl friend, female
  friend
freundlich friendly
die **Freundschaft, -en** friendship
der **Friede, -ns** peace
der **Friedhof, -(e)s, ⁺e** cemetery
friedlich peaceful
der **Fries, -es** frieze, ornamented
  strip
frisch fresh
frischgebacken freshly baked,
  brand new

frivọl frivolous, flippant
froh glad
fruchtbar fertile
früh early; **heute früh** this
  morning
die **Frühe** (early) morning
früher former, earlier, formerly
das **Frühstück, -(e)s** breakfast
frühstücken eat breakfast
(sich) **fühlen** feel
führen lead, guide, take, carry
(sich) **füllen** fill (up)
der **Füller, -s, -** pen
die **Funktiọn, -en** function
für for
furchtbar terrible
der **Fürst, -en, -en** prince
der **Fuß, -es, ⁺e** foot;
  zu Fuß on foot
der **Fußgänger, -s, -** pedestrian

G

die **Gabel, -n** fork
galạnt gallant, amorous
der **Gang, -(e)s, ⁺e** course
ganz whole, entire, quite, all, very
gar at all
die **Garderọbe, -n** checkroom
der **Garten, -s, ⁺** garden
der **Gast, -es, ⁺e** guest; **zu Gast**
  sein be a guest
der **Gastarbeiter, -s, -** foreign (guest)
  worker
der **Gastgeber, -s, -** host
das **Gasthaus, -es, ⁺er** restaurant, inn
der **Gasthof, -(e)s, ⁺e** inn
das **Gebäude, -s, -** building
geben, gibt, gab, gegeben give;
  es gibt there is, there are

das **Gebiet**, -(e)s, -e   area
geboren   born
gebrauchen   use, need
gebrochen   broken
die **Geburt**, -en   birth
der **Geburtstag**, -(e)s, -e   birthday
das **Gedächtnis**, -ses   memory, mind
der **Gedanke**, -ns, -n   thought, idea;
   in Gedanken vertieft   lost in
   thought
das **Gedeck**, -(e)s, -e   setting
das **Gedicht**, -(e)s, -e   poem
gediegen   genuine and solid
gefährlich   dangerous
gefallen, gefällt, gefiel, gefallen
   please;   **wie gefällt Ihnen** ...   how
   do you like ...
das **Gefängnis**, -ses, -se   prison
das **Geflügel**, -s   fowl
das **Gefühl**, -s, -e   feeling
gegen   against, toward
die **Gegend**, -en   area, territory
gegenüber   opposite, across the way
Gegenteil: im Gegenteil   on the
   contrary
die **Gegenwart**   present
geheim   secret
geheimnisvoll   mysterious
gehen, ging, ist gegangen   go, walk,
   leave;   **wie geht es Ihnen?**   how are
   you?;   **es geht um**   it is a question of
gehorchen   obey
gehören   belong (to)
die **Geige**, -n   violin
der **Geist**, -(e)s, -er   spirit, mind,
   intellect
geistig   intellectual, spiritual
gelb   yellow
das **Geld**, -(e)s   money
die **Gelegenheit**, -en   opportunity,
   occasion

der **Gelehrte**, -n, -n   scholar
gelingen, gelang, ist gelungen   be
   successful
gelten, gilt, galt, gegolten   apply, be
   used, be valid, be considered
der **Gemahl**, -s, -e   husband
die **Gemahlin**, -nen   wife
das **Gemüse**   vegetable(s)
gemütlich   cozy, congenial
genau   exact, accurate
genauso   just as
die **Generation**, -en   generation
genießen, genoß, genossen   enjoy
genug   enough
genügen   suffice, be enough
geographisch   geographical
das **Gepäcknetz**, -es, -e   luggage rack
der **Gepäckträger**, -s, -   porter
gepflegt   well cared for
gerade   just; straight
gering   inferior, low
der **Germanist**, -en, -en   specialist in
   German language and literature
die **Germanistik**   German language
   and literature
gern(e)   gladly;   **gern(e) haben**   like;
   ... **gern(e)**   like to
das **Geschäft**, -(e)s, -e   shop, store,
   business
geschehen, geschieht, geschah, ist
   geschehen   happen
das **Geschenk**, -(e)s, -e   present
die **Geschichte**, -n   history, story
der **Geschmack**, -(e)s   taste
die **Geschwindigkeit**   speed
die **Geschwister**   brother(s) and
   sister(s)
der **Geselle**, -n, -n   journeyman
die **Gesellschaft**, -en   society, group,
   company
gesellschaftlich   social

das **Gesellschaftspiel**, -(e)s, -e (party) game
das **Gesicht**, -es, -er face
das **Gespräch**, -(e)s, -e conversation
die **Gestalt**, -en figure, person, form
gestatten permit; **gestatten Sie!** with your permission, excuse me
gestern yesterday
gesund healthy, sound
die **Gesundheit** health
der **Gewinn**, -s, -e gain, profit
gewiß certain
sich **gewöhnen an** get used to
giftig poisonous
das **Glas**, -es, ⁻er glass
der **Glaswagen**, -s, - glass coach
glatt smooth
der **Glaube**, -ns belief
glauben believe; **glauben an** believe in
gleich same, equal, immediately
gleichberechtigt sein have equal rights
das **Gleichnis**, -ses, -se symbol, image
das **Gleis**, -es, -e track
das **Glück**, -(e)s (good) luck, happiness; **zum Glück** luckily
glücklich lucky, happy
der **Glückwunsch**, -es, ⁻e congratulation, good wish(es)
gnädig gracious
gotisch Gothic
der **Gott**, -(e)s, ⁻er God, god
das **Grab**, -(e)s, ⁻er grave
der **Grad**, -(e)s, -e degree
die **Grammatik** grammar
gratulieren congratulate
grau grey
grillen grill
groß big, large, tall, great

die **Größe**, -n size, magnitude
die **Großeltern** grandparents
der **Großvater**, -s, ⁻ grandfather
grün green; **im Grünen** out-of-doors; **das Grüne**, -n green, nature
der **Grund**, -(e)s, ⁻e reason; **aus dem Grund** for that reason; **im Grunde** fundamentally, really
gründen found, establish
die **Gruppe**, -n group
der **Gruß**, -es, ⁻e salute, greeting, regard, toast
grüßen greet, say hello, give regards
das **Gulasch**, -(e)s goulash
guillotinieren guillotine
der **Gulden**, -s, - guilder
das **Gummi**, -s rubber
günstig favorable
der **Gurkensalat**, -s, -e cucumber salad
gut good, well, all right; **guten Tag** hello; **na gut** well, all right; **alles Gute** all the best
das **Gymnasium**, -s, Gymnasien secondary school
der **Gymnasiast**, -en, -en secondary-school student

H

das **Haar**, -(e)s, -e hair
haben, hat, hatte, gehabt have
der **Hafen**, -s, ⁻ port, harbor
der **Hain**, -(e)s, -e grove
halb half
die **Hälfte**, -n half
die **Halle**, -n hall, great room, foyer
der **Hals**, -es, ⁻e neck

halten, hält, hielt, gehalten hold, keep,
stop, give; halten für consider;
halten mit side with; halten von
think of
die Haltestelle, -n stop
die Hand, ⁻e hand; sich die Hände
geben shake hands
sich handeln um be about
handeln von deal with
das Händeschütteln shaking of
hands
das Handgelenk, -(e)s, -e wrist
die Handlung, -en action, plot
die Handschrift, -en manuscript
der Handschuh, -(e)s, -e glove
das Handwerk, -(e)s, -e trade,
handicraft
der Handwerker, -s, - (skilled)
workman, mechanic, artisan
hängen, hing, (ist) gehangen hang;
add
harmonisch harmonious
hart hard, harsh
die Haselnuß, ⁻(ss)e hazelnut
der Haß, -(ss)es hatred
hassen hate
häßlich ugly
hasten hasten, rush
Haupt- main
das Hauptfach, -(e)s, ⁻er major, main
field
der Hauptmann, -(e)s, ⁻er captain
die Hauptstadt, ⁻e capital
das Haus, -es, ⁻er house; zu Haus(e)
at home; nach Haus(e) home
der Hausdiener, -s, - house servant
die Hausfrau, -en housewife
die Haut skin
heben, hob, gehoben raise, lift
die Heckenrose, -n dog rose
das Heft, -(e)s, -e notebook

heftig vigorous, vehement, violent
die Heide heath
heilen cure, heal
heilig sacred, holy
die Heimat home, native place
heimatlos homeless
die Heimatstadt, ⁻e home town
heiraten marry
die Heiratsvermittlerin, -nen marriage
broker, matchmaker
heiser hoarse
heiß hot
heißen, hieß, geheißen mean, be
called; ich heiße my name is;
das heißt that is
helfen, hilft, half, geholfen help
hell light, bright
hellicht bright, light
das Hemd, -(e)s, -en shirt
her here; ago
herab down
heraus out
heraus-finden, fand heraus, heraus-
gefunden find out
der Herbst, -es fall
herein in
der Herr, -n, -en gentleman, Mr., man
die Herrschaften ladies and
gentlemen
her-stellen establish, produce
herum around
herunter down
herunter-klappen turn down
das Herz, -ens, -en heart
herzlich cordial, sincere
heute today; heute abend tonight
heutigen present day
hier here; hierher here, to this
place
der Himmel, -s sky, heaven
hinaus out

hinein in
hingegen on the other hand
sich hin-legen lie down
hinten in (the) back
hinter behind, in the back of
der Hintergrund, -es, ⁻e background
hinterher after(wards)
hinzu-fügen add
der Historiker, -s, - historian
historisch historical
hoch high, tall, up
hoch-gehen, ging hoch, ist
  hochgegangen rise, go up
das Hochhaus, -es, ⁻er building with
  many (perhaps eight or more) floors
der Hof, -(e)s, ⁻e farm, estate, court
hoffen hope
hoffentlich I (etc.) hope
höflich polite
die Höflichkeit politeness
der Höhepunkt, -es, -e climax
(sich) holen get
das Holstentor, -s Holsten Gate
das Holz, -es wood
hören hear, listen (to)
das Hörensagen, -s hearsay
der Hörer, -s, - receiver, auditor
der Hörsaal, -(e)s, -säle lecture room
die Hose, -n pants
hübsch pretty, attractive
das Huhn, -(e)s, ⁻er chicken
Hunger haben be hungry
hungrig hungry
hupen honk
husten cough
der Hut, -(e)s, ⁻e hat
die Hygiene hygiene

I

die Idee, -n idea
die Illustrierte, -n, -n illustrated
  magazine
die Immatrikulation registration
sich immatrikulieren enroll, register
immer always; immer noch or noch
  immer still; immer wieder again
  and again
immerzu all the time
importieren import
indem in that
der Indianer, -s, - Indian
der Ingenieur, -s, -e engineer
inhalieren inhale
der Inhalt, -(e)s contents
die Initiative, -n initiative
innen- domestic
innerhalb inside of, within
die Inschrift, -en inscription
die Insel, -n island
das Instrument, -(e)s, -e instrument
inszenieren produce, stage
interessant interesting
das Interesse, -n interest; Interesse
  an interest in
interessieren interest; sich
  interessieren für be interested in
international international
inzwischen meanwhile
irgendein any
irgendwie somehow (or other)
irgendwo somewhere, anywhere
irr insane
die Irrenärztin, -nen (woman)
  psychiatrist
das Irrenhaus, -es, ⁻er insane
  asylum
der Irrsinn, -(e)s insanity
der Irrtum, -s, ⁻er error

J

ja yes, indeed, after all
die Jacke, -n jacket, coat
das Jahr, -(e)s, -e year; jahraus,
  jahrein year after year; jahrelang
  for years
die Jahreszahl, -en date
das Jahrhundert, -s, -e century
-jährig year(s) old
jährlich annual
das Jahrzehnt, -(e)s, -e decade
je ever
jed- every, each
jedenfalls in any case, at any rate
jemand someone, somebody
jener that
jetzt now
jodeln yodel
die Jugend youth
das Jugendwerk, -(e)s youth organi-
  zation
jung young
der Junge, -n, -n boy
das Juwel, -s, -en jewel

K

das Kabarett, -s, -e cabaret
der Kabarettist, -en, -en cabaret artist
die Kabine, -n cabin
der Kaffee, -s coffee
die Kaffeekanne, -n coffeepot
einen Kaffeeklatsch abhalten have a
  kaffeeklatsch
die Kaffeemühle, -n coffee grinder
der Kaffeewärmer, -s, - cosy
kahl bald
die Kaiserin, -nen empress

die Kalbshachse leg of veal
kalt cold
kämpfen struggle, fight, combat
kantonesisch Cantonese
die Kapelle, -n chapel
das Kapitel, -s, - chapter
die Karte, -n card, ticket
die Kartoffel, -n potato
der Kartoffelkloß, -es, ⁀e potato
  dumpling
der Käse, -s, - cheese
die Kasse, -n box office, cash box
das Kaßler smoked pork ribs
der Kasten, -s, ⁀ box
der Katholik, -en, -en Catholic
katholisch Catholic
kaufen buy
kaum scarcely, hardly
kein- no, not a, not any, none, no one
der Keller, -s, - cellar
kennen, kannte, gekannt know, be
  acquainted with
kennen-lernen get to know, meet,
  become acquainted with
das Kilo, -s, - = das Kilogramm
  kilogramm (2 German or 2.2 American pounds)
das, der Kilometer, -s, - kilometer
das Kind, -(e)s, -er child
das Kino, -s, -s movie(s), (moving
  picture) theater
der Kiosk, -s, -s newspaper and
  bookstall
die Kirche, -n church
die Kirsche, -n cherry
der Kirschkuchen, -s, - cherry cake,
  cherry tart
klar clear
die Klasse, -n class
Klausur- written (exams)
das Klavier, -s, -e piano

das **Kleid**, -(e)s, -er   dress, clothes
kleiden   dress
die **Kleidung**   clothing
klein   small, little
das **Klima**, -s, -s   climate
die **Klimaanlage**   air conditioning
klingeln   ring (the bell)
das **Klischee**, -s, -s   cliché, hackneyed
  phrase
klopfen   tap, knock
der **Kloß**, -es, ⁝e   dumpling
das **Kloster**, -s, ⁝   monastery
klug   clever, intelligent
der **Knicks**, -es, -e   curtsy
knien   kneel
knusprig   crisp
die **Kö** = die **Königsallee**
kochen   cook
der **Koffer**, -s, -   suitcase, trunk
Köln   Cologne
die **Kolonie**, -n   colony
komisch   comic, strange
das **Kommando**, -s, -s   command
kommen, kam, ist gekommen   come,
  go, get, happen, come about
der **Kommilitone**, -n, -n   fellow student
das **Kom(m)ödchen**, -s   little comedy,
  (chest)
die **Komödie**, -n   comedy
kompliziert   complicated
der **Komponist**, -en, -en   composer
der **Kompromiß**, -(ss)es, -(ss)e   com-
  promise
die **Konditorei**, -en   café, pastry shop
die **Konferenz**, -en   conference
die **Konfirmation**, -en   confirmation
der **König**, -s, -e   king
die **Königin**, -nen   queen
konkret   concrete, specific
können, kann, konnte, gekonnt   can,
  be able to, know

konservativ   conservative
das **Konservatorium**, -s, **Konservatorien**
  conservatory
der **Kontakt**, -(e)s, -e   contact
das **Konto**, -s, **Konten**   account
die **Kontrolle**, -n   control, check
das **Konzert**, -(e)s, -e   concert
der **Kopf**, -es, ⁝e   head
das **Kopfkissen**, -s, -   pillow
der **Kopfsalat**, -(e)s   (head) lettuce
das **Kornfeld**, -(e)s, -er   grain field
der **Korb**, -(e)s, ⁝e   basket; (beach)
  chair
der **Korridor**, -s, -e   hallway
die **Kostbarkeit**, -en   object of value
kosten   cost
das **Kostüm**, -s, -e   (woman's) suit
die **Kraft**, ⁝e   strength, power
krank   sick
das **Krankenhaus**, -es, ⁝er   hospital
die **Krankenkasse**   (national) health
  insurance
die **Krankenschwester**, -n   nurse
der **Kranz**, -es, ⁝e   garland, wreath
die **Krawatte**, -n   necktie
der **Kreis**, -es, -e   association, circle,
  group
der **Krieg**, -(e)s, -e   war
Kriminal-   detective
die **Krise**, -n   crisis
die **Kritik**, -en   criticism, critique
kritisch   critical
kritisieren   criticize
der **Kuchen**, -s, -   cake
die **Kuchenschlacht**   cake battle
der **Kult**, -(e)s, -e   cult
die **Kultur**, -en   culture
künftig   future
die **Kunst**, ⁝e   art
Kur-   spa;   eine **Kur machen**   take
  the cure, undergo treatment

der **Kurator, -s, Kuratoren** curator,
head
der **Kurgast, -(e)s, ⁻e** spa guest
das **Kurhaus, -es, ⁻er** spa hotel,
casino
der **Kurpark, -(e)s** park (of a spa)
kurz short, brief; **vor kurzem**
recently
die **Kusine, -n** cousin
küssen kiss
die **Küste, -n** coast

L

lächeln smile
lachen laugh
der **Laden, -s, ⁻** store, shop
die **Lage, -n** location, situation
die **Lampe, -n** lamp
das **Land, -(e)s, ⁻er** land, country,
state
landen land
ländlich rural
die **Landschaft, -en** scenery, landscape
lang long; **lange** long, a long time,
for a long time; . . . **lang** for . . .
langsam slow
längst long since
der **Lärm, -(e)s** noise
lassen, läßt, ließ, gelassen let, leave,
have
das **Latein** Latin
lateinisch Latin
latent latent, quiescent
der **Lauf, -(e)s** course
laufen, läuft, lief, ist gelaufen go, walk,
run, hike
die **Laune** mood
laut loud, aloud
lauten be, read

lauter nothing but
leben live
das **Leben, -s, -** life
das **Lebenselement, -(e)s, -e** element
die **Lebensform, -en** way of life
das **Leder, -s** leather
lederähnlich leather-like
die **Lederhosen** leather shorts
leer empty
lehren teach
der **Lehrling, -s, -e** apprentice
die **Lehrzeit** apprenticeship
leicht easy, light, slight
**leicht-fallen, fällt leicht, fiel leicht, ist
leichtgefallen** come easy to;
leichter fallen come easier (to)
leiden, litt, gelitten suffer; **nicht
leiden können** dislike
leider unfortunately
leise soft, low, faint
lernen learn
die **Lernfreiheit** freedom to learn (or
not to learn)
lesen, liest, las, gelesen read
letzt last, last one, recent
die **Leute** people
liberal liberal
das **Licht, -(e)s, -er** light
lieb sweet, dear, nice
die **Liebe** love
lieben love
lieber rather, better, instead
das **Lied, -(e)s, -er** song
liegen, lag, gelegen lie, be, be located;
liegen an be brought about by
der **Liegesessel, -s, -** deck chair
die **Linie, -n** line
links left
literarisch literary
die **Literatur, -en** literature
die **Litfaßsäule, -n** advertising pillar

das **Loch**, -(e)s, ⁻er   hole
los sein   be going on
lose   unsteady, loose
lösen   solve, buy
der **Löwe**, -n, -n   lion
die **Luft**   air
lüften   raise
das **Luftbild**, -(e)s, -er   aerial photograph
die **Luftpost**   air mail
das **Luftschloß**, -(ss)es, ⁻(ss)er   castle
in the air
der **Lügenbaron**, -s   storytelling baron,
lying baron
die **Lust**, ⁻e   desire, pleasure;   **Lust
haben**   feel like
lustig   gay, amusing

M

machen   do, make;   **es macht nichts**
it doesn't make any difference
die **Macht**, ⁻e   power
mächtig   powerful
das **Mädchen**, -s, -   girl
der **Magen**, -s, -   stomach
magisch   magic
mahlen   grind
die **Mahlzeit**, -en   meal
mal   some time, sometimes, once,
times
das **Mal**, -(e)s, -e   time
der **Maler**, -s, -   painter
man   one, you, people
manch-   many a;   **manche**   some;
manches   a number of things
manchmal   sometimes
die **Manie**   mania
der **Mann**, -(e)s, ⁻er   man, husband
der **Mantel**, -s, ⁻   coat, overcoat

die **Mappe**, -n   briefcase
das **Märchen**, -s, -   fairy tale
Marien-   St. Mary's
das **Markklößchen**, -s, -   little marrow
dumpling
der **Markt**, -es, ⁻e   market
der **Marktplatz**, -es, ⁻e   marketplace
die **Marmelade**, -n   jam, marmalade
marschieren   march
die **Maschine**, -n   airplane, flight,
machine
die **Maske**, -n   mask
das **Massenmedium**, -s, -medien   mass
medium
massiv   massive
das **Material**, -s   material
der **Mathematiker**, -s, -   mathe-
matician
mathematisch   mathematical
die **Matratze**, -n   mattress
der **Maurer**, -s, -   mason
die **Medaille**, -n   medal, seal
die **Medizin**   medicine
das **Meer**, -(e)s, -e   sea
die **Meerkatze**, -n   (long-tailed)
monkey
mehr   more
mehrere   several
die **Mehrheit**   majority
die **Meile**, -n   mile
meinen   say, think, mean
die **Meinung**, -en   opinion
meist   most, mostly, usually
der **Meister**, -s, -   master
die **Menge**, -n   quantity, crowd,
a great many
die **Mensa, Mensen**   hall, commons
der **Mensch**, -en, -en   man, person,
human being
der **Menschenschlag**, -(e)s   breed of
men

die **Menschheit** humanity
das **Menü, -s, -s** (not à la carte) meal
merken notice
das **Messer, -s, -** knife
die **Milch** milk
das **Militär, -s** military
militärisch military
die **Millionenauflage, -n** circulation in
the millions
mimen mime
der **Ministerialrat, -(e)s, ⁻e** cabinet
councillor
die **Minute, -n** minute
mit with, by, at; **mit-** along
mit-bringen, brachte mit, mitgebracht
take (along), bring (along)
das **Mitglied, -(e)s, -er** member
**mit-kommen, kam mit, ist mit-
gekommen** come along, go along
mit-machen take part (in)
**mit-sprechen, spricht mit, sprach mit,
mitgesprochen** have a say
das **Mittagessen, -s, -** lunch, dinner
mittags at noon
die **Mittagszeit** noon, noontime
die **Mitte** middle
mitten in the middle of
die **Mitternacht** midnight
das **Mittel, -s, -** means
mittelalterlich medieval
die **Möbel** (pl.) furniture
die **Mode, -n** fashion
modern modern
mögen, mag, mochte, gemocht like to,
care to, may
möglich possible
die **Möglichkeit, -en** possibility
der **Monat, -s, -e** month
monatlich monthly
der **Mond, -(e)s, -e** moon
der **Mondschein, -(e)s** moonlight

das **Monokel, -s, -** monocle
das **Monopol, -s** monopoly
moralisch moral
der **Mord, -(e)s, -e** murder
morgen tomorrow
der **Morgen, -s, -** morning
das **Motiv, -(e)s, -e** motive, motif,
theme
das **Motorrad, -(e)s, ⁻er** motorcycle
der **Motorroller, -s, -** motor scooter
müde tired
die **Mühe** effort
München Munich
der **Mund, -(e)s, ⁻er** mouth
mündlich oral
munter wide-awake
murmeln murmur
das **Museum, -s, Museen** museum
die **Musik** music
der **Musikant, -en, -en** musician
müssen, muß, mußte, gemußt must,
have to
die **Mutter, ⁻** mother
die **Mütze, -n** cap

N

na gut well, all right; **na ja** oh well
nach to, after, according to, toward
der **Nachbar, -s** or **-n, -n** neighbor
nachdem after
nach-denken, dachte nach, nachgedacht
reflect, think
nach-füllen fill up, refill
der **Nachhauseweg, -(e)s** way home
nach-holen make up (for)
nach-machen copy, match, imitate
der **Nachmittag, -(e)s, -e** afternoon
**nach-sehen, sieht nach, sah nach, nach-
gesehen** look up

nächst next, following, coming
die Nacht, ⁻e night
nah(e) near, close, nearby
die Nähe vicinity, neighborhood
der Name, -ns, -n name
nämlich namely, you know
namenlos nameless
der Namenstag, -(e)s, -e name day,
Saint's day
die Nase, -n nose
naß wet
national national
der Nationalismus nationalism
nationalistisch nationalistic
natürlich natural(ly), of course
die Natürlichkeit naturalness
neben next to, besides, adjoining
nebenan close by, next door
das Nebenzimmer, -s, - next room
nehmen, nimmt, nahm, genommen take
nein no
die Nelke, -n carnation
nennen, nannte, genannt call, name
nervös nervous
nett nice
neu new
die Neubauten new buildings
nicht not
die Nichte, -n niece
nichts nothing, not anything
nicken nod
nie never
nieder low, down
nieder-legen place (down)
niemand nobody, no one
der Nobelpreisträger, -s, - Nobel
Prize winner
noch still, yet, else, more; noch
einmal once more, again
nord- north
nördlich north

normal normal
nötig necessary
die Notiz, -en note
null zero
die Nummer, -n number
numerieren number
nun now, well
nur only, just
nützlich useful

O

ob whether, if
oben on top, at the top
der Ober, -s, - waiter
das Oberseminar, -s, -e advanced
seminar
der Oberstudienrat, -(e)s, ⁻e vice-
principal
das Obst, -es fruit
obwohl although
die Ochsenschwanzsuppe oxtail soup
oder or
offen open
offiziell official
der Offizier, -s, -e officer
öffnen open
oft often
ohne without
das Ohr, -(e)s, -en ear
der Onkel, -s, - uncle
die Oper, -n opera
die Operette, -n operetta
das Opfer, -s, - victim
der Orangensaft, -(e)s orange juice
das Orchester, -s, - orchestra
der Orden, -s, - order
der Ordinarius, -, Ordinarien full
professor, chairman
die Ordnung, -en order

organisch organic
der **Orientalist, -en, -en** orientalist
sich **orientieren** find out
das **Original, -s, -e** eccentric,
  "character"
der **Ort, -(e)s, -e** place, spot, town;
  an Ort und Stelle on the spot
ost- east
Ostasien East Asia
Österreich Austria
östlich east
die **Ostsee** Baltic Sea
die **Ouvertüre, -n** overture

P

paar few
das **Paar, -(e)s, -e** couple, pair
das **Päckchen, -s, -** little package
packen pack
die **Packung, -en** poultice, packing
das **Paket, -(e)s, -e** package
der **Palast, -es, ⁻e** palace
der **Palmengarten, -s, ⁻** palm garden
das **Papier, -s, -e** paper
die **Papierhandlung, -en** stationery
  store
der **Papierkorb, -(e)s, ⁻e** wastepaper
  basket
der **Park, -(e)s, -s** park
die **Parkanlagen** (pl.) gardens
parken park
der **Parkplatz, -es, ⁻e** parking lot,
  parking space
parlamentarisch parliamentary
die **Parodie, -n** parody
die **Partei, -en** party
der **Paß, -(ss)es, ⁻(ss)e** passport
der **Passant, -en, -en** passerby
der **Patient, -en, -en** patient

die **Pause, -n** intermission, pause
die **Person, -en** person
das **Personal, -s** personnel
der **Personenzug, -(e)s, -"e** local train
persönlich personal
die **Persönlichkeit, -en** personality,
  person
die **Perspektive, -n** perspective
der **Pfannkuchen, -s, -** pancake
die **Pfeife, -n** pipe
der **Pfennig, -s, -e** pfennig, penny
der **Pfiff, -es, -e** whistle
der **Pfifferling, -s, -e** (small yellowish)
  mushroom
die **Pflanze, -n** plant
pflanzen plant
pflegen nurse, look after, take care of
die **Pflicht, -en** duty
pflücken pick
das **Pfund, -(e)s, -e** pound
der **Philister, -s,-** philistine,
  prosaic person
der **Philosoph, -en, -en** philosopher
die **Philosophie** philosophy
philosophieren philosophize
die **Physik** physics
der **Physiker, -s, -** physicist
die **Pianistin, -nen** (woman) pianist
pikant piquant, spiced
placieren place
der **Plan, -(e)s, -"e** plan
die **Platte, -n** plate, dish
der **Platz, -es, -"e** space, room, seat,
  square; **Platz nehmen** take a seat
der **Platzanweiser, -s, -** usher
die **Platzkarte, -n** seat reservation
plötzlich suddenly, all of a sudden
der **Plüsch, -es** plush
die **Poesie** poetry
poetisch poetic
die **Politik** politics, policy

der **Politiker, -s, -** politician
politisch political
die **Polizei** police
das **Porzellan, -s** porcelain, china
die **Post** post office, mail
das **Postamt, -(e)s, ⸚er** post office
die **Postanweisung, -en** money order
die **Postkarte, -n** postcard
die **Postsparkasse** postal savings bank
das **Postwertzeichen, -s, -** stamp
prägen create, coin, imprint (upon)
praktisch practical
der **Präsident, -en, -en** president
die **Praxis** practice
preußisch Prussian
der **Priester, -s, -** priest
der **Prinz, -en, -en** prince
privat private
pro per
das **Problem, -s, -e** problem
der **Professor, -s, Professoren** professor
das **Programm, -(e)s, -e** program
das **Pronomen, -s, -ina** pronoun
prosit your health
der **Prospekt, -(e)s, -e** brochure, prospectus
die **Protestaktion, -en** (action of) protest
der **Protestant, -en, -en** Protestant
protestieren protest
das **Prozent, -(e)s, -e** percent
prüfen check, test, examine
die **Prüfung, -en** examination
das **Publikum, -s** public
der **Puder, -s** powder
der **Punkt, -es, -e** point
pünktlich punctual, on time
die **Pünktlichkeit** punctuality
putzen shine, clean
der **Pyjama, -s, -s** pajama(s)

Q

quadratisch square
die **Quote, -n** quota

R

der **Radfahrer, -s, -** cyclist, bicycle rider
der **Radfahrweg, -(e)s, -e** bicycle path
das **Rahmschnitzel, -s, -** veal cutlet in cream sauce
der **Rasen, -s** lawn
der **Rassismus, -** racism
der **Rat, -(e)s, ⸚e** council
raten, rät, riet, geraten advise, counsel
das **Rathaus, -es, ⸚er** town hall
der **Rationalismus, -** rationalism
die **Ratsapotheke, -n** council pharmacy
der **Ratskeller, -s, -** town hall cellar restaurant
die **Ratte, -n** rat
der **Rattenfänger, -s, -** Pied Piper, rat catcher
rauchen smoke
der **Raum, -(e)s, ⸚e** space, room
rechnen figure
die **Rechnung, -en** check, bill
recht right; **recht haben** be right; **recht sein** be all right (with), suit
das **Recht, -(e)s, -e** right; **mit Recht** justifiably; **was Rechts** really anything
rechtsstehend right-wing
die **Rede, -n** talk, speech; **eine Rede halten** give a speech
die **Reform, -en** reform
reformieren reform
der **Regenmantel, -s, ⸚** raincoat

regional regional
regnen rain
reich rich, well-to-do
das Reich, -(e)s empire, Germany; realm
reichen reach, be enough; so weit das Auge reicht as far as you can see
die Reihe, -n row; der Reihe nach in succession; eine Reihe von a number of
rein pure
der Reis rice
die Reise, -n trip, journey
das Reisebüro, -s, -s travel agency
der Reiseführer, -s, - travel guide
der Reisende, -n, -n traveler
reizvoll attractive
die Reklame advertising
der Rektor, -s, Rektoren rector, president
die Religion, -en religion
der Repetitor, -s, Repetitoren repeater, tutor
der Repräsentant, -en, -en representative
reservieren reserve
die Revolution, -en revolution
die Revolte, -n revolt
der Rhein, -s Rhine
rheinisch of the Rhine, Rhenish
der Rhythmus, -, Rhythmen rhythm
richten set up
der Richter, -s, - judge
das Richtfest, -(e)s, -e celebration upon completion of roof framework, "topping-out" ceremony
richtig right, correct, real
der Richtkranz, -es, ̈e garland crowning the rafters
die Richtung, -en direction
riechen, roch, gerochen smell

das Rindfleisch, -es beef
rings all around
der Rock, -(e)s, ̈e skirt, coat
roh raw
die Rolle, -n role
der Roman, -s, -e novel
romantisch romantic
römisch Roman
die Rose, -n rose
rosig rosy
die Rosinensoße, -n raisin sauce
rot red
der Rücken, -s, - back
die Rücksicht auf consideration for
der Ruf, -(e)s reputation
rufen, rief, gerufen call
Ruhe! Quiet!
ruhen rest
ruhig quiet
rund round
Rundfahrt, -en (sightseeing) tour, round trip
Rundfunk, -(e)s radio, broadcasting system
der Russe, -n, -n Russian
russisch Russian

S

die Sache, -n thing, matter, affair
der Saft, -(e)s, ̈e juice
die Sage, -n legend, saga
sagen say (to), tell
die Sahne cream
der Salat, -s, -e salad
salutieren salute
das Salz, -es, -e salt
das Salzbad, -(e)s, ̈er (mineral) salt bath

salzig salty
die **Salzkartoffeln** boiled potatoes
der **Samt, -(e)s** velvet
die **Sandale, -n** sandal
der **Sänger, -s, -** singer
satirisieren satirize
der **Satz, -es, ⁼e** sentence
sauber clean
der **Sauerbraten, -s** beef marinated
in wine
schade too bad, pity
schaffen, schuf, geschaffen create
der **Schaffner, -s, -** conductor
der **Schalter, -s, -** window, counter
die **Schar, -en** multitude
der **Schatten, -s, -** shade, shadow
schattig shady
schauen look, see
das **Schaufenster, -s, -** shop window
der **Schauspieler, -s, -** actor
das **Schauspielhaus, -es, ⁼er** play-
house
der **Scheck, -s, -s** check
der **Schein, -(e)s, -e** bill, note
scheinen, schien, geschienen shine,
seem
schelmisch mischievous, roguish,
teasing
schenken give
der **Scherz, -es, -e** joke
scherzen have fun, joke
schicken send
schießen, schoß, geschossen shoot
das **Schiff, -(e)s, -e** ship, boat
der **Schinken, -s, -** ham
schlafen, schläft, schlief, geschlafen
sleep
der **Schlafwagen, -s, -** sleeping car
die **Schlafwagenkarte, -n** sleeping-car
ticket
das **Schlafzimmer, -s, -** bedroom

schlagen, schlägt, schlug, geschlagen
strike, beat, hit
die **Schlagsahne** whipped cream
die **Schlange, -n** snake; **Schlange
stehen** stand in a long line
schlank slender
schlecht bad, poor
schließen, schloß, geschlossen close,
conclude
schließlich after all, in the end
das **Schloß, -(ss)es, ⁼(ss)er** castle
der **Schluck, -(e)s, -e** sip, swallow
schlummern slumber, sleep
der **Schluß, -(ss)es, ⁼(ss)e** end, conclusion
der **Schlüssel, -s, -** key
schmerzen hurt
schmücken adorn, decorate
der **Schmutz, -es** dirt
schnell fast, quick
schnippisch smart and pert
die **Schnitte, -n** slice of bread
das **Schnitzel, -s, -** breaded veal cutlet
der **Schnupfen, -s, -** (head) cold
der **Schokoladenpudding, -s, -e**
chocolate pudding
schon already, all right, yet, even
schön beautiful, nice, fine
der **Schornstein, -(e)s, -e** chimney
der **Schornsteinfeger, -s -** chimney
sweep
der **Schoß, -es** lap
der **Schrank, -(e)s, ⁼e** dresser,
cabinet
schreiben, schrieb, geschrieben write
der **Schreiber, -s, -** writer
der **Schreibtisch, -es, -e** desk
schreien, schrie, geschrien shout, cry
der **Schriftsteller, -s, -** writer
der **Schritt, -es, -e** step
der **Schuh, -(e)s, -e** shoe

die **Schule, -n** school
der **Schüler, -s, -** student, pupil
der **Schulkamerad, -en, -en** classmate
die **Schürze, -n** apron
die **Schüssel, -n** bowl
schütteln shake
schwach weak; **auf schwachen Füßen**
on a shaky foundation
die **Schwäche** weakness
schwänzen cut, miss
schwarz black
der **Schwarzwald, -(e)s** Black Forest
der **Schwede, -n, -n** Swede
schwedisch Swedish
Schweizer Swiss
schwer hard, difficult, heavy
**schwer-fallen, fällt schwer, fiel schwer,
ist schwergefallen** find difficult
die **Schwester, -n** sister
die **Schwierigkeit, -en** difficulty
schwören swear
sehen, sieht, sah, gesehen see, look
sehr very, very much
die **Seife** soap
sein, ist, war, ist gewesen be, have (as
auxiliary)
seit since, for
die **Seite, -n** side, page
die **Sekretärin, -nen** secretary
die **Sekunde, -n** second
selber -self
selbst -self; even
die **Selbstkritik** self-criticism
selten seldom, rare
das **Selterwasser, -s** soda water
das **Semester, -s, -** semester
der **Senat, -(e)s** senate
senden, sandte, gesandt send
die **Sendung, -en** package, letter
senken lower, bow
sensationell sensational

servieren serve
der **Sessel, -s, -** armchair
sich setzen sit down
sicher safe, sure
sichtbar visible
das **Signal, -s, -e** signal
silbern silver
singen, sang, gesungen sing
der **Sinn, -(e)s, -e** sense, meaning,
spirit; **durch den Sinn gehen** think
about; **Sinn für** sense of
die **Sitte, -n** custom
der **Sitz, -es, -e** seat
sitzen, saß, gesessen sit
die **Skala** scale
der **Skat** a card game
skeptisch skeptical
das **Skilaufen, -s** skiing
die **Skizze, -n** sketch
der **Smoking, -s, -s** tuxedo
so so, in such a way, thus
sobald as soon as
die **Socke, -n** sock
sofort immediately
sogar even
sogenannt so-called
der **Sohn, -(e)s, ̈-e** son
solch such, like that
der **Soldat, -en, -en** soldier
sollen, soll, sollte, gesollt supposed to,
be to, should, ought to
der **Sommer, -s, -** summer
sondern but
die **Sonne, -n** sun
das **Sonnendach, -(e)s ,̈-er** sun roof
der **Sonnenschein, -s** sunshine
sonst otherwise, else, usual(ly)
die **Sorte, -n** kind
die **Soße, -n** sauce, gravy
sowie as well as
sowieso anyway

sozial social
sozusagen so to speak
sparen save
der Spargel, -s asparagus
der Spaß, -es, ⁓e joke, fun
spät late
spazieren-gehen, ging spazieren, ist
  spazierengegangen go for a walk,
  take a walk
der Spaziergang, -(e)s, ⁓e walk;
  einen Spaziergang machen take a
  walk
die Speise, -n food, dish
die Speisekarte, -n menu
der Speisewagen, -s, - dining car
die Spezialität, -en specialty
speziell special
der Spiegel, -s, - mirror
der Spiegelsaal, -(e)s Hall of Mirrors
das Spiel, -(e)s, -e game
spielen play, take place
das Spielzeug, -(e)s, -e toy
spitz pointed
die Spitze, -n tip
der Sport, -(e)s sports, athletics
das Sporthemd, -(e)s, -en sport shirt
die Sprache, -n language
sprechen, spricht, sprach, gesprochen
  speak, talk
das Sprichwort, -(e)s, ⁓er proverb
spring, sprang, ist gesprungen jump
der Spruch, -(e)s, ⁓e text, saying
spüren feel, sense
der Staat, -(e)s, -en state, nation
staatlich state, national
der Stab, -(e)s, ⁓e bar
die Stadt, ⁓e city
das Stadtbild, -(e)s, er general
  character of a city
der Stadtplan, -(e)s, ⁓e city map
stammen aus come from, originate

der Stammtisch, -es, -e (informal)
  table
der Stand, -(e)s, ⁓e stand, stall, class
der Standort, -(e)s, -e (intellectual)
  position
stark strong, heavy
stationieren station
die Statistiken statistics
statt instead of
statt-finden, fand statt, stattgefunden
  take place
stecken place, put
stehen, stand, gestanden stand, be,
  be written; wie steht es mit how
  about
stehen-bleiben, blieb stehen, ist stehen-
  geblieben stop
steif stiff
steigen, stieg, ist gestiegen climb,
  step, rise
steil steep
der Stein, -(e)s, -e stone
steinern stone
die Stelle, -n place
stellen place, put
der Stempel, -s, - stamp
sterben, stirbt, starb, ist gestorben die
der Stern, -(e)s, -e star
das Steuerrad, -(e)s, ⁓er steering
  wheel
die Stewardeß, -(ss)en stewardess
der Stil, -(e)s, -e style
still quiet; im stillen privately,
  silently
die Stimme, -n voice
stimmen be true
der Stock, -(e)s, -werke floor, story
der Stock, -(e)s, ⁓e cane
stolz (auf) proud (of)
stramm at attention
der Strand, -(e)s, -e beach

der **Strandkorb,** -(e)s, ⁻e canopied
beach chair
die **Straße,** -n street
der **Strauß,** -es, ⁻e bouquet
das **Streben nach** pursuit of, striving
for
strecken stretch
das **Streichholz,** -es, ⁻er match
der **Streifen,** -s, - stripe, strip
(sich) **streiten, stritt, gestritten**
quarrel, argue
streng strict
die **Strophe,** -n stanza, verse
das **Stück,** -(e)s, -e piece, coin, play
der **Student,** -en, -en student
das **Studentenheim,** -(e)s, -e (student)
dormitory
der **Studienrat,** -(e)s, ⁻e "Gymnasium" teacher
studieren study, go to college
das **Studium,** -s, **Studien** study,
course of study
die **Stufe,** -n step
der **Stuhl,** -(e)s, ⁻e chair
die **Stunde,** -n hour, lesson
-stündig hour
suchen look for, search
süd south
die **Summe,** -n sum
die **Suppe,** -n soup
süß sweet
das **Symbol,** -s, -e symbol
die **Sympathie,** -n sympathy,
fondness
sympathisch likeable, congenial
die **Symphonie,** -n symphony
das **System,** -s, -e system
die **Szene,** -n scene

T

die **Tafel,** -n (formal) table
der **Tag,** -(e)s, -e day
täglich daily
der **Talar,** -s, -e gown
die **Tante,** -n aunt
der **Tanz,** -es, ⁻e dance
tanzen dance
der **Tanzsaal,** -(e)s, -säle ballroom
die **Tasche,** -n pocket
das **Taschengeld,** -(e)s pocket money
die **Tasse,** -n cup
die **Tat,** -n deed, action; **in der Tat**
indeed
tätig active; **tätig sein** work,
be busy
das **Taxi,** -s, -s taxi
technisch technological, technical
der **Tee,** -s tea
der **Teil,** -(e)s, -e part; **zum Teil**
in part, partly
**teil-nehmen, nimmt teil, nahm teil, teil-
genommen** take part
telefonieren telephone
die **Telefonzelle,** -n telephone booth
der **Telegraph,** -en, -en telegraph
das **Telegramm,** -s, -e telegram
der **Teppich,** -s, -e carpet, rug
die **Terrasse,** -n terrace
teuer expensive
das **Theater,** -s, - theatre
die **Theaterkulisse,** -n stage setting
das **Thema,** -s, **Themen** subject
die **Theorie,** -n theory
das **Thermometer,** -s, - thermometer
tief deep, low
der **Tisch,** -es, -e table; **zu Tisch
bitten** ask people to come to the
table
die **Tischmanieren** table manners

der **Titel**, -s, - title
die **Tochter**, ⁔ daughter
der **Tod**, -(e)s death
die **Toilętte**, -n toilet, washroom
der **Toilęttenartįkel**, -s, - toilet articles
die **Tomate**, -n tomato
der **Topf**, -es, ⁔e pot; **Topf-**
potted
das **Tor**, -(e)s, -e gate
die **Torte**, -n (layer) cake, tart
tot dead
die **Totenmaske**, -n death mask
der **Totentanz**, -es dance of death
der **Tourįst**, -en, -en tourist
die **Tracht**, -en costume, dress
die **Tradition**,-en tradition
tragen, trägt, trug, getragen wear,
bear, carry
die **Träne**, -n tear
die **Trauer** mourning
die **Traueranzeige**, -n obituary
der **Traum**, -(e)s, ⁔e dream
träumen dream
traurig sad
treffen, trifft, traf, getroffen meet, hit
trennen separate
die **Treppe**, -n staircase, stairs
trinken, trank, getrunken drink
das **Trinkgeld**, -(e)s, -er tip
das **Trinkwasser**, -s drinking water
trotz in spite of
trotzdem anyway, in spite of the
fact
der **Trubel**, -s turmoil
der **Trupp**, -s, -s troop, squad
das **Tuch**, -(e)s, ⁔er cloth
tun, tat, getan do, work; **zu tun**
haben have things to do
die **Tür**, -en door
die **Türkęi** Turkey
der **Turm**, -(e)s, ⁔e tower

die **Turmuhr**, -en tower clock,
church clock
der **Turmwächter**, -s, - tower guard
das **Turnen**, -s gym(nastics)
der **Typ**, -s, -en type (of person),
character
typisch typical

U

über over, about, across, by way of
überall everywhere
überarbeitet overworked
der **Überblick**, -(e)s general view
übergeben, übergibt, übergab, übergeben
give, hand over
über-gehen: in Fleisch und Blut über-
gehen become second nature
überhaupt generally, on the whole,
at all
überreichen hand, give, present
übersetzen translate
überzeugen convince
üblich customary
übrig left (over)
übrigens by the way, incidentally,
besides
die **Übung**, -en practice
das **Ufer**, -s, - bank, shore
die **Uhr**, -en watch, clock, o'clock
um at, around, by, (in order) to
umgeben, umgibt, umgab, umgeben
surround
die **Umgebung** surrounding(s)
die **Umgegend** surrounding(s)
umgekehrt on the other hand, reverse
umliegend surrounding
der **Umschlag**, -(e)s, ⁔e envelope
sich umsehen, sieht um, sah um, um-
gesehen look around

266

um-steigen, stieg um, ist umgestiegen
change
die Umwälzung, -en upheaval
und and
ungarisch Hungarian
ungefähr about, approximately
ungelöst unsolved
das Unglück, -(e)s misfortune,
catastrophe
unglücklich unhappy
die Uniform, -en uniform
die Universität, -en university
unrecht wrong
unsicher uncertain
der Unsinn, -(e)s nonsense
unten below
unter under, among, below, lower
unterbrechen, unterbricht, unterbrach,
unterbrochen interrupt
unterdrücken oppress
der Unterdrücker, -s, - oppressor
der Untergang, -(e)s ruin, destruction
sich unterhalten, unterhält, unterhielt,
unterhalten talk, converse
die Unterhaltung, -en conversation
sich unterscheiden, unterschied, unter-
schieden differ
der Unterschied, -(e)s, -e difference
die Untersuchung, -en investigation
unterwegs on the way
unweit not far
die Unzufriedenheit discontent, dis-
satisfaction
ursprünglich original
das Urteil, -s, -e opinion, judgment,
view

V

die Vase, -n vase

der Vater, -s, ⸚ father
die Vaterlandsliebe love of country,
patriotism
sich verabreden make a date
sich verabschieden say good-bye
die Veränderung, -en change
veranstalten arrange, organize
die Veranstaltung, -en (organized)
event
die Verbeugung, -en bow
verbinden, verband, verbunden connect,
associate
die Verbindung, -en connection; in
Verbindung bringen connect
verbringen, verbrachte, verbracht
spend (time)
der Verbündete, -n, -n ally
verdienen deserve, earn
die Verfassung, -en constitution
vergänglich impermanent
vergehen, verging, ist vergangen pass
vergessen, vergißt, vergaß, vergessen
forget
das Vergnügen, -s, - pleasure, delight
das Verhältnis, -ses,-se relationship,
relation
verheiratet married
verkaufen sell
der Verkehr, -s traffic, system
verlangen demand, ask for
verlassen deserted
verlassen, verläßt, verließ, verlassen
leave
verlegen self-conscious, embarrassed
verlieren, verlor, verloren lose
sich verloben become engaged
der Verlobte, -n, -n fiancé
die Verlobung engagement
der Vers, -es, -e verse
versammeln gather, assemble
verschieden different, various

versinken, versank, ist versunken
become submerged, sink
versprechen, verspricht, versprach, ver-
sprochen promise
verstehen, verstand, verstanden understand
der Versuch, -(e)s, -e attempt
versuchen try
verträumt given to daydreaming
vertraut familiar, acquainted
der Verwalter, -s, - administrator
verwandt related
der Verwandte, -n, -n relative
verzopft stale and hoary
der Vetter, -s, - cousin
viel much, a lot of; viel- many
vielleicht perhaps
vielseitig many-sided
die Villa, -s, Villen villa,
residence
die Visitenkarte, -n calling card
das Volk, -(e)s, ¨er people
das Volkslied, -(e)s, -er folksong
voll full, filled
von of, from, by, about; von ... aus
from
vor before, of, in front of, ago; vor
allem above all
voran ahead (of)
vorbei by, past
vorbei-fahren, fährt vorbei, fuhr vorbei,
ist vorbeigefahren drive by, go by,
ride by
vorbei-gehen, ging vorbei, ist vorbei-
gegangen go by
(sich) vor-bereiten (auf) prepare (for)
das Vorbild, -(e)s, -er model
der Vordergrund, -es, ¨e foreground
vor-haben, hat vor, hatte vor, vorgehabt
have planned
der Vorhang, -(e)s, ¨e curtain

vor-kommen, kam vor, ist vorgekommen
occur, seem
vor-lesen, liest vor, las vor, vorgelesen
read aloud
die Vorlesung, -en lecture
die Vorliebe special liking
der Vormittag, -(e)s, -e morning
sich vor-nehmen, nimmt vor, nahm vor,
vorgenommen make up one's mind
to, decide, plan
der Vorort, -(e)s, -e suburb
der Vorschlag, -(e)s, ¨e suggestion,
proposal
vor-schlagen, schlägt vor, schlug vor,
vorgeschlagen suggest, propose
vor-stellen introduce
(sich) vor-stellen imagine, picture
die Vorstellung, -en performance,
idea, notion, image
der Vortrag, -(e)s, ¨e lecture
das Vorübergehen, -s going by
vorurteilslos unprejudiced
vorzüglich very best, excellent

W

die Waage, -n scale(s)
wachsen, wächst, wuchs, ist gewachsen
grow; einer Sache nicht gewachsen
sein not be able to cope with a
matter
der Wachtturm, -(e)s, ¨e watch
tower
die Waffe, -n weapon, arms
wagen dare, venture
der Wagen, -s, - coach, car
die Wagenreihung arrangement of
cars (in train)
wählen choose
wahr true; nicht wahr isn't that so?

während during, while
wahrhaft truly
die **Wahrhaftigkeit** genuineness, truthfulness
wahrscheinlich probable, probably
das **Wahrzeichen, -s, -** landmark
der **Wald, -(e)s, ̈er** forest, woods
der **Wall, -(e)s, ̈e** rampart
der **Walzer, -s, -** waltz
die **Wand, ̈e** wall
sich **wandeln** change
die **Wanderlust** wanderlust
wandern wander, walk, hike
die **Wanderschaft** wanderings, travels
die **Wanderung, -en** hike, walk
die **Wandlung, -en** change
wann when
das **Wappen, -s, -** coat of arms
die **Wärme** heat, warmth
warten wait; **warten auf** wait for
warum why
was what, that, which, something
(sich) **waschen, wäscht, wusch, gewaschen** wash
der **Waschlappen, -s, -** washcloth
die **Waschschüssel, -n** washbowl
der **Waschtisch, -es, -e** washstand
das **Wasser, -s,-** water
wechseln change
weder . . . noch neither . . . nor
der **Weg, -(e)s, -e** way, road; **sich auf den Weg machen** start, set out
wegen because of, on account of
wehend flying, windblown
der **Wehrdienst-Verweigerer, -s, -** military-service objector, conscientious objector; **Wehrdienst leisten** perform military service
weich soft
sich **weigern** refuse

die, das **Weihnachten** Christmas
weil because
die **Weile** while, time
weilen stay
der **Wein, -(e)s, -e** wine
die **Weise, -n** manner, way
die **Weisheit** wisdom
weiß white
weit far, wide
weiter on, farther, further; **. . . weiter** continue to; **eine weitere** another; **und so weiter** and so forth
welch which, what, who; some
die **Welt** world
der **Weltkrieg, -(e)s, -e** World War
wenig little, few; **wenige** (a) few; **weniger** less; **wenigstens** at least
wenn when, whenever, if
wer who, whoever
die **Werbesendung, -en** TV commercial(s)
werben, wirbt, warb, geworben court, woo
werden, wird, wurde, ist geworden get, become, turn
werfen, wirft, warf, geworfen throw, cast
das **Werk, -(e)s, -e** work
der **Wert, -(e)s, -e** value
wertvoll valuable
das **Wetter, -s** weather
wichtig important
wie how, as, like, the way
wieder again; **immer wieder** again and again
wiederher-stellen rebuild, restore
Wiederhören: auf talk to you again
wieder-sehen, sieht wieder, sah wieder, wiedergesehen see again
wiegen, wog, gewogen weigh

Wien Vienna
das **Wiener Schnitzel** Viennese veal
  cutlet
das **Wild, -(e)s** game
willkommen welcome
der **Wind, -(e)s, -e** wind
winken wave
der **Winter, -s, -** winter
wirken be active, work
wirklich real
die **Wirklichkeit** reality
die **Wirkung, -en** effect
der **Wirt, -(e)s, -e** proprietor,
  innkeeper
wissen, weiß, wußte, gewußt know
der **Wissenschaftler, -s, -** scientist,
  scholar
die **Witwe, -n** widow
witzig witty
wo where
die **Woche, -n** week
wöchentlich weekly
woher where, from where
wohin where to
wohl well, I suppose, I wonder,
  all right, probably
das **Wohl, -(e)s** well-being, health;
  zum Wohl your health
wohlhabend well-to-do
wohnen live
die **Wohnung, -en** apartment
das **Wohnzimmer, -s, -** living room
die **Wolke, -n** cloud
die **Wolle** wool
wollen, will, wollte, gewollt want,
  wish, claim to
das **Wort, -(e)s, -e or ⁼er** word
das **Wörterbuch, -(e)s, ⁼er** dictionary
wörtlich literal
wozu why, for what
wunderbar wonderful, marvelous

sich **wundern** wonder
der **Wunsch, -es, ⁼e** wish
wünschen wish, desire, want
die **Wurst, ⁼e** sausage
das **Würstchen, -s, -** frankfurter,
  sausage

Z

die **Zahl, -en** number
zahlen pay
zählen count
zahlreich numerous
der **Zahnarzt, -es, ⁼e** dentist
die **Zahnbürste, -n** toothbrush
die **Zahnpaste** toothpaste
der **Zauber, -s** charm, spell
zauberhaft enchanting
der **Zaun, -(e)s, ⁼** fence
zeichnen draw, sketch
der **Zeigefinger, -s, -** index finger
zeigen show, point; **zeigen auf**
  point to
sich **zeigen** become evident
die **Zeile, -n** line
die **Zeit, -en** time; **eine Zeitlang**
  for a while; **zur Zeit** at the time
  (of)
die **Zeitschrift, -en** magazine
die **Zeitung, -en** newspaper
die **Zelle, -n** booth
der **Zentimeter, -s, -** centimeter
zentralisieren centralize
das **Zentrum, -s, Zentren** center
die **Zeremonie, -n** ceremony
zerlassen, zerläßt, zerließ, zerlassen
  draw, melt
zerschneiden, zerschnitt, zerschnitten
  cut
zerstören destroy

der **Zettel, -s, -** slip (of paper)

ziehen, zog, (ist) gezogen go; pull, draw, take

das **Ziel, -(e)s, -e** goal, aim, destination

ziemlich rather, quite

der **Zigeuner, -s, -** gypsy

das **Zimmer, -s, -** room

das **Zimmermädchen, -s, -** chambermaid

das **Zitat, -(e)s, -e** quotation

zitieren quote, cite

die **Zitrone, -n** lemon

in **Zivil** in civilian clothes

der **Zoll, -s, ⁝e** customs, duty

die **Zone, -n** zone

zu to, at, for, in; too; closed

der **Zucker** sugar

zu-drehen turn one's back on, turn to

zueinander with one another

zuerst first

zu-fallen, fällt zu, fiel zu, ist zugefallen close

zu-flüstern whisper to

zufrieden satisfied

der **Zug, -(e)s, ⁝e** train

zu-gehen auf go to meet

zu-hören listen to

zu-jubeln cheer

die **Zukunft** future

zukünftig future

zunächst at first

die **Zunft, ⁝e** guild

zu-nicken nod to

zurück back

zurück-treten, tritt zurück, trat zurück, ist zurückgetreten step back

zusammen together

der **Zusammenhang, -(e)s, ⁝e** context, connection

zusammen-kommen, kam zusammen, ist zusammengekommen meet, gather, get together

das **Zusammenkommen, -s, -** meeting

zu-schauen watch

der **Zustand, -(e)s, ⁝e** condition

zu-steigen, stieg zu, ist zugestiegen come aboard

zuvor before

zuweilen sometimes, now and then

sich **zu-wenden, wandte zu, zugewandt** turn to

zwar of course, to be sure

der **Zwilling, -s, -e** twin

zwischen between, among

Illustration Acknowledgments

81: Landeshaupstadt Düsseldorf, Amt für Fremdenverkehr (Rudolph Eimke)
85: Brown Brothers
90: Photograph by Fritz Paul
96: Fremdenverkehrverein, Göttingen (H. Scheiter)
102: Foto-Gräf
107: German Information Center (D. Siebert)
110: German Information Center
114: German Information Center
119: German Federal Railroad
124: Fremdenverkehrverein, Göttingen (H. Scheiter)
128: Photograph by Fritz Paul
129: Photograph by Fritz Paul
130: Städtische Kurverwaltung (Photo Kurt W. L. Mueller)
131: Städtische Kurverwaltung (Photo Kurt W. L. Mueller)
136: Fremdenverkehrverein, Göttingen
140: Fremdenverkehrverein, Göttingen, top (H. Scheiter); Robert Peppmüller, (bottom)
144: Fremdenverkehrverein, Göttingen (Fritz Paul)
148: Fremdenverkehrverein, Göttingen (Photo Werkstätte)
154: Courtesy, *Frankfurter Allgemeine Zeitung*
161: Fritz Paul
163: Fremdenverkehrverein, Göttingen (H. Scheiter)
168: Monkmeyer (Edwin)
178: Fritz Paul
185: Fremdenverkehrverein, Göttingen (H. Scheiter)
188: Opitz-Foto
192: German Information Center (left); Opitz-Foto (right)
195: Helmut Weiss
200: German Information Center
205: German Information Center (both)
208: Fred Zeller
214: German Information Center
219: Fremdenverkehrverein, Göttingen (left); A. H. Wagner, Göttingen (right)
224: Fremdenverkehrverein, Göttingen
229: Fremdenverkehrverein, Göttingen (Werke-Foto)
232: Wide World Photos, Inc.